Bannmeilen

ANNE WEBER

Bannmeilen

EIN ROMAN
IN STREIFZÜGEN

Matthes & Seitz Berlin

Rückblickendes Vorspiel

Thierry ist der einzige Franzose, den ich je im sogenannten Passé simple habe sprechen hören, einer Vergangenheitsform, die im Französischen schon lange nur noch in der Schriftsprache überlebt. Im Deutschen gibt es dafür keine Entsprechung, doch die Wirkung ist ungefähr, als würde jemand sagen: In diesem Haus ward meine Mutter geboren. Es war befremdlich, ihn so reden zu hören. Und es war komisch, denn er verwendete diese altertümlichen Verbformen ohne jedes ironische Lächeln, als sei dies die übliche Art, sich auszudrücken.

Nicht, dass er ständig derart gestelzt gesprochen hätte. Es ist eine ferne Erinnerung, die jetzt, da ich über ihn nachdenke und von ihm erzählen will, in mir aufsteigt und eine neue Bedeutung erlangt. Ich habe ihn nur ein paar Wochen und nicht einmal in Frankreich, sondern in Guatemala so sprechen gehört. Thierry träumte damals davon, einen Film über die 1944 bei einer Demonstration erschossene guatemaltekische Lehrerin María Chinchilla zu drehen, und er war zu Recherchezwecken längere Zeit dort unterwegs. Zusammen mit Nadia, einer gemeinsamen Freundin, über die ich ihn kennengelernt hatte, war ich für drei Wochen zu ihm gestoßen und dort, vor den Maya-Tempeln von Calakmul, Nakum, Aguateca, Ixkun und Tikal, deren Geschichte er uns erklärte, hatte er unvermittelt angefangen, im Passé simple zu sprechen. Wie ein Buch. Nicht im Sinne von: am laufenden Band, sondern so korrekt, wie nur Bücher klingen können. Warum fällt mir das heute wieder ein? Vielleicht, weil mir nun erst bewusst wird, was ich zwar damals schon hätte wissen können, worüber ich mir aber nicht viele Gedanken gemacht hatte, nämlich womit dieses Wie-ein-Buch-Reden womöglich zu tun hatte: Thierrys Vater konnte weder lesen noch schreiben. Er war Algerier und 1958, als Siebzehnjähriger, mitten im Unabhängigkeitskrieg von einem Onkel mit nach Frankreich genommen worden, wo er bei Renault arbeiten sollte. Die ersten Jahre wohnte er in den *bidonvilles* oder Slums der Pariser Vorstadt Nanterre.

Anders als bei Nadia und mir, die wir aus kleinbürgerlichen, aber eben doch aus bürgerlichen Verhältnissen stammen, hatte es bei Thierry zu Hause keine Bücher gegeben, und heute glaube ich, dass das der Grund war, warum er wie ein Buch sprach. Er war sich der Gebildeten- oder auch nur der korrekten Sprache nicht sicher, weshalb er einmal gelesene Erläuterungen – zur Geschichte Guatemalas in diesem Fall – nicht frei nacherzählte, sondern wie auswendig gelernt aufsagte. Nadia und ich amüsierten uns heimlich über seine Sprechweise, ohne uns über ihn lustig machen zu wollen, dafür mochten wir ihn viel zu gern, außerdem spürten wir wohl, woher diese gesprochene Schriftsprache kam. Auf undeutliche Weise hatte sie mit seiner Herkunft zu tun, mit seinem algerischen Vater und mit seinem damaligen Wohnort – Drancy, eine der vierzig nordöstlichen Vorstädte von Paris, die das Département Seine-Saint-Denis, wegen seiner mit 93 beginnenden Postleitzahl auch *le neuf-trois*, »das Neun-Drei«, genannt, bilden. Er lebte »im Neun-

Drei«, war in einer der Gemeinden des Neun-Drei, in Le Bourget, zur Schule gegangen und in einer anderen, in La Courneuve, geboren. Und heute lebt er immer noch im Neun-Drei, und zwar in Pantin. Er ist viel gereist und zugleich aus dem Neun-Drei nie herausgekommen.

So wenig wie wir uns Gedanken darüber machten, woher diese gesprochene Schriftsprache kam, so wenig fragten wir uns, ob es mit unserer Herkunft zu tun hatte, dass wir, Nadia und ich und auch fast all unsere Freunde, innerhalb von Paris wohnten. Nicht im Zentrum, aber doch in der Stadt. In winzigen Wohnungen oder Zimmern zwar, aber eben in der Stadt. Thierry hingegen wohnte mit seiner damaligen Freundin in der Banlieue, und zwar in einem Häuschen mit kleinem Garten. Wir besuchten einander, luden uns gegenseitig zum Essen ein; Nadia und mir schien es jedes Mal eine Expedition, bis zu ihm nach Drancy zu gelangen, denn das hieß, erst einmal mit mindestens einer Metrolinie, dann mit der Vorstadtbahn, dann mit dem Bus zu fahren. Thierry war diese langen Fahrten gewohnt, zudem besaß er, wie viele Banlieue-Bewohner, ein Auto. Auch das war für uns etwas Erstaunliches, wir hätten uns kein Auto leisten können und brauchten auch keines, mit der Metro war man schnell überall – überall jedenfalls, wo es uns hinzog. Fast wären wir bereit gewesen, die Vorstadtbewohner für privilegiert zu halten: Na, wenn sie ein Auto haben …

Nadias Eltern kamen beide aus der Provinz, wie die Franzosen alles nennen, was weder Paris noch Banlieue ist. Sie ist in Poitiers geboren und früh, zum Studium, nach Paris gegangen. Nie hätte es sie in die Vorstädte verschlagen, lieber hätte sie in zehn Quadratmetern mit Blick auf einen düsteren Pariser Hinterhof gewohnt als in einer Vorstadt so weit »ab vom Schuss«. Mir ging es ähnlich. Für Thierry aber stellte sich die Frage offenbar nicht. Er war dort geboren und geblieben.

Wo die Stadt aufhört und die Vorstadt anfängt, ist in Paris klar definiert, da gibt es keine fließenden Übergänge. Die Stadt ist recht klein für eine europäische Hauptstadt: Nur was innerhalb des *Périphérique*, des Autobahnrings, liegt, gehört dazu, jenseits davon beginnt die Banlieue. Wer die Stadt meint, spricht daher auch gerne von *Paris intra muros*, von dem Paris innerhalb der Stadtmauern. Von ihnen ist zwar nicht mehr viel übrig, doch gibt es weiterhin andere, unsichtbare Mauern, die den städtischen Raum in »drinnen« und »draußen«, in Die-drinnen und Die-draußen einteilen – und vor allem gibt es eben den Périphérique.

Der Film über die guatemaltekische Lehrerin ist nie zustande gekommen, doch Thierry ist tatsächlich Filmemacher geworden. Im Moment bereitet er einen Film über die Olympischen Spiele vor, nicht über die Wettbewerbe selbst, sondern über die Veränderungen, die sich dadurch in den Vorstädten, *seinen* Vorstädten, anbahnen, und das nicht bloß in unmittelbarer Umgebung der Wettbewerbsorte. Es ist eine Auftragsarbeit, die ihm nur halb zuzusagen scheint. Vor einiger Zeit hat er angefangen, zu recherchieren und sich auf die Suche nach möglichen Drehorten zu machen. Als er mir vorschlug, ihn doch einmal auf einen dieser Streifzüge zu begleiten, war ich sofort dabei; gleichzeitig begann ich mir ein paar Fragen zu stellen, die mir durchaus schon früher durch den Kopf gegangen, aber nie Anlass für eine Verunsicherung oder wenigstens zu eingehenderem Nachdenken gewesen waren: Wie war es eigentlich dazu gekommen, dass ich mich, wenn ich vor die Tür ging, so gut wie immer in Richtung Stadtmitte oder von einem Stadtviertel zum anderen und so gut wie nie über die unsichtbaren Stadtmauern hinaus bewegte? Wie kam es, dass ich, die ich früher eine Zeit lang in der Nähe des südlichen Périphérique gelebt hatte und nun schon seit zwölf Jahren bloß eine Viertelstunde Fußweg von der Porte de Pantin, also des nördlichen Périphérique, und damit nah an der Vorstadt Pantin, also in nächster Nähe des Neun-Drei-Départements, lebte, nur ausnahmsweise diese Richtung einschlug und mich vorzugsweise in die entgegengesetzte Richtung aufmachte? Wie kam es, dass diese nahen und doch fremden Gegenden offenbar gar keine Anziehungskraft auf mich ausübten?

Natürlich gibt es einfache Antworten: Hier, im Zentrum, sind die Kinos, Läden, Museen, zu denen es mich wie viele andere zieht, hier sind die schönen alten Häuser und die Ufer der Seine, hier sind die meisten Freunde, hier ist das Zu-Fuß-unterwegs-Sein angenehm. Und natürlich gibt es einfache Gegenfragen: Was soll ich denn da draußen? Weiß ich nicht von meinen seltenen Besuchen oder vom Durchqueren des Gebiets mit der RER B, die zum Flughafen fährt, wie es aussieht in diesen Banlieues? Ist vielleicht irgendetwas Anziehendes an diesem Geflecht aus Schienen, Schnellstraßen und Autobahnen, zwischen denen Lagerhallen, gewaltige Supermärkte (sogenannte »Hypermärkte«), Wohnblöcke und eine Vielzahl *pavillons de banlieue*, also Vorstadthäuschen, klemmen? Die nordöstlichen Vorstädte des Départements Seine-Saint-Denis gehören zu den ärmsten

Gegenden des Landes, dort kommt man nicht zum Flanieren oder Besichtigen hin. Und falls es mich doch dorthin gezogen hätte, hätte ich mich fehl am Platz und als Eindringling, wenn nicht gar als Voyeurin gefühlt: Wollen wir doch mal schauen, wie die Leute in diesen berüchtigten Gegenden leben, von denen im Jahr 2005 die Aufstände, die dann auf Vorstädte in ganz Frankreich übergriffen, ausgegangen sind. So etwa? Nein, nein, eine solche Neugier hätte ich abstoßend gefunden. Doch wahrscheinlicher, ja schlimmer noch scheint mir heute, dass ich gar keine Neugier empfand. Jeder lebte für sich, die einen drinnen und die anderen draußen, und es schien mir selbstverständlich, dass die Vorstädter zur Arbeit oder in ihren freien Stunden in die Stadt hineinfuhren, die Städter aber nicht aus ihr hinaus oder wenn, dann Augen zu und durch den Vorstadtgürtel hindurch, um so schnell wie möglich in die Normandie oder in den Süden oder wo auch immer es schön ist, nur bloß in keine Vorstadt zu gelangen.

Als Thierry mir also den Vorschlag machte, ihn einmal zu begleiten, vielleicht aber auch erst, als wir den ersten Streifzug hinter uns hatten, der uns dreiundzwanzig Kilometer kreuz und quer durch mehrere Neun-Drei-Vororte führte, dämmerte es mir allmählich, dass ich jahrzehntelang in unmittelbarer Nähe einer fremden Welt gelebt hatte, ohne ihr das geringste Interesse entgegenzubringen. Ich hatte ferne Kontinente bereist, hatte Städte erforscht und Inseln erwandert, aber für das Fremde und Andere in nächster Nähe war ich blind geblieben.

I

Wir sind verabredet im Untergeschoss des Gare du Nord, vor der Sperre zu den Vorstadtbahnen der Linie B in Richtung Flughafen. Es ist nicht unsere erste Tour, aber wir stehen, ohne es zu wissen, noch am Anfang unserer Streifzüge. Ich bin wie meist etwas zu früh, er, wie sich herausstellen wird, oft zu spät – süd- und nordländische Klischees, von denen wir uns offenbar beide nicht befreien können oder wollen. Mich stört das nicht, ich stehe neben den Fahrscheinautomaten und schaue den mindestens zur Hälfte dunkelhäutigen Passanten nach, die die Sperren in beide Richtungen passieren, ein Strom, der gleichzeitig flussaufwärts und flussabwärts fließt. Warum, frage ich mich, gelingt es allen immer so gut auszuweichen und warum kommt es so selten zu Karambolagen? Rechts oder links: Es gibt bloß zwei Möglichkeiten, aneinander vorbeizukommen, nur ich, so scheint es mir, weiche meistens genau in jene Richtung aus, in die sich auch mein Gegenüber wendet, und so kommt es zu einer Stockung, manchmal sogar zu einer Berührung. Das Gegenüber lächelt nie, es wirkt verärgert, als sei es meine Schuld, und auch mir ist klar, dass ich es bin, die etwas falsch gemacht hat: Vor lauter vorauseilender Rücksichtnahme schieße ich über das Ziel hinaus, und statt aus dem Weg zu gehen, stelle ich mich quer.

Im Kopf sehe ich die schnell sich kreuzenden Passanten

aus einer hier im Untergeschoss von keinem Vogel eingenommenen Perspektive. Ich sehe, wie flüssig sie aneinander vorbeigleiten, ohne sich dabei anzuschauen; ihre lang erprobte Städter-Wahrnehmung erfasst die kaum merklichen Körperbewegungen der Entgegenkommenden und nimmt sie vorweg, ihr steter Fluss hat etwas Hypnotisches, und irgendwann, den Strom mühelos querend, kommt Thierry auf mich zugeschlendert und lächelt schief. Er will mir heute zeigen, wo er geboren wurde und die ersten Jahre seines Lebens verbracht hat.

An der Station La Courneuve – Aubervilliers angekommen, sind wir lediglich drei Kilometer von Paris entfernt, und doch muss es jedem, der hier aussteigt, klar sein, dass dies nicht mehr Paris ist. Keine siebenstöckigen Häuser aus dem 19. Jahrhundert der Haussmann-Epoche, kaum ältere Gebäude und noch weniger reich dekorierte Fassaden. Stattdessen Gleise, unansehnliche Neubauten, weiter weg Hochhäuser, sehr nah eine Unterführung: Der Vorstadtbahnhof liegt direkt neben einer Autobahn, der A86, die eine Art zweiten Périphérique bildet, nur in größerer Entfernung zur Stadt. In einem Winkel der Bahnhofsfassade hat sich ein Obdachloser ein Haus aus allen möglichen Materialien gebaut, vorzüglich aus Plastikplanen, auch ein Teddybär ist zu sehen und Geschirr, aber nicht der Bewohner. Wir nehmen die Rue Honoré de Balzac, die sich ehrenwerter anhört, als sie aussieht.

Auf dem Weg zu Thierrys Kindheitsort kommen wir an einem kleinen Platz vorbei, in dessen Mitte eine flache, unauffällige Kapelle aus den Sechzigerjahren steht, aus der Zeit also, in der auch Thierrys Wohnsiedlung entstand. Später werde ich merken, dass all den Betonhochhäusern, die in jenen Jahren aus dem Vorstadtboden schossen, eine kleine Kirche hinzugesellt ist. Diese Kirchen muten winzig an im Vergleich zu den Monumentalbauten, die dem irdischen Leben zugedacht sind, und zeugen davon, dass die katholische Kirche damals zwar noch mitgedacht wurde, aus dem täglichen Leben der Vorstadtbewohner aber eigentlich längst verschwunden war.

An einem Haus des kleinen Platzes hängen vor dem Gitter eines Erdgeschossfensters zwei in durchsichtige Plastikfolie verpackte, völlig vertrocknete Blumensträuße, darüber ein rotes Schild: »Espace Sid Ahmed. Jeune Courneuvien assassiné 1994–2005«. Ein elfjähriger Junge ist hier getötet worden.

Thierry, der in den 2000er-Jahren längst nicht mehr in der Gegend wohnte, weiß über den Tod des Jungen auch nicht mehr als ich, und erst später bringe ich in Erfahrung, dass Sid Ahmed Hammache vor dem Wohnblock Balzac der Siedlung Cité des 4000, wo er wohnte, von einer verirrten Kugel getötet wurde, als er gerade dabei war, das Auto seines Vaters zu waschen. Er geriet in einen Schusswechsel, in dem es den später Angeklagten zufolge um die Schwester eines der jungen Männer, wahrscheinlich aber auch, oder sogar hauptsächlich, um Drogen ging. Nicht der Vorfall selbst ist den Franzosen und auch mir in Erinnerung geblieben, sondern die Reaktion des damaligen Innenministers und späteren Präsidenten Nicolas Sarkozy, der sich zu der Wohnsiedlung hatte fahren lassen und dort verkündete, die Gangster würden verschwinden und er würde nun diese Siedlung »mit dem Kärcher reinigen«. Worauf mir einfällt, dass derselbe Sarkozy dieser Tage zu drei Jahren Haft, darunter eines ohne Bewährung, verurteilt wurde, aber das führt zu weit, nämlich in einen vornehmen Vorort im Westen der Stadt, Neuilly; wir sind und bleiben in La Courneuve, Thierry und ich.

Der Kärcher-Satz von Sarkozy, der noch in aller Gedächtnis ist und häufig zitiert wird, klang so – und sollte vermutlich so klingen –, als sei dies keine Wohngegend, sondern ein Schweinestall, der endlich mal ordentlich ausgemistet und gesäubert gehöre. (Dabei war der Junge, als er getötet wurde, gerade dabei, ein Auto zu waschen.)

Wir nähern uns den Überresten der Cité des 4000, die so heißt, weil hier einmal in vier Gebäuden viertausend Menschen untergebracht werden konnten, ach was, nicht viertausend Menschen, viertausend Wohnungen hatten darin Platz – wie viele Menschen mögen das gewesen sein? Zwanzigtausend? Fünfundzwanzigtausend? In jedem der Gebäude waren tausend Wohnungen. Tausend Wohnungen! Man muss einen solchen Block aus der Nähe gesehen haben, um sich die Dimensionen eines derartigen Ungetüms vorstellen zu können. Neben dem einzigen dieser Monstren, das noch steht, Barre du Mail de Fontenay genannt, ist lediglich ein 26-stöckiger bewohnter Betonturm aus jener Zeit übrig, und mir wird klar, dass die zwei trockenen Blumensträuße nicht am Tatort, sondern vor jenem kleinen Haus am kleinen Platz hängen, weil das Hochhaus, in dem der getötete Junge zu Hause war und vor dem er gestorben ist, längst abgerissen wurde. Auch der Block Debussy (für den Nachmittag eines kingkongartigen Stahlbetonfauns geeignet), in dem

Thierry seine frühe Kindheit verbracht hat, wurde schon 1987, gute zwanzig Jahre nach seiner Entstehung, wieder abgerissen. Was war das für eine gar nicht ferne Zeit, in der man gigantische Wohnfabriken aus dem Boden stampfte, um sie dann gleich wieder zu zerstören und damit niedrigeren Mietshäusern Platz zu machen, die auch schon wieder heruntergekommen wirken?

2005, als der Junge getötet wurde und Sarkozy seinen Kärcher-Satz losließ, hätte ich zwar ungefähr sagen können, wo die Vorstadt La Courneuve liegt, doch wäre mir die Entfernung nicht viel größer erschienen, hätte der Vorfall in Tours oder in Marseille stattgefunden. Dabei ist dieser Ort nur ein paar Vorstadtbahnstationen weg, vom Gare du Nord aus ist man in zwanzig Minuten hier, von meiner Wohnung könnte ich in einer Stunde zu Fuß hergelangen.

Dem Betonturm den Rücken kehrend, gehen wir an dem letzten noch übrig gebliebenen Riesenquader entlang, und Thierry erklärt mir Ahnungsloser, was es mit den abgewrackten Bürosesseln auf sich hat, die an den Hausecken stehen, und vor allem mit den jungen Männern oder Jungs, die auf oder neben diesen Sesseln herumlümmeln. Dass es nämlich sogenannte *chouffeurs*, also Späher, sind, die Alarm schlagen, sobald die Polizei auftaucht, um Drogendealer einzuschüchtern oder zu fassen. Er ist noch dabei, mir diese einfachen Sachverhalte zu erklären, über die hier jedes Kind Bescheid weiß, wenn es nicht gar darin verwickelt ist, als sich hinter uns eine tiefe Männerstimme zu einem lang gezogenen Ruf erhebt und bald darauf, etwas weiter weg, eine zweite und eine dritte an wieder anderer Stelle, Stimmen, die keineswegs panisch klingen, eher nach einem Klagegesang. Es ist ein Chor, ein Kanon, ein Echoraum, der da entsteht. Der Vergleich scheint mir absurd, aber ich muss an Alphörner denken, die einander über ein Tal hinweg antworten. Das also sind die Alarmsignale der *chouffeurs*?

Ich bleibe stehen und schaue mich um und sehe wirklich einen Polizeiwagen mit vier Polizisten darin langsam heranrollen. Thierry gibt mir ein Zeichen, und wir gehen in unserem bisherigen Tempo weiter, bis wir die Siedlung hinter uns gelassen haben. Kaum, dass wir abseits sind, erklärt er mir, es sei ratsam, an Orten, an denen der Drogenhandel floriere, nicht stehen zu bleiben, sondern gelassen weiterzugehen, als habe man ein hinter der Siedlung gelegenes Ziel, und tatsächlich hatte ich gar nicht vorgehabt, stehen zu bleiben, sondern mich ganz dem Verhalten meines Freundes anpassen wollen, doch als ich hörte, wie sich aus allen Ecken die vielstimmigen, klangvollen Klagerufe erhoben, konnte ich nicht anders, als innezuhalten und mich umzuschauen. Mir fällt ein, dass Thierry gelegentlich Reiseführer war in jungen Jahren. Und das Sprichwort, das er gerne zitiert: *Il ne faut jamais voyager dans un pays sans ses habitants* – bereise nie ein Land ohne seine Bewohner. Ich bin ihm dankbar, dass ich diese Reise mit ihm machen kann, alleine hätte ich sie sicher nicht unternommen.

Thierry merkt, wie betört ich immer noch bin von diesem unerhörten Gesang und beglückwünscht mich dazu, gleich bei einem unserer ersten Streifzüge in den Genuss eines solchen Konzerts gekommen zu sein, doch gleich darauf fängt er an, sich über mich feinsinnige Touristin lustig zu machen, die das, was für andere Kriminalität oder elementare Vorsichtsmaßnahme zum Schutz vor Festnahmen ist, offenbar für eine ästhetische Darbietung, eine Konzertvorstellung, ein überraschendes Schauspiel hält. Ich muss lachen, zumal er sich nicht auf boshafte Weise mokiert, und zugleich frage ich mich, ob es wohl nicht nur lächerlich, sondern auch schockierend sei, in etwas Schönheit zu sehen – oder in diesem Fall zu hören –, was für andere, für die meisten Bewohner der Siedlung zum Beispiel, die es sich nicht leisten können, woanders hinzuziehen, eine tägliche Belästigung und Bedrohung darstellt. Ich komme zu keinem eindeutigen Ergebnis, zumal wir weitergehen und sich bald andere Besonderheiten oder Schönheiten vor mir auftun, von denen viele in den Augen der meisten Menschen wohl hässlich, abstoßend, wenn nicht gar furchterregend sein mögen – aber es hilft ja nichts, sich selbst einzureden: Das ist schlimm, das ist hässlich, wenn es sich nun mal (auch) als Schönheit offenbart. Zudem merke ich jetzt bereits, dass ich in Thierry einen Führer habe – im Deutschen ein kaum verwendbares Wort, Führer, aber welches andere wählen für einen Menschen, der dir eine Welt zugänglich macht, die du ohne sie oder ihn nicht betreten hättest? –, dass ich in Thierry also jemanden habe, der für die Schönheiten des gemeinhin als hässlich Geltenden weitaus empfänglicher ist als ich und dem das Erschrockensein, die Wut oder die Scham über das Gesehene dessen Schönheit, wenn eine solche denn spürbar ist, nicht verhüllen kann.

Thierry war sechs Jahre alt, als seine Eltern 1969 aus der Siedlung wegzogen, er hat nicht viele Erinnerungen an die Cité des 4000. Drogen habe es keine gegeben, überhaupt sei es nicht gefährlich gewesen, die Männer hätten keine Kapuzenpullis, sondern Anzüge und Schlips getragen, und die

Frauen Kleider, im Übrigen hätten keineswegs nur Ausländer in diesen Hochhäusern gelebt, und wenn, dann hauptsächlich europäische, Portugiesen zum Beispiel. Alles sei gerade erst fertiggestellt gewesen und habe neu gerochen, manches habe *noch nicht* richtig funktioniert, bis es dann bald *nicht mehr* funktionierte, aber da habe er nicht mehr hier gewohnt, seine Eltern seien mit ihm und seinen Geschwistern in ein Häuschen in Le Bourget gezogen. In der Cité habe es keine Spielplätze gegeben, die Kinder hätten zwischen den Wohnblöcken und den Parkplätzen gespielt, einmal sei ein Freund von ihm von einem Auto angefahren worden.

Aber war diese neue Siedlung für deinen Vater nicht besser als die Slums in Nanterre? Wo es noch nicht mal fließendes Wasser gab, sondern nur Baracken mit schlecht zusammengeflickten Wellblechdächern?

Mein Vater hätte lieber in seinem Dorf in Algerien bleiben sollen, da lief er barfuß, er hatte keine Schuhe, aber er brauchte auch keine, er war glücklich, also gut, was heißt glücklich, keine Ahnung, aber es ging ihm gut. Dann hat man ihm eingeredet, er müsse hier in Frankreich arbeiten und Geld verdienen, und da es viele so machten, hat er es auch gemacht, er war sehr jung, und schon die Reise war ein Abenteuer, zudem das fremde, reiche Land. Algerien gehörte noch zu Frankreich, er brauchte kein Visum, es war leicht, viel leichter als heute, hierher zu gelangen. Trotzdem, er hätte besser zu Hause bleiben sollen.

Bist du sicher? Dann gäbe es dich nicht.

Ja, dann würden wir jetzt nicht rumlaufen und nach den viertausend oder zwanzigtausend Gespenstern suchen, die hier mal gehaust haben.

Am Abend schickt mir Thierry einen Link zu einem Film, in dem die Cité des 4000 kurz nach ihrer Entstehung zu sehen ist. Der Film ist offensichtlich im Winter gedreht worden, das Licht ist grau, die Betonblöcke stehen nah beieinander und sind ebenfalls grau und glatt und so groß, dass sie gar nicht ins Bild passen, die Durchgänge sind dunkel, irgendwo gibt es eine Einkaufspassage, die Männer tragen tatsächlich Anzüge, man spaziert durch diese Passage, andere Freizeitbeschäftigungen gibt es nicht.

Wir sind jetzt an einer breiten, befahrenen Straße angelangt, der Nationale 186, und bald darauf an einem Kreisel, vor dem sich die Ruine eines Hochhauses erhebt, dessen Fassaden mit Schriftzeichen bedeckt sind wie die Seiten eines Buchs, ein aufrecht stehendes, würdiges Gerippe, durch dessen hohle Augen der Wind pfeift – ein Wahrzeichen, aber für was? Für Vernachlässigung, Verwahrlosung? Zwanzig breite, fensterlose Stockwerke, Aufzugtüren, hinter denen keine Kabine, sondern nur der gähnende Schacht wartet, Besetzer, die regelmäßig ausquartiert werden. Thierry zufolge steht das Gebäude schon seit zwanzig Jahren leer, im Keller sammelt sich das Wasser, Ratten breiten sich aus, die Nachbarn beschweren sich. Tatsächlich steht gleich neben dem Wrack ein Wohnblock, der sicher ein paar Hundert Wohnungen umfasst. Abends lese ich einen Zeitungsartikel aus dem Jahr 2017, der ankündigt, anlässlich der bevorstehenden Olympischen Spiele werde die Ruine nun endlich abgerissen. 2023 steht sie immer noch und wird uns Wanderern noch häufig zur Orientierung dienen.

Ein Stück weiter stoßen wir bereits auf die nächste Autobahn, die A1 ist es diesmal, die nach Norden, nach Lille führt: La Courneuve ist eingeklemmt zwischen zwei Autobahnen. Auch hier stehen riesige Wohnanlagen, und zwischen Autobahn und Wohnhäusern liegt – wie soll man es nennen – eine Grünfläche? Garten oder Park wäre zu viel gesagt, aber es wächst Gras hier und es wachsen auch ein paar Bäume, die grasbewachsene Fläche steigt an zur Autobahn, die von unten nicht sichtbar, sondern nur zu hören ist. Ein paar junge Typen streifen mit Furcht einflößenden Hunden durch diese Grünzone, ich kann einen Pitbull und einen Schäferhund erkennen, doch Thierry scheint vor Hunden keine Angst zu haben, und das lindert auch meine Ängste. Wir steigen den Abhang hinauf, von wo aus die Autobahn auf der einen, die Wohnblöcke auf der anderen Seite zu sehen sind; in einiger Entfernung der hohle braune Turm mit den vielen leeren Fensteraugen. Auf der Steintreppe, die den Abhang wieder hinunterführt, zeigt Thierry auf eine benutzte Spritze, verstreut daneben liegt weiterer Abfall, und vor der Wohnanlage häuft sich der Sperrmüll. Mir fallen diese Müllberge hier nicht zum ersten Mal auf, und auf meine Frage danach antwortet Thierry, es sei wohl gerade Sperrmülltag, doch insgeheim weiß er vermutlich, was mir erst allmählich klar werden wird: dass nämlich in den großen Wohnanlagen jeder Tag Sperrmülltag ist. Die Leute werfen vor die Tür, was sie nicht mehr brauchen können, neben »Sperrmüll abladen verboten«-Schildern türmt sich haufenweise Sperrmüll, Sperrmüll ist überall. Anfangs frage ich Thierry noch: Aber warum liegt hier dieser ganze Kram, warum verwandeln sie ihre eigene Wohngegend in eine Müllhalde, doch schon bald fällt mir nichts mehr dazu ein.

Warum erwarte ich von Menschen, die in solchen Betonkisten neben der Autobahn leben müssen, dass sie sich mit der Reinlichkeit und Ordnung ihrer Umgebung befassen?

Wir gehen weiter und kommen an der Grundschule Robespierre vorbei. Innerhalb von Paris heißen die Schulen anders, doch auch an die Namen der Straßen, Schulen und sonstigen Einrichtungen in diesen nördlichen, ehemals und manchmal heute noch von Kommunisten regierten Vorstädten werde ich mich noch gewöhnen. Häufig tauchen hier die Namen sowjetischer Astronauten auf, angefangen bei Gagarin, zudem natürlich die Nicht-Astronauten Marx und Lenin (weder Trotzki noch Stalin), die Straßen heißen Rue de la Révolution, Rue de l'Internationale oder Rue de l'Égalité. Auch Danton und Saint-Just dienen vielfach als Namensgeber. Ich werde mich daran gewöhnen, aber hier, vor dieser Schule, überkommt mich ein Schauer. Vermutlich, weil es eine Grundschule ist, die diesen Namen trägt: Robespierre, eine zwiespältige Figur, auf der linken Schale der Waage liegen zum Beispiel das allgemeine Wahlrecht, die Abschaffung der Todesstrafe und der Sklaverei, auf der rechten Dantons Kopf und zigtausende andere Köpfe. Die linke Schale wiegt schwer, so schwer wie die rechte mit den vielen abgehackten Köpfen, zu denen sich am Ende Robespierres eigener gesellt hat und die ich nicht mit den kleinen Kindern einer *école élémentaire* in Verbindung bringen möchte. Aber die Schule heißt nun einmal so, sie steht nah der Autobahn und ist hinter einer hohen Mauer verborgen.

Auf dem Weg nach Le Bourget, wo Thierrys Eltern hinzogen, als sie sich ein Häuschen leisten konnten, kommen wir an Lagerhallen vorbei, Niederlassungen von Bauunternehmen. Vor einer der Einfahrten wartet ein Grüppchen Männer ungewisser Herkunft; alle haben sie Kapuzenjacken an und Rucksäcke dabei. *Des clandos*, sagt Thierry, was heißt: *des clandestins* – illegale Einwanderer, die darauf hoffen, dass sie vielleicht auf einer Baustelle gebraucht werden. Ohne ausländische Schwarzarbeiter läge in Frankreich das Baugewerbe brach, kann man in der Zeitung lesen, aber wer es in der Zeitung liest, stellt sich nicht vor, dass diese unerlaubt nach Frankreich eingereisten Arbeiter in abgelegenen Pariser Vorortecken Morgen für Morgen in aller Frühe vor der Einfahrt eines Bauunternehmens in der Kälte ausharren, ohne jede Gewissheit, Arbeit zu finden für den Tag. Manche stehen offensichtlich in der Mittagszeit immer noch da und warten, dass sie angeheuert werden, und wenn sie dort stehen, wird das wohl heißen, dass sie vielleicht noch jemand holen kommt. Dass es jedenfalls nicht ausgeschlossen ist.

Es ist jetzt halb zwei und wir haben Hunger, doch etwas Essbares zu finden, ist wie immer nicht leicht. Wer von einer Vorstadt zur anderen geht, stößt oft lange auf keinen Laden, noch weniger auf ein Lokal, wo er einkehren und vielleicht auch einmal die Toilette benutzen könnte, was gerade Frauen auf Wanderschaft sehr gelegen käme – aber natürlich begegnen wir keinen Frauen auf Wanderschaft –, und wenn, dann sind es reine Männerkneipen, an denen wir jedes Mal lieber vorbeiziehen.

Wie machen das denn die Frauen bei dir, wenn sie außer Haus sind und mal aufs Klo müssen?, frage ich Thierry (es hat sich zwischen uns eingebürgert, dass »bei ihm« hier in den Vorstädten und »bei mir« Paris ist).

Unsere Frauen sind nicht außer Haus, und wenn, dann

müssen sie nicht aufs Klo. Draußen-aufs-Klo-Gehen ist *haram*, sagt er mit einiger Ironie in der Stimme, denn es hat sich außerdem zwischen uns so eingebürgert, dass er die Rolle des gläubigen, traditionellen Algeriers spielt, der er nicht ist, und ich die der weißen, westlichen, privilegierten Frau, die ich bin.

In Le Bourget angekommen, führt er mich in eine ruhige einspurige Straße, die auf beiden Seiten von Einfamilienhäuschen flankiert ist. In einem davon, einem einfachen Backsteinhaus, das vielleicht hundert Jahre alt und mit einem Minimum an Zierrat versehen ist – ein Mosaikhalbkreis über dem einzigen nennenswerten Fenster in der Obergeschossfassade –, wohnten seine französischen Großeltern. Er sagt immer »meine französischen Großeltern«, obwohl er gar keine anderen hatte, ich meine: obwohl er seine anderen, die algerischen Großeltern, als Kind nicht kannte und auch später nie kennenlernen sollte. In ein schlichtes weißes Haus ein paar Straßen weiter waren seine Eltern Ende der Sechziger gezogen, hier ist er groß geworden.

So unheimlich es mir vorhin war, mir Thierry als kleinen Jungen, als vier-, fünfjähriges Kind zwischen den Megaklötzen der Cité des 4000 vorzustellen, so friedlich und geradezu anheimelnd wirkt jetzt auf mich – vielleicht auch nur im Gegensatz – diese neue Umgebung. Das kaum befahrene Sträßchen könnte auch durch irgendeine verlorene französische Kleinstadt führen; nichts, außer vielleicht die vielen nahen Flugzeuge am Himmel, lässt erahnen, dass rings umher Millionen leben.

Thierrys Vater arbeitete erst in der Fabrik, dann auf dem Bau, später, in den Siebzigerjahren, gründete er als Elektriker seine eigene Firma, bald konnte er das Häuschen abbezahlen, und sobald es ging, ab Ende der Siebziger, fuhr er einen Mercedes. Thierrys Mutter arbeitete anfangs als Sekretärin, sein Großvater bei der Bahn, die Großmutter war zu Hause und kümmerte sich viel um Thierry. Dies sind die einfachen Tatsachen, die ich schon länger kenne, aber nun, da ich hier stehe und an den dazugehörigen Orten darüber nachsinne, tun sich mir Fragen auf, zum Beispiel: Wie haben Thierrys französische Großeltern den algerischen Schwiegersohn aufgenommen? Wie hat sein Vater sich an die französischen Verhältnisse angepasst? Wie hat Thierry selbst diese zweifache Herkunft erlebt?

Seine Großeltern hätten sich ihren Schwiegersohn anders vorgestellt gehabt, sagt Thierry, aber eine ihrer Töchter sei eben von einem Algerier schwanger geworden, und so sei ihnen nichts anderes übrig geblieben, als so schnell wie möglich eine Heirat zu organisieren. Pech gehabt.

Ich suche nach einer vorsichtigen Ausdrucksweise: Kann es sein, dass eine Heirat mit einer Französin für deinen Vater auch einen sozialen Aufstieg bedeutet hat?

Klar, sein Vater sei von Anfang an darauf aus gewesen, sich so schnell wie möglich zu einem Franzosen zu machen, in der Masse der Franzosen unterzugehen, bloß niemandem als Algerier aufzufallen. Seine kleine Elektrofirma habe einen sehr französischen Namen getragen. Seinen eigenen Nachnamen habe er zu seinem Leidwesen zwar offiziell nicht loswerden können, doch niemand habe ihn je unter seinem wirklichen Vornamen Ahmed gekannt. Bei all seinen Freunden habe er sich immer als Marcel ausgegeben. Die meisten hätten gar nicht gewusst, dass er Algerier war.

Und selbst bei ihnen zu Hause sei über Algerien nie gesprochen worden. NIE hätten seine Eltern das Wort Algerien in den Mund genommen. Kaum, dass er, der Sohn, gewusst habe, dass er Algerier ist, also halber Algerier. Wenn es in der Schule nicht manchmal so blöde Sprüche gegeben hätte, *sale Arabe*, *Mohammed*, so was, hätte er es glatt überhaupt nicht mitbekommen. Sein Vater jedenfalls habe seine Wurzeln abgeschnitten und sich sein Leben lang den Franzosen angedient.

Und deine Großeltern?

Der Großvater sei ein Haustyrann gewesen, er habe seine Frau und seine Kinder terrorisiert, sobald er zu Hause gewesen sei, und von dem Schwiegersohn, dem Araber, habe er erst mal gar nichts wissen wollen. Der Algerienkrieg sei gerade erst zu Ende gewesen, einer seiner Söhne sei früh eingezogen worden und 1956 mit einer Verletzung zurückgekommen. Es sei keine schwere Verletzung gewesen, eher eine, über die man im Nachhinein froh sei, weil man danach zu Hause bleiben könne. Thierrys Großvater habe immer gesagt: Die Algerier wollten nicht länger zu Frankreich gehören, gut, alles klar, das haben wir kapiert, wir sind abgezogen und haben sie in ihrer Scheiße sitzen lassen, aber jetzt sollen sie uns bitte schön auch in Ruhe lassen und bei sich zu Hause bleiben, was wollen sie noch hier bei uns? So habe er auch noch geredet, als er längst einen algerischen Schwiegersohn gehabt habe, und durchaus auch in dessen Beisein. Denn dieser, Thierrys Vater also, habe stets eingestimmt! Er habe sich damals schon für französischer als die Franzosen gehalten, immer habe er den Superfranzosen gemimt, widerlich sei das gewesen. Und der Großvater schien bald vergessen zu haben, dass er sonntagmittags einen Araber mit am Tisch sitzen hatte, er habe ihn nach einer Weile sogar seinen übrigen Schwiegersöhnen vorgezogen, diesen Nieten, wie er immer gesagt habe, weil sie in seinen Augen nicht so tüchtig gewesen seien wie Thierrys Vater und keinen Mercedes gefahren hätten, sondern nur einen Renault 4. Dabei sei Thierrys Vater weniger tüchtig als schlau gewesen, er habe genau gewusst, wie man die Rechnungen aufbläst, gerade älteren Leuten habe er Gott weiß was aufgeschwatzt, Alarmanlagen, elektrische Türöffner, lauter solchen Quatsch, und seine paar Angestellten habe er ausgebeutet, die hätten noch nicht mal den Mindestlohn gekriegt, wenn er sie nicht gar für ein paar Groschen habe schwarzarbeiten lassen.

Während er sich so in Rage redet, sind wir bis zu einer Kirche gelangt, die Thierry mir zeigen will, weil er darin getauft worden ist.

Du bist getauft?

Er sei getauft worden, ja, aber erst, als seine Eltern hierher, nach Le Bourget, in die Nähe der Großeltern gezogen seien, da sei er schon sieben gewesen. Der Großvater habe sogar darauf bestanden, dass er zum Katechismus-Unterricht gehe und seine Erstkommunion mache wie die anderen Enkel.

Und dein Vater hat nichts dazu gesagt.

Doch! Der war sehr dafür!

Wir treten in die kleine Kirche ein, Saint-Nicolas du Bourget. Wir sind die einzigen Besucher.

Und dein typisch französischer Vorname, was ist mit dem?

Den hat mein Vater ausgesucht.

Eine steinerne Madonna aus dem 20. Jahrhundert sticht mir ins Auge, Notre-Dame des Ailes, Unsere Liebe Frau der Flügel, kunsthistorisch wahrscheinlich völlig wertlos, aber auffälligerweise eingerahmt von zwei langen hölzernen Propellerflügeln oder Luftschrauben, die von einem alten Flugzeug stammen müssen. Mir fällt ein, dass der Flughafen von Le Bourget lange Zeit der wichtigste Flughafen von Paris war, bis Roissy-Charles-de-Gaulle in den Siebzigerjahren den Hauptflugverkehr übernahmen. Diese Maria ist eine Flughafenmadonna.

Sie haben dich in der Kirche einer Propellerjungfrau taufen lassen!

Aber selbst durch eine Propellerjungfrau ist Thierry mit seiner Taufe und seinem Großvater nicht zu versöhnen.

Wir schauen uns noch die fünf Wandbilder an, die den 1870er-Krieg illustrieren: Im Oktober und im Dezember 1870, ist auf einer Tafel zu lesen, hätten um diese Kirche herum und sogar in ihr heftige Kämpfe zwischen Preußen und Franzosen stattgefunden. Der französische Kommandant Brasseur habe sich mit seiner Truppe in der Kirche verschanzt. Eines der naiven Wandbilder zeigt, wie aus dem Obergeschoss der Kirche heraus gefeuert wird. Wie auf einem winterlichen Bruegel-Gemälde die Schlittschuhfahrer sind hier auf allen Wänden Nahgefechte dargestellt und eine Vielzahl Toter und Verwundeter am Boden. Es ist ein merkwürdig anrührendes kleines Gotteshaus, in dem niemand mehr – außer dem Gemäuer selbst und für einen Moment wir zwei fremden Besucher – der toten Soldaten gedenkt und vom Fliegen träumt.

Während der Revolution sei die Kirche in einen »Tempel

der Vernunft« verwandelt worden, lese ich auf einer anderen Tafel, bevor wir weiterziehen. Für einen kurzen Moment wurde in den Kirchen Frankreichs und also auch hier, in Le Bourget, die Vernunft angebetet sowie »l'Être suprême« – das höchste Wesen, von dem damals bereits keiner so genau wusste, um was es sich dabei handelte, aber bei Gott wusste man das schließlich auch nicht. Das neue höchste Wesen ist ein republikanisches Ideal, weshalb noch heute auf dem Fronton dieser kleinen Flughafenkapelle die Worte *LIBERTÉ ÉGALITÉ FRATERNITÉ* eingraviert sind.

Wir gehen weiter in Richtung des Friedhofs, auf dem Thierrys Großeltern begraben liegen, vorbei an einer eigenwillig gestalteten Kreuzung (Ecke Avenue John Fitzgerald Kennedy und Rue de l'Égalité): Neben einer Grabkapelle, die von einer schnörkelig-schmiedeeisernen Tür verschlossen ist, weht die französische Flagge, auch das offenbar zum Gedenken an den 1870er-Krieg, was sicher würdevoller wäre, wenn der Blick auf die kleine Kapelle nicht durch die unmittelbar davor in verschiedenen Höhen und über kunststoffgrünem Untergrund angebrachten Klimmzugstangen und Turnringe beeinträchtigt wäre. Überhaupt scheint die Banlieue ein Ort zu sein, dessen Bewohner man für sportlich hält oder immerhin zum Sport ermuntern möchte – jedenfalls werde ich derartige sportliche Anlagen noch häufig zu sehen bekommen, wenn auch selten gepaart mit militärischen Denkmälern.

Der Friedhof ist nicht groß und von den umliegenden Wohnhäusern aus gut einzusehen. Kurz hinter dem Eingang halten wir an einem steinernen Soldaten mit Käppi, den Thierry wie einen alten Bekannten grüßt, und so bleibe auch ich vor dem Mann stehen und schaue in sein ausdrucksvolles, verwittertes Gesicht, von dem nur noch die Augen, ein Nasenloch und der halbe Mund übrig sind, den Rest hat der Napalm der Zeit zerfressen. Schauerlich ist der Mann anzusehen und zugleich schön, wie ein durch großes Leid Gegangener. Aus seinem Rücken wächst links ein Flügel, oder vielleicht ist es eine Gewehrtasche, aus der die Jahre einen Flügel geformt haben. Keine Inschrift zeugt von seinem Kriegertum.

Thierry glaubt zu wissen, wo das Grab seiner Großeltern ungefähr liegt, doch vergebens grasen wir den Sektor ab, in dem er es vermutet, und entschließen uns schließlich, am Empfang nach Raymond und Marie Dubois zu fragen. In dem Empfangshäuschen sitzen zwei Frauen und ein Mann im Warmen und unterhalten sich angeregt, als wir anklopfen. Eine der Frauen sieht in ihrem Computer nach, die Nummer des Grabes und damit seine Lage sind schnell gefunden und der Weg dorthin ist schnell beschrieben, doch der Mann besteht darauf, uns zu begleiten, das sei schließlich Teil seiner Arbeit. Kaum am Grab, verschwindet er schon wieder – auch Diskretion gehört zu seiner Arbeit.

Mir fällt nicht erst hier auf, wie freundlich Thierry mit Unbekannten spricht. Nicht, dass es irgendwelche Gründe gäbe, unfreundlich zu sein, aber auf einer Skala zwischen förmlich-distanziert und freundlich-einnehmend schlägt Thierrys Verhalten eindeutig auf letztere Seite aus.

An der vorderen Schmalseite der glatten Steinplatte, die von keinerlei Pflanzen oder Blumen, noch nicht einmal künstlichen, verziert wird, ist in goldenen Lettern »Famille DUBOIS« zu lesen. Hinter der Steinplatte ist ein Kreuz angebracht, daneben eines dieser Täfelchen, die es in französischen Bestattungsinstituten schon fertig beschriftet zu kaufen gibt. Dieses hier zieren neben einer Schwalbe und einem Schnörkelherzchen die Worte »A notre Amie Regrettée« – Unserer verstorbenen (beweinten) Freundin, als läge in diesem Familiengrab nur Thierrys Großmutter. Hat den Großvater vielleicht tatsächlich niemand beweint?

Warum steht da Famille Dubois, wenn nur deine Großeltern hier begraben sind?, frage ich.

Ich glaube, da liegen auch noch ein, zwei meiner Onkel und Tanten, sagt er gleichgültig.

Ich frage nicht weiter nach; sein Verhältnis zur Familie scheint nicht das beste gewesen zu sein.

Die waren eigentlich ganz nett, sagt er zu meinem Erstaunen, nachdem er eine Weile schweigend auf das Grab geblickt hat.

Ach so? Sie waren also doch ganz in Ordnung?

Er schaut auf.

Ich sprach von denen da, sagt er und zeigt auf das Empfangshäuschen.

Wir müssen beide lachen.

2

Diesmal sind wir direkt vor der Station Le Bourget verabredet, es ist einer der ersten Januartage. Thierry hat Verspätung. Warten in unbekannten Gegenden kann ein Problem sein, doch vor einem Bahnhof oder einer Haltestelle wartet es sich unauffällig. Ich merke trotzdem, dass ich nicht recht weiß, welche Haltung ich einnehmen, wohin ich mich stellen soll, weshalb ich ein wenig um den Bahnhof herumstreune und dabei eine Gedenktafel bemerke, auf der von den 40 000 jüdischen Menschen die Rede ist, die vom nahen Konzentrationslager in Drancy zu diesem Bahnhof gebracht und von hier nach Auschwitz verschleppt worden sind; später, ab Juli 1943, gingen die Deportationen vom nahe gelegenen Bahnhof Bobigny aus weiter. 40 000 Menschen, das kann doch nicht stimmen, denke ich. Wie sollte man am Ende auf eine solche gerade Zahl kommen? Das müssen Schätzungen sein, so genau weiß man es nicht, da hat man einfach abgerundet. Circa drei Prozent haben überlebt, steht auf der Tafel. Drei Prozent, das ist noch nicht einmal eine abgerundete Zahl, es ist ein Anteil, fast eine Abstraktion.

Ich drehe mich um und habe das Gefühl, man müsse mir ansehen, dass ich nicht von hier, dass ich keine Vorstädterin bin. Aber natürlich haben die Passanten anderes zu tun, als mich zu beäugen. Zielstrebig kommen sie aus dem Bahnhof oder gehen auf ihn zu. Schließlich setze ich mich auf einen

Betonklotz, den ich ungeschickt erklimme, ziehe ein Bein an und versuche, halbwegs lässig auszusehen. Der gleichgültige Blick einer Frau in meinem Alter streift mich, zwei halbwüchsige Jungs in schwarzen Klamotten streiten sich vor meinem Betonkubus, ohne mich zu bemerken oder auf mich achtzugeben.

Dann kommt Thierry auf mich zu, noch bevor ich ihn bemerke, hat er mich längst gesehen. Wir nehmen die belebte Straße dem Bahnhof gegenüber, auf deren rechter Seite neue Wohnhäuser entstehen, dann eine Route Nationale, die sich vom Stadtrand, von der Porte de la Villette, also ganz in der Nähe meiner Wohnung, mitten durch Le Bourget zieht und bis an die belgische Grenze führt. Größere Bauarbeiten sind hier im Gang. Die Schnellstraße, die durch die Bauarbeiten in ihrer Mitte zu einer Langsam- oder Stau-Straße geworden ist, soll umgewandelt und bepflanzt werden, Fahrradwege und breitere Bürgersteige sollen entstehen, vor allem aber soll ein sogenannter »Boulevard Olympique« daraus werden, der die verschiedenen Anlagen der Olympischen Spiele 2024 miteinander verbindet. Presslufthammer dröhnen uns in den Ohren. Thierry steuert zielsicher auf eine Boulangerie zu – wir haben schon das letzte Mal nichts zu essen bekommen, diesmal sorgt er vor, zudem ist gerade Mittagszeit – und wir kaufen Sandwiches, die wir lieber nicht im Gehen, sondern im Sitzen essen wollen. Auch eine Herausforderung: etwas zum Sitzen zu finden in diesen Gegenden.

Unsere Richtung ist erst einmal der Flughafen Le Bourget, wo mittlerweile hauptsächlich Privatjets abheben. Auf dem Weg dorthin führt mich Thierry erneut am Haus seiner Großeltern vorbei, in dem heute, wie ich am Briefkastenschild sehe, Menschen spanischer Herkunft leben. Erstaunlicherweise entdecken wir gleich am Anfang des Flughafengeländes unverhofft zwei hölzerne Picknickbänke und -tische – allerdings hinter einem hohen Drahtgitterzaun. Die Bänke stehen auf einem Firmengelände, doch an einem windigen Januartag will hier natürlich kein Angestellter sein mitgebrachtes Mittagessen verzehren. Wir würden zwar wollen, kommen aber nicht hin. Am Ende setzen wir uns auf eine etwas von der Straße zurückgesetzte Betonabsperrung, ziehen die Reißverschlüsse unserer Anoraks bis zum Kinn hoch und fangen an, unsere Sandwiches aus gummiartigem Baguettebrot zu mümmeln und eine Cola dazu zu trinken, den Blick auf den Parkplatz und die eingezäunten Picknicktische und auf die Durchgangsstraße dahinter gerichtet.

Thierry sagt, na, hättest du dir auch nicht träumen lassen, dass du mal hier in so einer idyllischen Kulisse vor dem Flughafen Le Bourget zu Mittag speisen würdest.

Er fängt an, das hat er sich so angewöhnt, imaginäre Pariser Freunde von mir zu mimen: Also, ich weiß wirklich nicht, was in die Frau gefahren ist! Weißt du noch, dieser Filmemacher, dieser Thierry, mit dem sie befreundet ist? Der hat ihr vorgeschlagen, mit ihm durch die Banlieues zu wandern. Seitdem ist sie wie ausgewechselt! Sie ist nur noch in Drancy, Bondy, Aulnay, Sevran, Le Blanc-Mesnil, Le Bourget und was weiß ich wo noch unterwegs, man trifft sie nirgends mehr, sie schwört nur noch auf die Banlieues. Total verrückt.

Ich spinne das fiktive Gespräch weiter und fange meinerseits an, meine vermeintlichen Freunde nachzumachen: Also, ja, die Arme! Sie könnte jetzt mit uns in einem schönen

Lokal am Canal Saint-Martin zu Mittag essen, aber nein, sie friert sich in irgendeinem Niemandsland auf einem Betonklotz den Hintern ab und futtert Kebabs und Gummisandwiches, und das gefällt ihr auch noch!

Thierry: Ich weiß auch nicht, was in die Frau gefahren ist, vielleicht hat er sie zu einem Marabout geschleppt, und der hat sie verhext.

Ich (weil mir plötzlich einfällt, welche Art Gespräch viel plausibler wäre): Also, ich finde das ja ganz toll, dass sie das macht, ich hätte ihr das gar nicht zugetraut. Das ist eine Welt für sich, diese Banlieues! Und dieser Thierry, der hat einen algerischen Vater, der weder lesen noch schreiben konnte. Ist das nicht wahnsinnig interessant?

Thierry: Ja, wie spannend! Ein Analphabet!

So reden wir spaßeshalber weiter, bis wir fertig gegessen haben, dann geht es wieder los: Auf der linken Seite der Straße wird die Flughafenanlage sichtbar, auf der rechten stehen Behausungen, auch zwei, drei heruntergekommene Hotels, die noch aus den Fünfzigerjahren, also aus der Glanzzeit des Flughafens, zu stammen scheinen – L'Hôtel Bleu du Port Aérien und L'Air Hôtel – und heute eher so aussehen, als würden sie Migranten beherbergen, während gegenüber, im heutigen Flughafen, Stars und Milliardäre in ihre Privatjets steigen. Vor Kurzem ist an diesem Flughafen ein auf Geldwäsche spezialisierter und auch in der französischen Wirtschaft gut vernetzter kongolesischer Geschäftsmann mit viel Cash im Koffer festgenommen worden. An diesem Privatjetflughafen braucht niemand lange an der Gepäckkontrolle Schlange zu stehen, die Zollbeamten begeben sich in die Lounges, wo sich die Passagiere vor dem Abflug schnell noch einen Drink gönnen, und lassen sich bestechen. Jedenfalls manche von ihnen.

Der Flughafen hat sich, seit er nicht mehr dem allgemeinen Flugverkehr dient, sehr verkleinert, einige Gebäude wurden umfunktioniert, in einem Teil ist das Musée de l'Air et de l'Espace einquartiert, das ich am liebsten besichtigen würde, ein Luft- und Raum-Museum, klingt das nicht verlockend? Aber heute haben wir vor, eine andere Luft, einen anderen Raum zu erkunden.

Wir sind jetzt vielleicht eine Stunde unterwegs und noch niemandem begegnet, der wie wir zu Fuß unterwegs gewesen wäre, auch vor dem Museum nicht. Wer sollte auch an diesen langen, öden Flughafengebäuden entlangmarschieren, die hier die Straße säumen, zudem noch in dieser Kälte? Umso erstaunter bin ich, als Thierry sagt, hier vorne sei die Galerie Gagosian.

Eine Galerie?

Wer hier zufällig vorbeiginge, käme nie auf die Idee, in einem dieser weißen, lang gezogenen Flughafengebäude könnte sich eine Kunstgalerie verbergen, aber das ist es ja: Hier kommt niemand zufällig vorbei, die wenigen Besucher wissen, was sie suchen. Ein Schild ist keines angebracht oder nur ein so kleines, dass man es erst sieht, wenn man schon davorsteht.

Ist da wirklich eine Galerie? Gibt es vielleicht gerade eine Ausstellung? Sollen wir einfach versuchen reinzukommen?

Die Tür ist verschlossen. Wir klingeln. Man weiß ja nie. Und tatsächlich öffnet nach einer Weile ein junger Mann und fragt, ob wir einen Termin hätten.

Ähm, nein, wir kamen hier gerade zufällig vorbei und haben Licht gesehen, sage ich.

Erstaunlicherweise lässt er uns ein (mich erstaunt es, aber vielleicht haben wir einfach innerhalb der Öffnungszeiten geklingelt). Der Hauptausstellungsraum ist so groß, dass ein Flugzeug hineinpassen würde, stattdessen steht eine Rostskulptur von Richard Serra darin, durch die wir hindurchtaumeln, denn von den schrägen Wänden wird uns sofort schwindelig. Wir sind die einzigen Besucher und fühlen uns ein bisschen wie Kinder, denen es gelungen ist, in eine ihnen verbotene Domäne vorzudringen.

Wer kommt aus Paris an diesen abgelegenen Ort, um sich eine Ausstellung anzuschauen? Auf der Website der Galerie sind die Verkehrsmittel aufgeführt, mit denen man hierhergelangen kann: Als Erstes ist die Auto-Anfahrt angegeben (im Moment, am frühen Nachmittag, betrüge die Fahrzeit von Saint-Germain-des-Prés aus eine Stunde). Andernfalls muss man vom Stadtzentrum aus mit verschiedenen Metrolinien bis zur Porte de la Villette oder zur Porte de la Chapelle und von dort mit dem Bus weiter, schließlich noch zehn Minuten zu Fuß. Oder mit der Metro zum Gare du Nord, dann mit der Vorstadtbahn, dann Bus und am Ende zehn Minuten Gehen. Kurz, es dauert eine Ewigkeit, bis man mit öffentlichen Verkehrsmitteln hier ist, und mit dem Auto mag es bequemer sein, geht aber auch nicht viel schneller. (Uns schreckt zwar der Weg nicht ab, doch schon die Dimensionen der ausgestellten Werke schließen uns von der potenziellen Kundschaft aus.) Was hat es für einen Sinn, hier eine Galerie aufzumachen?

Thierry sagt, dass dieser Ort bald besser angebunden sein

werde, dass aber die Sammler sowieso mit dem Privatjet anreisen und es vom Flughafen aus sehr nah haben würden. Ob das stimmt?

Wie haben Sie denn die Skulptur hier hereinbekommen?, fragt Thierry auf dem Weg nach draußen den jungen Mann. Dieser scheint uns nicht für Leute zu halten, die einen Kunstraub planen, und so zeigt er uns bereitwillig, wie sich das einen Teil der Fassade einnehmende Tor beiseiteschieben lässt, in dem sich die kleine Eingangstür für Besucher öffnet und durch das die in Einzelteile zerlegte Skulptur hindurchpasst.

Wieder draußen würden wir gerne die Schnellstraße überqueren, die an der Hinterseite der Galerie vorbeiführt, weil uns dort eine Wohnsiedlung aus den Dreißigerjahren anzieht, die, Thierry zufolge, *chaude* ist, wörtlich: heiß. (Wie wäre das zu übersetzen? Wahrscheinlich mit »sozialer Brennpunkt«, wenn das nicht, anders als »chaude«, Nachrichtenjargon wäre.) Aber ein hohes Gitter, in das hin und wieder – verschlossene – Durchgänge eingelassen sind, versperrt uns den Weg. Es wirkt, als sollte mithilfe dieses langen Zaunes die »gute« Straßenseite vor den Bewohnern der Sozialwohnungen abgeschirmt werden.

Wir verschieben die schöne alte Wohnsiedlung auf ein andermal und wandern stattdessen am Flughafen entlang zurück bis nach Dugny, wo wir vor einer dieser gigantischen Olympia-Baustellen stehen bleiben, auf denen seltsamerweise immer ein »Dorf« entstehen soll: »Village olympique«; »Village des médias«. Ich zähle sieben Kräne, die alle in Bewegung sind, während hinter uns zwei Ariane-Raumschiffe in den Himmel ragen, denn wir haben das Luftfahrtmuseum mittlerweile im Rücken.

Wer die Banlieues nicht näher kennt, sage ich zu Thierry, stellt sie sich als eine Mischung aus abgewrackten Sozialwohnungsbauten und Häuschen mit Vorgarten vor. Aber das hier ist eine einzige Baustelle, dann noch ein Privatjetflughafen, die schicke Galerie mittendrin und dazwischen ein paar Krümel Leben, Überreste von Früherem, von dem aber zu spüren ist, dass es weggebaggert werden wird, dass es sich nicht wird halten können.

Durch den großen Park auf der Westseite des Flughafens, den Parc de La Courneuve, ziehen wir nach Norden, wir wollen über Stains, wo es gar nichts gibt, jedenfalls nichts, wovon ich oder die meisten anderen Paris-Bewohner schon einmal gehört hätten, nach Saint-Denis, wo Stars kicken und Könige ruhen. Im Park gehen wir lange durch winterfahle Wiesen, auf denen steif gefrorene Möwen lagern, scheinbar fernab von allem Städtischen und von der Menschheit, deren einzige Vertreter wir zu sein scheinen. Dass diese doch nicht weit ist, zeigt sich am Ufer eines Teichs, der fast ganz in weißem Dunst verschwunden ist und, wie ein Schild bezeugt, tatsächlich »Étang des brouillards« – Teich der Nebel oder Nebelteich – heißt. Über und unter den Namen hat jemand in gut lesbaren Großbuchstaben CORAN DE MERDE und MUSULMANS ARRIÉRÉS geschrieben – »Scheißkoran« und »zurückgebliebene Muslime«. Gleich daneben gibt es eine Notrufsäule mit einer Telefonnummer, die aber vermutlich nicht im Fall einer rassistischen Beleidigung, sondern falls jemand am Ertrinken ist gewählt werden soll. Thierry sagt nichts, wirft mir nur einen Blick zu, aus dem ich lese: Hier, falls du's nicht glauben wolltest …

Der Ausgang ist nicht leicht zu finden, ungewollt landen

wir in Garges-lès-Gonnesse, also in einem anderen Département, von wo aus Stains entweder neuerlich durch den Park oder über die Route Nationale zu erreichen ist. Thierry lässt mir die Wahl, und ich sage: Nehmen wir die Straße.

Thierry geht bereitwillig neben mir her und macht sich dabei auf bewährte Weise über mich lustig: Ich glaub's nicht, jetzt will sie schon nur noch zwischen abgehalfterten Wohnblöcken rumlaufen oder an irgendwelchen Autobahnzubringern entlang! Da will man ihr mal was Schönes zeigen, ein bisschen Natur, aber nein, ein Park, igitt, *très peu pour moi*, das ist nichts für sie.

Darauf ich: Null Abenteuerlust, dieser Thierry, am liebsten spaziert er durch gepflegte Gärten und Parks, das nächste Mal fahren wir am besten gleich nach Versailles oder zum Schloss von Chantilly, ist eh das Einzige, worauf er anspringt.

Als wir an einem dunkelhäutigen städtischen Angestellten vorbeikommen, der mit einem Gebläse welke Blätter aufhäuft, nimmt unser kleiner Dialog eine andere Richtung.

Das sind halt Faulpelze, diese Leute, sagt Thierry sarkastisch, die haben's zu leicht. Du siehst ja, die machen nichts als draußen rumstehen und Sozialhilfe kassieren.

Ich: So ist es, da gibt man ihnen so ein Gebläse, und das Laubfegen geht ganz von selbst, ohne Mühe, und das macht auch noch Krach und kostet Strom und ist schlecht für die Erde. Dabei könnten sie so gut selber pusten!

Und ich blase meine Backen auf und puste, als wollte ich dreihundert Geburtstagskerzen löschen. (Ein Gespräch, das noch eine Weile so weitergeht und bei dem wir uns kaputtlachen, das aber später meinen jungen Lektor schockieren wird – soll ich es streichen? Ich versuche ihm klarzumachen, dass wir uns hier nicht über den Mann mit dem Gebläse, sondern über Leute, die dumme Sprüche über Ausländer reißen, lustig machen.)

Thierry hat recht, ich habe genug Park gesehen für heute und möchte wieder, oder besser endlich, unter Leute, doch dafür war diese Straße wohl nicht die richtige Entscheidung, sie führt zu einem mit ironisch wirkenden Zypressen bepflanzten Kreisel außerhalb des Orts, wobei die Vorstädte eigentlich kein »außerhalb« kennen, sie gehen ineinander über und verhärten sich manchmal an den Rändern zu reinen (fast reinen) Auto-Arealen. Stains liegt linker Hand, also nehmen wir den Kreisel in die falsche Richtung und dann gleich die erste Ausfahrt, die für uns ein Ausweg ist: Jetzt sind wir wirklich nirgendwo, aber so was von nirgendwo, dass es schon komisch ist – natürlich nur, wenn man zu zweit ist und sich gut versteht. Die Autos fahren schnell und mit Scheinwerferlicht unter dem düsteren Himmel. In den Gesichtern am Steuer meine ich, Erstaunen darüber zu erkennen, dass hier zwei neben der Fahrbahn herumspazieren.

Ich glaube, da wohnt jemand, sagt Thierry, den Kopf zu den Bäumen auf der anderen Straßenseite gedreht, und tatsächlich zeigt sich dort eine Plastikplane, die einem Zeltdach ähnelt. Wir gehen langsam weiter und schauen zwischen den Autos durch in das Kiefernwäldchen gegenüber. Ich bin mir nicht sicher, ob ich mir das wirklich näher ansehen will, Thierry aber wechselt schnell zwischen den von links und rechts heranbrausenden Autos auf die andere Straßenseite und watet dann durch die hohen Gräser auf die Kiefern zu. Sonst ist niemand zu sehen, nur verstreuter Abfall, der von menschlicher Präsenz zeugt – doch diese Art menschliche Spuren gibt es schließlich auch am Nordpol, sie beweisen nicht viel. Ich schaue angestrengt hinüber. Es ist wirklich viel Abfall, der da liegt. Mehr Abfall als auf jeder gewöhnlichen Straße in Paris oder in der Banlieue, und dies ist noch nicht einmal eine Straße, sondern ein Waldstück. Als sich eine Lücke im Verkehr auftut, springe ich Thierry hinterher.

Hier ist es still. Es ist nicht still, aber ich höre nichts mehr. Ich gehe, Schritt für Schritt, ich denke keine Worte, ich weiß nicht, was ich denke. Ich stehe still. Da ist ein Berg aus Hunderten von verrosteten Dosen, daneben ein ebenso hoher Berg leerer Plastikflaschen, Grabhügel eines Lebens, das sich hier abgespielt haben mag und das Nahrung brauchte und Flüssigkeit. Die Dosen sind verschiedenen Alters, viele davon nur noch Rost und schon so brüchig, dass sie in der Hand zerbröseln, andere tragen noch Reste eines Etiketts. Die Flaschen hingegen sind unvergänglich. Um alles ranken sich die Dornen. Etwas abseits ein Gehäuse, eine Art Zelt, umgeben von einem Wall aus Müll, an der Öffnung hängt eine Jeans mit zerknitterten Hosenbein-Enden, vielleicht gibt es noch jemanden, der hier seine Nächte verbringt? Jemand, der tagsüber arbeiten oder betteln geht? Ich schaue mich um, es sieht aus wie in der Hölle.

Ein paar Schritte weiter, ein anderer Dosen- und Flaschenhaufen, diesmal liegt alles durcheinander um einen toten, abgebrochenen Baumstamm herum, Äste und Abfall sind ineinander gewachsen, der Boden ist grün, es fängt zu regnen an. Auch an anderen Stellen schimmert Müll durchs Gestrüpp.

Thierry und ich stoßen wieder zueinander, wir sagen nichts und schauen uns kaum an.

Mir ist, als hätte ich eine fremde Wohnung in Abwesenheit ihres Bewohners betreten und mich dort ungeniert und ausgiebig umgesehen. Mir ist, als wäre ich auf einer einsamen Insel gelandet, auf der Schiffbrüchige lange überleben konnten, schließlich aber hungers gestorben sind.

Mir ist, als hätte ich für heute genug gesehen.

Thierry sagt: Pass auf – jetzt!, und wir rennen zusammen zwischen den Autos durch zurück auf die andere Straßenseite.

Kannst du dir das vorstellen, sagt er nach einer Weile, diese ganze Reise durchzumachen – ich verstehe, dass er sagen will: von Afrika nach Europa –, diese ganze Reise durchzumachen, um dann *hier* anzukommen?

Ein Flugzeug nach dem anderen fliegt dicht über uns und über das verlassene Müllhaldendorf hinweg, darin Geschäftsleute, Touristen, Menschen auf dem Weg zu Verwandten, Leute wie wir. Stains liegt in der Einflugschneise des Flughafens Roissy-Charles-de-Gaulle, die Einwohner protestierten, ein weiterer Terminal wurde dazugebaut, sie protestierten lauter, aber es drang nichts durch davon, jedenfalls habe ich in Paris davon nichts mitbekommen und erfahre es erst jetzt, vielmehr nicht jetzt, sondern am Abend, sobald ich, wie nach jedem unserer Gänge, nach Antworten suche auf meine Fragen, nach den Funktionen der Gebäude und den Namen der Orte, wenn ich unsere Wege auf einer Karte nachziehe und mir ein Bild dieses weiten Vorstadtraums zu verschaffen versuche. Es dauert lange, bis ich die durchstreiften Gegenden halbwegs zu einem Ganzen verbinden kann, oft muss ich mehrmals und aus verschiedenen Richtungen kommend einen Ort zu Fuß durchquert haben, bis ich mir allmählich eine Vorstellung von seiner Lage machen kann.

Die Schnellstraße mündet in ein dickes Abflussrohr, nein, das Abflussrohr öffnet sich knapp daneben und darunter: schwarzer Morast. Etwas weiter wieder ein Kreisel, ein riesiges, doppelstöckiges Rund, darin, wie hineingestöpselt, Zypressen und dazu noch Palmen, mageres, spitziges Gehölz, dessen Sprösslinge in auffallend hohen und schmalen metallenen Ummantelungen stecken, offenbar soll auf diesem Kreisel nur Bleistiftförmiges wachsen. Zwischen den Gewächsen hindurch sind auf der anderen Seite verschiedene Discountläden, ein McDonalds und ein Parkplatz zu sehen.

Ich hab eine super Erfolgsidee, sagt Thierry, der, wohl auch um die Bedrückung zu verjagen, wieder ins Spaßhafte verfällt. Ich schreibe einen Reiseführer für das Neun-Drei, Banlieue für Extremtouristen, heiße Vorstädte für Abenteurer. Wir machen eine Reiseagentur auf. Die fünfzig TOP-Orte des Seine-Saint-Denis-Départements, wir bieten einen Ausflug in die Cité des 4000 an, Konzert der *chouffeurs* inbegriffen, das Industriegebiet von Stains, die Autobahnwohnungen in La Courneuve, die Propellermadonna in Le Bourget. Mit uns kommen Sie auf die schönsten Müllhalden!

Weißt du was, sage ich, das Schlimmste ist, dass das tatsächlich gut laufen würde, in Rio de Janeiro lassen sich schließlich auch Touristen durch die Favelas schleifen. Das Zielpublikum wären die Pariser Bobos. Alternativtourismus mit sozialem Touch, trashige Orte, wie Sie sie noch nie gesehen haben, wir bringen Sie sicher hin und wieder zurück.

Ich glaube, du bist genau im Zielpublikum, sagt Thierry und lacht sich tot.

Wir sind jetzt im Gewerbegebiet von Stains und stehen rätselnd vor einem Firmensitz in der Avenue du Général de Gaulle, der, obwohl heute Werktag ist, geschlossen scheint. Durch die Erdgeschossfenster sehe ich aufgetürmte Stühle. Das eigentlich Merkwürdige an dem Anblick ist aber nicht das Gebäude, sondern der Parkplatz davor, ein großer, autoleerer Platz, der in regelmäßigen Abständen mit Bäumen bepflanzt ist, von denen nur noch die Stümpfe stehen. Die abgeschnittenen Äste liegen in langen, sorgfältig ausgerichteten Reihen auf dem weiß markierten Asphalt, ausgebreitet wie nach einer Massenhinrichtung, aber vielleicht ist seit dem Müllhaldendorf irgendetwas mit meinem Hirn passiert, dass es die Erscheinungen des Neun-Drei nur noch auf erschreckende Weise zu interpretieren imstande ist.

Dem Café de la Gare ist anzusehen, dass es schon lange keins mehr ist, die Eisenvorhänge sind nicht erst seit gestern heruntergelassen, doch darüber wohnt noch wer. Wieso aber »Café de la Gare«? War hier mal ein Bahnhof? Place de la Grande Ceinture: An dieser Stelle verlief also die Zuglinie des großen Gürtels, die es schon lange nicht mehr gibt; seit bald hundert Jahren verkehrt hier kein Zug mehr. Kein Wunder, dass das Café geschlossen hat. Vielmehr: ein Wunder, dass es noch nicht abgerissen ist. Überhaupt ist es ein Viertel, das sich als Drehort für einen in den Dreißigern spielenden Film eignen würde: Die ärmlichen, niedrigen Häuser könnten aus dieser Zeit stammen, in manchen Straßen gibt es noch Kopfsteinpflaster.

He, du hast vorhin gar keine verrostete Dose für deine Sammlung mitgenommen, sagt Thierry und lächelt unschuldig.

Tatsächlich hatte ich kurz überlegt, eine der Dosen mitzunehmen, es aber dann doch nicht gemacht. Ich habe mir angewöhnt, hin und wieder auf unseren Streifzügen Gegenstände aufzulesen und mit nach Hause zu tragen, womit ich Thierry immer neue Anlässe liefere, sich auf seine freundlich-ironische Art über mich lustig zu machen. Seit Kurzem tut er so, als würde ich eine Parallel-Laufbahn als bildende Künstlerin planen und diese heimgetragenen Objekte für mein erstes großes Werk sammeln. Aber was will ich eigentlich sonst damit anfangen? Ich weiß es nicht. Die Gegenstände erinnern mich an Orte, an denen wir gewesen sind. Die meisten von ihnen hätte ich innerhalb von Paris sicher nicht finden können, sie erzählen von den Menschen, die in den Vorstädten leben.

Hätte sich doch gut gemacht in deiner Installation, so eine verrostete Dose, sagt Thierry.

Ich bin müde und mir tun die Beine weh, wir sind seit über vier Stunden in der Kälte unterwegs, und ich würde mich gerne ein bisschen hinsetzen und ausruhen.

He, ich bin nicht mehr die Jüngste, ist dir das klar? Wenn du mich hier weiter ohne Pause über den Asphalt treibst, brauche ich bald keine Souvenir-Sammlung, sondern eine Hüftoperation.

Ich seh dich schon mit deinen neuen Plastikhüften durch die Wohnsiedlungen springen.

Mit meinen Krücken, meinst du wohl.

Du wirst sehen, das wird dir einen neuen Blick auf die

Dinge eröffnen. Wie haben Sie denn zu diesem eigenwilligen Stil gefunden, werden dich die Interviewer fragen. *Oh, I had to slow down*, wirst du der *New York Times* sagen, ich war zufällig, durch einen kleinen Eingriff, zur Langsamkeit gezwungen und habe von da an die Dinge plötzlich ganz anders wahrgenommen – er nimmt einen angestrengt-pseudovergeistigten Gesichtsausdruck an –, auf einmal konnte ich die Umgebung ganz anders auf mich einwirken lassen, ich habe ein ganz anderes Verständnis dafür gewonnen, blablabla blablabla. Ich seh's schon vor mir! Wird ein Riesenerfolg.

Wart erst mal, bis ich mit dem Rollator unterwegs bin. Oder noch besser: im Rollstuhl. Dann können wir endlich auch mal anhalten in den Hochhaussiedlungen, eine Frau im Rollstuhl, da kannst du sicher sein, dass uns keiner blöd kommt.

Wir albern noch eine Weile so herum auf unsere wahrscheinlich geschmacklose, für manche Ohren sogar sicher schockierende Weise, aber wir brauchen diese Quatsch-Momente, es ist unsere Art, das Gesehene erträglicher zu machen – und Zuhörer haben wir hier schließlich keine. Überhaupt frage ich mich, wie es kommt, dass man den Menschen, die hier leben, eigentlich kaum begegnet. Oder liegt es an uns? Liegt es daran, dass ich nicht sonderlich kontaktfreudig bin? Aber Thierry ist es doch dafür umso mehr. Vor Kurzem habe ich das 1990 erschienene Buch *Les passagers du Roissy-Express* von François Maspéro mit Fotos von Anaïk Frantz gelesen, eine Art Klassiker der Banlieue-Erkundung, und ich war verblüfft, wie leicht es den beiden fiel, mit Bewohnern oder Passanten ins Gespräch zu kommen, wie niedrig die Schwellen gewesen sein müssen und wie ländlich-verträumt manche Gegenden noch waren. Die Menschen, die wir kreuzen, wirken nicht feindlich, aber doch sehr verschlossen. In Paris sind sie gewiss auch verschlossen, aber wenigstens finden sich an jeder Ecke Cafés, an deren Theken von früh bis spät Menschen miteinander ins Gespräch kommen. Es gibt wohl wenig andere Städte mit so vielen Cafés (wobei das Café in Frankreich eher zur Kneipe neigt). Aber hier? Apropos: Ich bräuchte inzwischen wirklich dringend mal eine Toilette. Wir sind in den letzten vier Stunden an keinem einzigen geöffneten Café vorbeigekommen, in dem mindestens eine Frau gewesen wäre.

Wir gehen zwischen zwei Gebäuden einer Wohnsiedlung hindurch, an der mir nichts Besonderes auffällt, obwohl sie, wie ich später lesen werde, ein sogenannter Drogen-Hotspot ist, und stoßen auf die Avenue de Stalingrad. Rechts oder links? Thierry lässt mich entscheiden, und ich sage: Links. Das Schöne ist (*ein* Schönes ist), dass wir keine festen Routen haben, wir gehen der Nase nach, wir kennen keine Umwege. Wo es uns hinzieht, ist unser Weg.

Auf der Avenue de Stalingrad ist viel Verkehr, und wie immer passt Thierry auf, dass ich nicht überfahren werde, er schaut nach rechts und nach links, sagt *Attention!,* und wenn er losgeht, gehe ich mit. Mich rührt das. Ich glaube, ich habe zum letzten Mal eine solche Fürsorge im Verkehr erlebt, als ich Kind war und neben meiner Mutter in ihrem 2CV saß. Ich meine, es habe damals noch keine Gurte gegeben, oder vielleicht gab es auch schon welche, aber sie hatte es sich nun einmal angewöhnt, sobald sie bremsen musste, ihren rechten Arm zur Seite zu strecken und mich damit schützen zu wollen, was natürlich im Fall eines Unfalls wenig geholfen hätte, doch der Reflex war stärker.

Hier auf der Avenue gibt es nicht wenige Fußgänger, die meisten von ihnen sind dunkelhäutig. Es gibt keine Läden in der Nähe, dafür Schulen und Kindergärten und natürlich Wohnungen, aber für das, was jetzt vor uns zum Vorschein kommt, passt das Wort »Wohnungen« nicht, obwohl hier Menschen leben: Mitten in dieser belebten Gegend liegt eine Roma-Siedlung, ein eingezäuntes Barackendorf, das den Slums der Fünfzigerjahre ähneln mag, in denen Thierrys Vater anfangs gelebt hat und von denen ich alte Filmaufnahmen gesehen habe. Aus Neugier gehen wir langsamer, obwohl wir aus Diskretion besser schneller gehen sollten. Die meisten Dächer sind noch nicht einmal aus Wellblech, oder vielleicht doch, aber ebenso wie die Wände sind sie mit Plastikplanen bedeckt, ein Flickenteppich aus sich überlappenden Plastikplanen, die an einer hölzernen Struktur befestigt scheinen. Aus ein paar Schornsteinen kommt Rauch, und als wir am Eingang vorbeikommen, sehen wir den Anfang des schlammigen, in der Mitte mit dünnen Sperrholzplatten bedeckten Wegs, der in das Dorf hineinführt und auf dem Kinder fröhlich hin und her rennen, auch Erwachsene gehen darauf herum, für die Kälte scheinen sie mir viel zu dünn angezogen. Vor dem Eingang wird gerade ein kleiner Lieferwagen ausgeladen, der Laderaum ist gefüllt mit großen Limo- und Wasserflaschen, Cola- und Bierdosen-Packungen, Getränken also für das ganze Dorf. Alles wirkt ganz normal, nur dass es nicht normal ist, aber für mich, die ich von außen – also von innen, von *intro muros* – komme, ist sowieso nichts besonders normal in diesen Gegenden, die wir durchstreifen.

Irgendwann biegen wir wieder in eine Wohnsiedlung ein, nichts Gigantisches wie die Cité des 4000, doch Thierry sieht sofort die Späher, die *chouffeurs*, an ein paar Ecken stehen. Nur noch Schwarze, die diesen Job machen, sagt er. Früher waren es Araber. Auch auf der illegalen sozialen Leiter kann man aufsteigen (sagt er nicht, sondern leite ich ab von dem, was er sagt), die schlecht bezahlte Arbeit machen die Ärmsten, die zuletzt im Land Angekommenen, fünfzig Euro bekommen ihm zufolge die *chouffeurs* am Tag, während die schon länger hier Ansässigen entweder einer legalen Beschäftigung nachgehen oder, wenn nicht, jedenfalls nicht von früh bis spät hier unten in der Kälte stehen, sondern irgendwo im Warmen, und mit ihrem Handel deutlich mehr Geld verdienen.

Kurz darauf gelangen wir in ein Viertel mit kleinen, gitterförmig angeordneten Straßen, in denen sich mickrige Häuser aneinanderreihen – so scheint es überall zu sein, und so war es in Thierrys Kindheit schon: Gleich neben den Hochhausblöcken stehen die Einfamilienhäuschenreihen. Sobald sie es sich irgendwie leisten können, ziehen die Hochhausbewohner, wie schon Thierrys Vater, ein paar Schritte weiter in ein eigenes kleines Haus.

Wir sind jetzt in der Nähe des großen Fußballstadions und der Cité Les Francs-Moisins (*très chaud, les Francs-Moisins, très chaud*, hier wird gedealt). Ich tue so, als hätte ich noch Kraft, und trotte neben Thierry an der langen, auf dieser Seite eingangslosen Mauer des Parc de la Légion d'Honneur entlang, bis wir wieder in eines dieser engen Sträßchen gelangen, die mitten in einem fernen Jahrhundert stehengeblieben sind und in der sich einstöckige Häuschen aneinanderreihen, Rue Roland Vachette (auch ein kommunistischer Widerstandskämpfer). Und da, plötzlich, als ich schon kurz davor bin, mich irgendwo mal für eine Weile auf einen Bordstein zu setzen: ein Café!

Nicht irgendein Café, wie wir gleich merken werden.

Es sieht aus wie ein französisches Provinz-Café aus den Fünfzigerjahren, ein geradezu malerisch anmutendes, niedriges Eckhaus, so klein, dass nichts als das Café darin Platz hat, zwei Fensterfronten und über dem Eingang ein ausgesprochen französischer Name: Café Le Montjoie.

Es ist inzwischen fast dunkel, doch wirkt dieser Ort, noch bevor wir einen Blick durch die Fensterscheibe geworfen haben, heimelig, ja, das ist das Wort. Wir sind uns einig, dass wir hier einkehren werden.

Thierry sagt: Lass mich vorgehen, bei uns kommt so was nicht gut an, es würde dreist wirken, wenn du da als Frau zuerst hineinspazieren würdest (bei uns Arabern, meint er, und er meint es hoffentlich ironisch, denn er ist Feminist, ein inklusiv schreibender sogar), und so trete ich nach ihm in das Café, in dem sich gerade nur drei Gäste aufhalten, von denen zwei – ZWEI! – Frauen sind, und hinter der Theke der Inhaber.

Bonjour! Bonjour! Bonne année – schönes neues Jahr!, schallt es uns entgegen.

Unfassbar. Wir schauen uns an. Wenn man, wie wir gerade, lange Stunden durch ein Gewirr aus Autobahnen und Nationalstraßen und Gleisen, winterlich-ungastlichen Hochhausgegenden und vorbei an langen Reihen von Vorstadthäuschen und Tankstellen und Discountern und Parkplätzen gewandert ist und nirgendwo einen Ort gefunden hat, an dem man hätte einkehren können, und dann, in einem Viertel, in dem es keine Geschäfte gibt und nichts auf ein Lokal hindeutet, geht unvermittelt eine Tür auf und es begrüßen einen lauter freundlich lächelnde Menschen, kann es nur wie ein Wunder wirken. Ja, im Nachhinein wird es mir immer unwahrscheinlicher vorkommen, dass wir auf dieses gut versteckte Café gestoßen sind, denn während der vielen Kilometer, Meilen, Yards, die wir noch zurücklegen werden in den nächsten Monaten, wird das Café Le Montjoie das einzige *richtige* Café bleiben, auf das wir treffen, »richtiger« als all die Pariser Cafés, die ich kenne.

Wir stellen uns an die Theke und bestellen zwei Espresso.

Die beiden Kundinnen sind schon etwas älter, die eine sitzt an einem Tisch, an dem auch ihre zwei Krücken lehnen, die andere neben uns auf einem Barhocker an der Theke. Beide sehen französisch aus (französisch aus Frankreich). Der männliche Gast steht auch an der Theke, er ist in seinen Dreißigern und könnte ein Franzose aus dem Maghreb sein. Als wir hereingekommen sind, waren alle drei in ein angeregtes Gespräch vertieft, das nach der überschwänglichen Begrüßung erst einmal abgebrochen ist. Sehr zurückhaltend heben wieder leise Wortwechsel an, es ist zu spüren, dass wir zwar willkommen sind, dass unsere Gegenwart aber Fragen aufwirft: Wo kommen die denn her, was wollen die hier, haben sie was Bestimmtes im Sinn? In dem Geflüster sind diese Fragen sehr deutlich zu hören, doch können wir sie, da sie unausgesprochen bleiben, schlecht beantworten, weshalb wir in ähnlich leisem Ton untereinander ein paar eher belanglose Sätze austauschen und uns dabei unauffällig umschauen.

Der Café-Raum ist klein und spärlich dekoriert, aber doch dekoriert, zurzeit sogar mit einem Weihnachtsbaum, ansonsten stehen da ein paar Vasen, Krüge und Figurinen verteilt. Hinter der Theke sind die Flaschen Dekor genug. Am besten gefällt mir die mattblau gestrichene Theke, die an sich nichts Besonderes wäre, wenn nicht an der vorderen, also auf unserer Seite über die gesamte Thekenlänge hinweg die Farbe – von wem sonst als von den Gästen, die über die Jahre hier gestanden haben – so kunstvoll abgekratzt wäre, dass in diesen Konturen eine Landschaft entstanden ist: dort, wo das Holz freigekratzt ist, ein Strand, ein sandiger Horizont, über dem sich die verschiedenartigsten Pflanzen vom Blau des Himmels (dem Thekenblau) abheben, in das sie eingeritzt sind, Palmen und kakteenartige Gewächse und sogar Vögel sind zu erkennen, kleine Boote, menschliche Figuren, ein Rundbogen, Monde. Es ist eine Thekenlandschaft, wie ich sie noch nirgendwo gesehen habe, und ich merke, wie alle Anspannung, alles Unwohlsein, zuletzt darüber, in eine fremde Umgebung, ja, wie in ein fremdes Wohnzimmer hineingeplatzt zu sein, langsam von mir weichen und es nur noch das Meer gibt, vor dem ich sitze, und die Wärme (dabei ist das Café nicht geheizt) und die leisen Gespräche, die ich nicht zu verstehen suche, und den Kaffee, der gut schmeckt. Auf jeder Kaffeeuntertasse liegt ein Keks.

Weil wir hören, wie die Gäste ihn ansprechen, erfahren wir den Vornamen des Inhabers: Rachid. Rachid ist dünn und sein Kapuzenparka ebenfalls, er lässt ihn jedenfalls weder kräftiger wirken, noch scheint er ihn besonders zu wärmen. Wenn Rachid nicht gerade Gläser wäscht oder einen Kaffee zubereitet, steht er mit dem Rücken an den Wandschrank hinter der Theke gelehnt. Er redet wenig, hat aber immer seine kleine Kundschaft im Auge; in einem sanften Auge, wie ein Vater, der auf eine liebe, manchmal etwas unbändige Kinderschar blickt. Uns gegenüber wahrt er eine vorsichtige Distanz. Er wirkt klug und freundlich und sehr reserviert.

Wird eine Weile brauchen, bis er mit uns redet, sagt Thierry, sobald wir wieder draußen sind. Bis wir was über ihn erfahren. Wird schwierig, er ist sehr zurückhaltend. Wenn wir Glück haben, ist er Algerier.

Und wenn nicht, wird es kompliziert? Wenn er Marokkaner ist oder Tunesier?

Wenn er Algerier ist, na ja, dann ist er aus dem Bled (er macht eine Geste, die selbstverständliche Einigkeit ausdrücken soll: dann gehört er zur Familie, dann ist er ein Cousin, ein Bruder).

Und wenn nicht?

Na, wenn nicht, dann ist er eben Marokkaner oder Tunesier.

Wir reden und lachen recht viel auf dem Weg zum Bahnhof La Courneuve – Aubervilliers, vorbei an der nahen Cité des Francs-Moisins, die wir uns für ein anderes Mal vornehmen; uns ist klar, dass wir einen selten anziehenden Ort gefunden haben, an dem wir nicht zum letzten Mal gewesen sein werden.

Und zwei Frauen waren drin, hast du gesehen! Die eine saß an der Theke und hat einen Rosé getrunken! Wenn das kein ungewöhnlicher Ort ist … Seltsamer Cousin von dir, dieser Rachid, lache ich.

Thierry weiß sich offensichtlich auch nicht recht zu erklären, was es mit Rachid und seinem Café auf sich hat. Wir wissen aber, dass wir es unbedingt herausfinden wollen.

Es ist dunkel, doch ich sehe wieder mit frischeren Augen, und so fällt mir gegenüber der Feuerwehr eine kleine Turnhalle auf, die nach einem Boughéra El Ouafi benannt ist, und ich notiere mir den Namen, weil Schulen, Straßen, öffentliche Einrichtungen nur sehr selten arabische Namen tragen.

Weißt du, wer das war?

Thierry zuckt die Schultern, er hat den Namen auch noch nie gehört.

Hey, das ist doch ein Cousin von dir, den müsstest du doch eigentlich kennen, oder?

Was? Nee. Du, ich hab ziemlich viele Cousins, die kenne ich nicht alle namentlich, weißt du.

Seit wann hast du's eigentlich so mit den Cousins, frage ich, das war doch früher nicht, was ist da passiert?

Ich weiß nicht, ja, *ça a bougé*, da hat sich was bewegt.

Früher hast du nie den Eindruck erweckt, als ob du dich besonders algerisch fühlen würdest. Oder hast du's damals einfach für dich behalten?

Nein, damals war das einfach nicht meine Geschichte, das hatte überhaupt nichts mit mir zu tun. Bis ich dann herausgefunden habe, reichlich spät zwar, aber immerhin, dass es doch was mit mir zu tun hat.

Und wie bist du drauf gekommen?

Das kam nach und nach, aber angefangen hat es, als ich zum ersten Mal in Afrika war, in Senegal, für einen Film, den ich gemacht habe, und dort habe ich gemerkt, dass ich ganz anders aufgenommen werde als die restliche Filmcrew, die

Leute dort haben mich wirklich wie einen der ihren behandelt, als sie gemerkt haben, dass ich Algerier bin …

… du meinst, dass du *auch* Algerier bist …

Das gibt's bei denen nicht, dieses halb und halb. Entweder bist du Algerier oder nicht, und damals, unter den Leuten dort, habe ich gemerkt, dass ich einer bin. In Dakar zum Beispiel, als sie nachts in mein Hotelzimmer eingedrungen sind …

Einbrecher?

Ja, Einbrecher, sie wollten an den Elektronikkram, den ich dabei hatte, zwei von denen haben mich auf den Boden gedrückt, der eine hat mir ein Messer vors Gesicht gehalten, und dann war da noch ein Dritter, der Älteste, der hat meine Sachen durchwühlt. Bis er dann plötzlich auf meinen algerischen Reisepass gestoßen ist, ich hab ja beide Pässe, aber der französische war gerade abgelaufen, deswegen war ich mit dem algerischen unterwegs, und als der Typ den gesehen hat, hat er den beiden anderen gleich gesagt, sie sollten mich sofort loslassen, und er ist auf mich zugesprungen und hat mir hochgeholfen und ist mir in die Arme gefallen, ich solle ihm vergeben, oje oje oje, der war ganz aufgeregt, er habe ja nicht gewusst … Wie ein Bruder war ich für den!

Und wenn da ein Franzose bestohlen und verprügelt worden wäre, wäre das kein Problem gewesen?

Kein Problem.

Er lacht.

Ich lache auch, obwohl ich mir denke, dass ich in einem solchen Fall eindeutig in die Kategorie »Französin« gefallen wäre und sie mich bedenkenlos und brutal hätten ausrauben können. Und das, obwohl ich – so kommt es mir jedenfalls in diesem Moment vor – eindeutig weniger zu den Franzosen gehöre als Thierry, der immerhin die französische Staatsbürgerschaft hat und in Frankreich geboren und groß geworden und zur Schule gegangen ist und eine französische Mutter hat. Aber vielleicht sehe ich das falsch? »Französin« heißt »Europäerin«, und eine solche bin ich nach gewissen Maßstäben, also wenn es um die Herkunft der Vorfahren geht, mehr als er, den sein Nachname von Kindheit an zum Algerier macht.

Ich bin in der eigenartigen Situation, dass ich mich einerseits innerlich darüber empöre, dass es offenbar okay sein soll, oder jedenfalls nichts anderes als ein spöttisches Lachen bei meinem Freund auslöst, wenn ein Europäer (das heißt potenziell auch ich) in Afrika ausgeraubt wird, und dass ich andererseits auch Verständnis dafür aufbringe.

Am Bahnhof La Courneuve – Aubervilliers, dessen Ein- und Ausgang in einer Senke liegt, auf der Höhe der Autobahnunterführung, wird die nächste von den Vorstadtbahnen zurück zu ihrer Schlafstätte gebrachte Fuhre Menschen erwartet; auf zu Grills umfunktionierten Einkaufswagen werden kleine Hähnchenspieße zubereitet und den Heimkehrern feilgeboten, einige fliegende Händler sitzen abflugbereit vor ihren Warenhäufchen. Wir schlängeln uns durch die rührige und zugleich träge Menge. Unsere Gesichter sind so gut wie die einzigen hellen.

3

Wir reden von dem Café schon als von »unserem« Café und wollen auf einem unserer nächsten Streifzüge wieder dorthin zurückkehren, aber auf anderen Wegen. Diesmal sind wir an der Porte de la Chapelle verabredet, vor der Haltestelle der Tramlinie, die parallel zum Périphérique die Stadt umrundet, und ich habe Zeit, mir den Betrieb auf der gewaltigen Baustelle der neuen Adidas-Arena gleich gegenüber anzuschauen, in der mehrere Wettbewerbe der Olympischen Spiele stattfinden sollen, Federball und Gymnastik, wenn ich es recht verstanden habe. Der Platz davor soll bepflanzt werden, Familien sollen hier entlangspazieren, Fahrradfahrer frohgemut und sicher auf Radwegen kreuzen, Kinder tapsig hinter einem Ball herlaufen, ich sehe das Ganze vor mir, weil ich schon mehrfach vor Werbeplakaten gestanden habe, die ähnliche städtebauliche Schönheiten anpriesen. Vorerst ist noch nichts bepflanzt, das Verkehrschaos ist immer noch das alte, der Boulevard Ney ist verstopft, und auf dem schmalen, von niedrigen Gittern eingefassten Streifen zwischen den vier Strängen des Boulevards – zwei Fahrbahnen nach Westen, zwei in die Gegenrichtung – haben sich drei afrikanische Obdachlose niedergelassen. Ihre Kapuzen über die Köpfe gezogen, sitzen sie zusammengekauert auf Kartons; die drei halbhohen Metallabsperrungen, die sie irgendwo mitgenommen und zu einem Halbkreis aufgebaut haben, bilden keinen wirklichen Schutz gegen den Wind. Einer der Männer hat eine Bierdose in der Hand, ringsum liegt ein wenig Müll verstreut, aus der offenen Mülltonne neben ihnen hängt der Ärmel einer Steppjacke heraus. Nichts, was man als »Habseligkeiten« bezeichnen würde. Hinter ihnen drehen sich die olympischen Baukräne. So unglaublich es scheint: Offenbar haben diese drei in der ganzen Stadt – hier ist noch Paris *intra muros* – keinen ruhigeren, geschützteren Fleck finden können.

Ich wende mich der gerade anfahrenden Tram zu, aus der immer noch kein Thierry steigt, und sehe einen rückwärts gleitenden Rollstuhl auf mich zukommen, in dem ein noch recht junger Typ sitzt und raucht. Mit dem rechten Fuß stößt er sich immer wieder ab und gibt seinem blinden Gefährt neuen Schwung. Wer da gerade hinter ihm an der Haltestelle geht oder steht, auf wen er also rückwärts zurollt, und das nicht einmal besonders langsam, kann und will er nicht sehen. Irgendwann macht er kehrt und fährt rückwärts zurück. Keiner spricht ihn an, alle weichen aus. Sein dünnes fahles Haar ist schon lange nicht mehr geschnitten worden, unter der offenen Jacke trägt er nichts als ein einmal schwarz gewesenes T-Shirt, die Kälte scheint er nicht zu spüren, wie er überhaupt wenig zu spüren scheint, er wirkt, als sei er tief in Gedanken versunken oder, wahrscheinlicher, auf Drogen.

Oh là là, c'est la cour des miracles ici, sagt Thierry, kurz nachdem er aus der Tram ausgestiegen ist, das ist der Hof der Wunder hier – ein gängiger Ausdruck, der im vorrevolutionären Frankreich mal ein Armenviertel meinte, wie es Victor Hugo in *Notre-Dame de Paris* beschreibt und in dem alle erdenklichen Sorten von Bettlern und Dieben lebten, Leute, die tagsüber als Krüppel, Blinde, Epileptiker und so weiter in die Stadt ausschwärmten und bei Feierabend »wie durch ein Wunder« geheilt zurückkehrten – das Wunder nichts anderes als ein den Allerärmsten als letztes Überlebensmittel gebliebener Betrug. Die Bettler wurden mit der Zeit vertrieben, die Höfe der Wunder aufgelöst, aber nur, um an anderer Stelle wieder zu entstehen. Nein, diese Höfe sind nicht ausgestorben, wie es immer heißt, es gibt sie noch, nicht nur an den Rändern der Stadt, wenn auch dort vor allem, auf ein paar davon sind wir auf unseren Streifzügen schon gestoßen, und wir sehen gleich noch einen weiteren oder was davon übrig geblieben ist, als wir unter dem Périphérique durchgehen.

Vor Kurzem sei hier ein großes Migrantenlager zerstreut worden, sagt Thierry, und, ja, ich erinnere mich, es stand in der Zeitung, Porte de la Chapelle, hier ist dieses Lager also gewesen. Es liegt viel verstreuter Abfall herum; alles noch einigermaßen Brauchbare ist verschwunden.

Wir gehen die Nationale 1 und zugleich die A1 entlang, Erstere verläuft unmittelbar neben uns, Letztere parallel dazu, nur etwas tiefer, zwischen den beiden Strängen der Schnellstraße, von uns Fußgängern nicht einzusehen, von den Anwohnern aber schon, allerdings schaut keiner aus dem Fenster, so viel ich sehen kann. Es bleibt ihnen nicht viel anderes übrig, als sich in ihren Wohnungen zu verbarrikadieren, und zwar eher in den hinteren Räumen, falls es solche geben sollte. Denn doppelte Fenster scheinen jedenfalls bei Weitem nicht alle zu haben; es ist nah an Paris, aber so ungefähr die übelste Wohngegend, die man sich vorstellen kann.

Nachdem Thierry für seine Drehort-Recherche ein paar Fotos von der Olympia-Baustelle und dem verlassenen Migrantenlager in der Périphérique-Unterführung gemacht hat, wollen wir noch zu einer weiteren Baustelle weiter nördlich – vor allem aber will ich zu den Orten, die mit Boughéra El Ouafi verbunden sind, jenem Mann, nach dem die kleine Turnhalle benannt ist, die mir beim letzten Mal aufgefallen war, und von dem ich inzwischen weiß, wer er war, vielmehr kann natürlich keiner wirklich wissen, wer irgendwer war, doch habe ich ein paar Sachen über den Mann herausgefunden, die ich Thierry erzählen kann:

Also, Boughéra El Ouafi war ein Sportler, ein Marathonläufer, und er war Algerier, ein Tirailleur, der 1918 in der französischen Armee an der Besetzung der Ruhr teilnahm, da bin ich mir aber nicht ganz sicher, dass es stimmt, denn sein Geburtsdatum ist ungewiss, jedenfalls wurde er später Arbeiter bei Renault in der Pariser Vorstadt Boulogne-Billancourt und schaffte es nebenbei, zu trainieren und bei den Olympischen Spielen von Amsterdam 1928 die Goldmedaille im Marathonlauf zu gewinnen, wonach er für eine Weile ein Engagement in den USA bekam. Daraufhin wurde er aus dem französischen Sportverband ausgeschlossen, denn es war verboten, mit dem Sport auch Geld zu verdienen.

Wir wechseln einen kurzen Blick.

Ist ja eigentlich in Ordnung, sage ich, das Geld vergiftet den Sport, heißt es immer. Aber wenn du keine reichen Eltern hattest, musstest du unter Umständen sechs Tage in der Woche bei Renault schuften und abends noch trainieren.

Thierry läuft neben mir her und hört schweigend zu.

Er konnte also keinen Wettbewerbssport mehr betreiben.

Aber immerhin war er mit einem Batzen Geld aus Amerika zurückgekommen. Mit einem anderen Typen zusammen hat er dann in Paris ein Café aufgemacht, hat sich aber bald von seinem Teilhaber über den Tisch ziehen lassen, und dann war das Geld weg und das Café auch. Er hat also wieder in der Fabrik gearbeitet, diesmal bei Alstom, bis er von einem Bus überfahren und arbeitsunfähig wurde. Am Ende haben ihn seine Schwester und deren Familie in Stains aufgenommen. 1956 hat ihn ein jüngerer algerischer Athlet, Alain Mimoun, noch mal kurz ans Licht der Öffentlichkeit und sogar in das Büro des damaligen Präsidenten René Coty gezerrt, der ihm eine Stelle als Wächter eines Vorstadtstadions besorgte, bis Boughéra drei Jahre später in einem Café-Hotel in Saint-Denis oder in einem Zimmer im Stockwerk darüber erschossen wurde. Unglaublich, oder? Das war mitten im Algerienkrieg, und es ist nie rausgekommen, ob er wirklich gemeint war bei diesem Mord und ob die algerische Unabhängigkeitsbewegung oder irgendein privater Zwist dahinter stand. Und jetzt ist er völlig vergessen. Verrückte Geschichte, oder?

Thierry blickt zustimmend und zugleich, als hätte er schon tausend weitaus verrücktere und schlimmere Geschichten gehört.

Das ist nur die Kurzfassung, sage ich. Ich fand das alles so unfassbar, dass ich mir gleich das einzige Buch besorgt habe, das es über den Mann gibt, eine kurze Biografie, von einem Sporthistoriker namens Clément Genty verfasst. Der hat sich hauptsächlich mit der sportlichen Seite dieses Lebens beschäftigt, aber man erfährt doch einiges mehr als bei Wikipedia. Ach so, ja, einen Podcast über ihn hab ich auch gehört.

Thierry verfällt wieder darauf, meine fingierten Pariser Freunde zu imitieren: Jetzt interessiert sie sich schon für algerische Athleten! Hungerlöhner, die gut im Langlauf waren, weil sie als Kinder barfuß durch ihren Bled gerannt sind! Die Frau ist echt nicht mehr zu retten.

Soll ich dir trotzdem sagen, was in dem Buch steht? Ein unglaubliches Leben, sag ich dir.

Er lächelt nachsichtig, als hätte ich Ahnungslose gerade entdeckt, was es für Ungerechtigkeiten auf der Welt gibt und wie schlecht es den Algeriern in Frankreich ergangen ist, aber ich merke doch, dass er mir aufmerksam zuhört.

Also, diesem Biografen zufolge ist El Ouafi oder Louafi sein Vorname und nicht sein Nachname, und er ist auch nicht 1898, sondern 1903 geboren, aber sicher ist das mit dem Datum nicht. Es steht halt in der einzigen offiziellen Akte, die es von ihm gibt, und das ist seine Sterbeurkunde …

Wir schauen uns an.

Ja, und dann … Er war Analphabet.

Thierry zieht eine Augenbraue hoch.

Also, ich versuch mir das vorzustellen, sage ich. Renault war damals noch ein Familienunternehmen. Die Arbeit fing um sechs Uhr an und dauerte meistens länger als acht Stunden, und das sechs Tage in der Woche. Wann der Mann dabei noch Zeit und Kraft fand, für den Marathon zu trainieren – ich weiß es nicht. Neben den Arabern, die sie »Eingeborene« nannten, gab es in den Fabriken auch Weißrussen, Polen, alles Mögliche. All diese Leute wurden zu sportlicher Ertüchtigung ermuntert, wahrscheinlich, damit sie nicht auf dumme Gedanken kamen. Die *indigènes* hatten nicht die französischen Bürgerrechte, doch wenn sie wie

Boughéra eine Medaille ergatterten, wurden sie für die Dauer ihres Siegs zu Franzosen erklärt. Aber das weißt du ja sicher alles schon.

Thierry grummelt etwas vor sich hin, lässt mich aber weiterreden.

Und dann gewinnt der tatsächlich! In Amsterdam. Die französischen Zeitungen schreiben was von »dem Schwarzen El Ouafi«, dem französischen Afrikaner, der keinen Alkohol trinkt und auch noch Vegetarier ist und deshalb den Franzosen gegenüber im Vorteil. Soll ich dir mal sagen, was die Renault-Leitung der Presse gegenüber hat verlauten lassen?

Ich krame in meiner Tasche, denn ich habe das Buch mitgenommen, aus dem ich das alles habe, um es Thierry zu zeigen, und lese vor: »El Ouafi: ein ausgezeichneter Arbeiter, mit dem wir überaus zufrieden sind und der bei seinen Kameraden sehr beliebt ist. Der kleine Algerier« – »der kleine Algerier!« – »ist seit vier Jahren als Dreher tätig, und wir haben ihm noch nie etwas vorzuwerfen gehabt. Er ist pünktlich und genau wie seine Kameraden den strengen Regeln des Hauses unterworfen.«

Thierry verdreht die Augen.

Wir gehen immer noch die A1 und die N1 entlang; Erstere verläuft an dieser Stelle unterirdisch, was den Lärm etwas erträglicher macht.

Ja, und dann also dieser Sieg, der Mann wird kurz gefeiert, ich glaube, sie haben ihm zwei Tage für den Wettbewerb freigegeben, und das war's: Er muss wieder in die Fabrik zurück. Aber dann bieten ihm die Amerikaner für ein paar Monate einen Vertrag an, sie bezahlen ihm die Überfahrt und zehntausend Dollar, auch wenn's dann vielleicht am Ende nur fünftausend sind, so genau weiß man's nicht, er wird dort ein bisschen rumgeführt und nimmt an Wettbewerben teil, aber eher wie ein Zirkuspferd. Für die Amerikaner ist er kein Franzose, sondern eindeutig Araber, und zwar ein Araber, der's den Franzosen mal ordentlich gezeigt hat.

Thierry grinst.

Dann geht's wieder zurück, und in Paris will er jetzt einen auf Geschäftsmann machen. Mit einem Compagnon zusammen kauft er zwei Hotel-Restaurants und ein Café-Hotel, und zwar mitten in Paris, nicht in der Vorstadt! Aber der andere ist schlauer als er und knöpft ihm das Geld ab, die Sache kommt zwar vor Gericht, aber das Geld sieht er nicht wieder.

Und dann ist er wieder Arbeiter, sagt Thierry nicht im Ton einer Frage.

Nicht sofort, sage ich, aber genau weiß ich's nicht. 1934, also sechs Jahre nach der Goldmedaille, trifft ihn ein algerischer Sportler in einem Gemeinde-Krankenhaus in Algerien, er ist völlig runtergekommen und gesundheitlich angeschlagen – und trotzdem kehrt er wieder nach Frankreich zurück. Für eine Weile ist er Zeitungsverkäufer in Bourg-en-Bresse, vierhundert Kilometer südöstlich von Paris, keine Ahnung, wie es ihn dahin verschlägt, jedenfalls fällt er dadurch auf, dass er Zeitungen vom Vortag verkauft, das geht also auch nicht gut. Man schiebt es auf seinen Analphabetismus.

Thierry lächelt gequält.

Ja, und dann geht's wieder in die Vorstadt zurück, nach Saint-Ouen. Er arbeitet als Sprühlackierer bei Alstom. Wohnen tut er in einem Hotelzimmer am Boulevard Victor-Hugo in Saint-Ouen. Und kaum, dass er sich wieder ein bisschen stabilisiert zu haben scheint, wird er von einem Bus überfahren. Von da an ist er Invalide.

Und kriegt bestimmt eine komfortable Invalidenrente vom französischen Staat, weil er ihm in der Armee, als Hochleistungssportler und Arbeiter so treu und fleißig gedient hat, meint Thierry sarkastisch.

Er hat Glück, dass er in Stains bei seiner Schwester unterkommen kann. Aber wie gesagt, das ist noch nicht alles. Erst kommt noch ein weiterer Gerichtsprozess.

Was denn jetzt? Hat er vielleicht mal einem Franzosen eins übergebraten?

Weiß nicht, ob ich das glauben soll, was der Biograf da schreibt. Viel scheint er über die Angelegenheit auch nicht rausgekriegt zu haben, nur dass Boughéra – ich stocke und schaue kurz zu Thierry rüber –, es wird dir komisch vorkommen, mir übrigens auch, aber das steht da wirklich so: Er scheint in eine »Banlieue-Karawanserei« investiert zu haben.

Thierry stößt entnervt Luft zwischen den Zähnen aus.

Für seine Kamelherde oder was?

Wahrscheinlich ist er wieder auf jemanden gestoßen, der ihn für reich hielt und ihm Geld abknöpfen wollte. Aber er wird freigesprochen.

Ich öffne das Buch und suche im Gehen nach einer Passage, die ich mir angestrichen habe.

Hier, das soll er nach dem Prozess gesagt haben: »Ich bin glücklich. Jetzt, wo ich kein Geld mehr habe, werde ich in nichts mehr verwickelt werden.«

Und als ihn jemand umbringt? Ist er da nicht in was verwickelt?

Davon hat er wahrscheinlich gar nicht viel mitbekommen, die sind reingekommen und haben ihn und seine Schwester abgeknallt und eine seiner Nichten verletzt. Vielleicht hatten sie's tatsächlich auf seinen Schwager abgesehen. Ob das mit dem FLN zu tun hatte oder nicht – glaube nicht, dass sich das noch rausfinden lässt. Übrigens müsste es hier irgendwo rechts demnächst in die Rue du Landy abgehen, in der das Café war, in dem sie ihn erschossen haben.

Wir sind darauf gefasst, dass in dieser Gegend nichts mehr so aussieht wie im Jahr 1959, und tatsächlich ist das Haus mit der Nummer 10 nun ein modernes, mehrstöckiges Wohnhaus. Es könnte aber sein, dass sich durch die Neubebauung der Gegend, seit sie für die Weltmeisterschaft 1998 das große Fußballstadion in der Nähe gebaut haben, die Hausnummern verschoben haben, und wir gehen ein bisschen die Straße auf und ab und entdecken nicht weit entfernt ein Café-Hotel, natürlich geschlossen, ein Überbleibsel aus früheren Zeiten – die Farbe blättert ab, der einst helle Putz hat schwarze Feuchtigkeitsflecken, die heruntergelassenen Metallvorhänge im Erdgeschoss sind zerkratzt und zerschunden –, das haargenau so aussieht, wie ich mir ein Café-Hotel aus den Fünfzigerjahren vorstelle. Hôtel Bel-Air heißt es, und über dem Café gibt es nur ein weiteres Geschoss, in dem, wie in dem Café in Stains neulich, jemand zu wohnen scheint, ein Fenster ist geöffnet, in dem anderen hängen Vorhänge. »Chambres au mois et à la journée« – Monats- oder Tagesvermietung steht auf einem kleinen Schild.

Ist Boughéra El Ouafi im ersten Stock dieses Hauses erschossen worden? Ich zeige Thierry ein paar der in dem Buch abgedruckten Fotos, auf dem Titelbild ist er in vollem

Lauf und von vorne zu sehen, kurz vor der Ziellinie vielleicht. Seine Züge sind nicht verzerrt von der Anstrengung, er sieht gelöst aus, die Augen halb geschlossen. Sein nasses Trikot trägt die Nummer 71. Er ist alleine. Das Foto war in einer amerikanischen Zeitung abgedruckt mit der Bildunterschrift *»Dark Horse« wins Olympic Marathon – El Ouafi of South Africa, running for France, captures event.*

Dunkles Pferd.

Na klar, der Araberhengst, sagt Thierry sarkastisch.

Na klar. Aber warum Südafrika?

Keine Ahnung, das Bild ist doch in Amerika aufgenommen. Nord- oder Südafrika, für die Amerikaner ist das alles eins.

Und für die Europäer?

Auch.

Ich zeige ihm noch ein paar andere Fotos aus dem Buch, darunter eins von Boughéra El Ouafis Grab auf dem Muslimischen Friedhof von Bobigny, einer anderen Vorstadt des Neun-Drei-Départements. Es ist klar, dass wir uns diesen Friedhof bei einem unserer nächsten Gänge anschauen werden.

An dem Hotel-Café läuft eine Frau vorbei, deren Steppjacke und Haare genau die gleiche Pinkfarbe haben. Wir streunen noch ein bisschen in dem Viertel herum und stoßen dabei auf andere Inselchen aus der Mitte des 20. Jahrhunderts, niedrige graue Häuser, zum Teil schon mit zugemauerten Fenstern, dazwischen eine Mini-Privatsperrmüllhalde, die jemand schlecht und recht mit einer Mercedes-Werbung verdeckt hat – die Plastikplane, auf die sie gedruckt ist, muss irgendwo auf einer Baustelle mitgenommen worden sein. In einer Hecke schreien Hunderte oder Tausende von Sperlingen, als sei das alles hier ein einziger riesiger Skandal.

Im Zickzack durchstreifen wir die Gegend westlich des Stadions, ein »Viertel« kann man dieses von Bahngleisen zerschnittene Areal zwischen Canal Saint-Denis und Seine beim besten Willen nicht nennen. Es ist so eisig kalt und windig, dass unsere Gespräche versiegen, mein Mund ist eingefroren und kann nicht mehr artikulieren. Um uns her nichts als Gleise, Autostraßen, wieder sind die A1 und die N1 nicht weit, und eine unüberschaubar große Baustelle, hinter der die spitzen Metallstrukturen des Stadionrings hervorscheinen. Ein Schwimmbad für die Olympischen Spiele wird hier gebaut und steht auch schon halb; das Dach hängt, wie geplant, in der Mitte durch. Wie nicht geplant, soll es 174,7 Millionen Euro kosten, lese ich später und verstehe, warum die Baustelle so viel größer ist als das Schwimmbad, das natürlich, da es mehrere Becken umfassen soll, auch nicht gerade klein ist. Eine dreihundert Meter lange »bewohnte« Brücke über die Gleise wird es hier geben, die mehrere Tausend Menschen gleichzeitig werden »bewohnen« können. Ist das praktisch, oder ist das Größenwahn, wir können es nicht entscheiden und bleiben lange im Eiswind stehen.

Im Café Le Montjoie sind diesmal nur zwei Männer an der Theke, sie trinken Bier, vor allem der eine scheint schon einiges intus zu haben. Rachid lächelt, als er uns begrüßt, und fragt: Zwei Espresso? (Vielleicht haben wir einen allerersten Schritt in Richtung Stammkunden getan.) Der Angetrunkene will noch ein weiteres Bier bestellen, doch Rachid bestimmt in einem entschiedenen und zugleich fürsorglichen Ton: Geh erst mal was essen. Der so Angesprochene bleibt friedlich, der Alkohol scheint ihn nicht angriffslustig zu machen, oder vielleicht ist es auch Rachids freundlich-bestimmte Art, jedenfalls bleibt das Glas vorerst leer, und der zweite der beiden Männer macht sich tatsächlich auf, etwas zu essen zu besorgen, und kommt kurz darauf mit einer Pizza zurück. Er stellt den offenen Karton auf die Theke und bietet jedem von uns ein Stück an. Thierry lehnt für uns beide auf liebenswürdige Weise ab; ich lächele nur, weil ich denke, ich mache hier als Frau besser nicht groß den Mund auf. Zwar ist es nicht das typische Arabercafé, in dem nur Männer sitzen, aber immerhin ist der Patron wohl ein Araber oder ein Franzose arabischer Herkunft. Während die beiden ihre Pizza teilen, setzt sich Rachid an einen der Tische und fängt an, sein mitgebrachtes Mittagessen zu essen, Reis oder Couscousgrieß mit etwas Gemüse, so viel ich sehen kann, ich glaube nicht, dass er es vorher warm gemacht hat, und ich sehe auch nirgendwo einen Mikrowellenherd.

Wie kann er bloß von diesem Café leben? Der Espresso kostet einen Euro. Sind hier zu anderen Tageszeiten vielleicht mehr Kunden?

Eine Gelegenheit, mit Rachid ein Gespräch anzufangen, ergibt sich auch diesmal nicht; nicht, dass er unnahbar oder abweisend wäre, auch schüchtern wäre nicht das richtige Wort. Er ist einfach sehr zurückhaltend.

Du, ich mag den sehr gern, den Rachid, sage ich zu Thierry, als wir wieder draußen sind, und es ist klar, dass Thierry ihn auch mag.

Er lacht. Oje, jetzt verliebt sie sich auch noch in einen Algerier, das musste ja früher oder später passieren. Also die Frau, die ist jetzt völlig abgedriftet. Diese komischen Gewaltmärsche durch die Banlieues, das ging ja noch, war sogar ganz interessant, aber jetzt hat sie sich auch noch in einen Algerier aus Stains oder Pierrefitte oder sonst woher verknallt, ich sag dir, das geht jetzt aber langsam ein bisschen zu weit.

4

Diesmal wollen wir unsere Kreise etwas ausweiten, von Villepinte nach Aulnay-sous-Bois und Sevran, doch der RER B hält nicht in Villepinte, sondern fährt weiter bis Parc des Expositions, kurz vor dem Flughafen Roissy-Charles de Gaulle. Macht nichts, dann gehen wir eben von hier aus los. Der Parc des Expositions, das sind Messehallen, hier finden große Handelsausstellungen statt, und prompt sehen die Passagiere anders aus als an den Stationen davor, die meisten von ihnen sind hellhäutig und im Business-Look. Es ist eine der wenigen Vorstädte, in denen ich schon einmal gewesen bin, allerdings nur ein einziges Mal, und zwar, als ich zu Ikea wollte. Für Leute ohne Auto gibt es die Möglichkeit, von hier aus einen Bus zu nehmen; von der Vorstadt habe ich damals so gut wie nichts gesehen. Thierry und ich machen uns wie immer zu Fuß auf. Nicht in Richtung Messe, sondern nach Aulnay-sous-Bois, wo Thierry mir die ehemalige Cité des 3000 zeigen will (gleiches Prinzip wie in La Courneuve, bloß anstatt der viertausend nur dreitausend Wohnungen, und auch hier ist ein Teil der Hochhäuser inzwischen abgerissen worden), eine Wohnsiedlung, die mittlerweile in Cité de la Rose des Vents umgetauft wurde.

Klar, Windrose klingt besser als 3000, spottet er, das bringt doch gleich ein bisschen Poesie in die Sache.

Kaum haben wir ein paar Bürogebäude hinter uns gelassen, geraten wir schon wieder in Gegenden, die eindeutig nicht für Fußgänger gemacht sind. Zu-Fuß-unterwegs-Sein ist in der Vorstadt nicht vorgesehen, von Flanieren ganz zu schweigen, überall sind Autos, Autos über uns, Autos neben uns, Autos von links, Autos von rechts, wieder geht es durch ein Industriegebiet und an einer Baustelle entlang, wieder gelangen wir an eine Autobahnunterführung, und wieder fragen wir uns, wie wir bloß hierher geraten sind. Thierry sagt: Da hat sie schon wieder ihrer Leidenschaft für die unwirtlichsten Orte der Banlieues nachgegeben. Von Gehsteigen keine Spur, wir stapfen durch das welke Laub, das sich an den Straßenseiten häuft. Gehen, wo niemand geht, scheint unsere unausgesprochene Devise. Aber egal, wo du auch bist, irgendwann kommst du immer an einen Kreisel, und tatsächlich, ein Kreisel taucht auf, und an dem Kreisel sogar eine Bushaltestelle, Citroën Productions Aulnay-sous-Bois steht daran, wir sind also schon in Aulnay angelangt. Die Haltestelle besteht aus nichts als einem Schild, keine Bank, kein Dach. Keiner wartet hier um diese Zeit auf einen Bus, doch in wie einsame Gegenden auch immer wir uns verirren, und so allein wir uns auch glauben mögen: Überall stoßen wir, wenn auch nicht unbedingt auf den ersten Blick, auf Artgenossen. Mehr noch: Umso einsamer es irgendwo wirkt, umso sicherer kann man sein, auf Menschen zu treffen; und so entdecken wir ein paar Migranten, die an dem Kreisel stehen, zwei, drei jüngere fahren mit E-Rollern vorbei.

Wir biegen links ab.

Schau mal, da kommt ein Weg raus!, sagt Thierry, auf ein Wäldchen deutend. Wir sind die ganze Zeit an einem Park vorbeigelaufen! Statt an dieser Nationale Soundsoviel ohne Gehsteig hätten wir ganz bequem durch einen Park spazieren können. Aber du wolltest natürlich wieder den Hardcore-Weg nehmen!

Er amüsiert sich bestens, doch weiß ich genau, dass auch er lieber querfeld-, nein querstraßenein als über einen ausgeschilderten Spazierweg geht.

Auf dem Asphaltstreifen, der jetzt neben der Fahrbahn verläuft, kommt uns ein junger schwarzer Mann auf einem E-Roller entgegen, der wie die meisten jungen Männer der Banlieues, die ich bisher gesehen habe, schwarz gekleidet ist: schwarze Jeans, schwarzer Hoodie mit tief über den Kopf gezogener Kapuze, und vor dem Gesicht oder besser um Hals und Kopf herum ein bis über die Nase reichendes enges Teil, das vielleicht ein wenig wärmen mag, dessen Hauptfunktion aber darin zu bestehen scheint, das Gesicht zu verdecken. Kein Kleidungsstück für Alpinisten, sondern für Banlieue-Bewohner. Der junge Mann fährt schnell und ohne uns anzuschauen an uns vorbei. Über dem dünnen schwarzen Stoffband, das sein Gesicht verdeckt, lugen weiße EarPods hervor, deren Enden wie zwei dicke Tränen seine Wangen hinunterfließen. Schwarzer Mann weint weiße Tränen, nein, das Bild ist allzu kitschig, wenn nicht Schlimmeres, und ich behalte es lieber für mich, aber in den folgenden Monaten wird es mir immer wieder in Erinnerung kommen wie ein hartnäckiges, aufdringliches Sinnbild, das hier an dieser Nationalstraße blitzlichtartig vor mir aufgezuckt ist und gegen dessen Wiederkehr ich mich nicht wehren kann.

Wir gehen an dem alten Velodrom vorbei zur Cité de la

Rose des Vents, wo ein Freund von Thierry wohnt, Adama, der tagsüber aber in Ivry-sur-Seine, im Süden von Paris, bei der Arbeit ist. (Die Wege von einer Vorstadt in die andere sind eine Strafe für sich, sagt Thierry, und tatsächlich ist sein Heimweg bis Pantin am Ende unserer Streifzüge umständlicher und langwieriger als meiner nach Paris). Es sind nicht viele Leute auf der Straße, vor allem auffallend wenige Männer und auch keine *chouffeurs*. Thierry erklärt mir, dass gerade die Zeit des Freitagsgebets sei und dass es danach wieder belebter werde.

Mit Adama und dessen Freunden habe er hier an warmen Abenden öfter bis in die späte Nacht hinein auf Plastikstühlen vor der Siedlung gesessen, gleich gegenüber der wie immer den Wohnblöcken beigestellten Kirche.

Ob wohl auch ich hier einmal an einem Sommerabend sitzen könnte mit Thierry und Adama und dessen Freunden?

Thierry meint, ja, kein Problem, man müsse nur jemanden kennen aus der Cité, der einen einführe.

Auch als Frau?

Vielleicht nicht als eine aus der Siedlung, aber bei mir gehe das schon.

Ich frage ihn (und mich), ob ich die Leute überhaupt verstehen würde, es ist ja ein eigener Jargon, beinahe eine eigene Sprache, die sie hier sprechen und der ich Mühe habe zu folgen, wenn ich die Kids in der Metro untereinander reden höre.

Thierry ist zuversichtlich: Du wirst sie schon verstehen, so schwierig ist das nicht.

Ich bin gespannt, gebe aber zu (vor mir selbst, nicht vor Thierry), dass mir die Aussicht auf einen solchen Abend auch Angst macht. Nicht, dass ich um Leib und Leben fürchten würde. Vielmehr stelle ich mir vor, dass ich den ganzen Abend über als ungeschickter Fremdkörper, als eine, die weder über die gängigen Umgangsformen verfügt noch über eine Sprache, die sie nicht von den anderen trennt, still daneben sitzen würde. Aber der Sommer ist noch weit, und es ist alles andere als sicher, ob ein solcher Abend je zustande kommen wird.

Wie es stets eine kleine, verschlossene Kirche gibt, so gibt es auch, meistens unsichtbar, weil sehr unauffällig in einem modernen Haus oder Hinterhof untergebracht, eine Moschee. Und irgendwo ist immer eine Ecke mit ein paar Läden (auf die Idee, so etwas »Ladengalerie« zu nennen, könnte nur jemand kommen, der eine solche Ecke noch nie gesehen hat), meist wenige kleine Geschäfte, ein Mini-Market, eine Bäckerei. Hier aber steht ein richtiger Supermarkt mit zwei großen Gipsdrachen davor, daneben eine Halal-Metzgerei und ein Männer-Café.

Warum gibt es in Paris alle zweihundert Meter einen Supermarkt, entweder Franprix oder Carrefour oder Monoprix oder alle drei, und warum hat es keine dieser Ketten bis hierher, in diese Wohngegenden, geschafft?, frage ich Thierry. Die gibt es schließlich auch sonst im ganzen Land!

Die trauen sich hier nicht her, hier wird geklaut und kaputt gemacht, und die Kunden haben kein Geld. Es sind meistens Araber, die hier Läden haben.

Aber der hier ist chinesisch.

Gut, die Chinesen, die sind überall, an denen gleitet das alles ab.

Aber wohnen die auch hier?

Er zuckt mit den Schultern.

Die bleiben unter sich, wie jetzt alle. Zu meiner Zeit war es noch durchmischt, aber das ist vorbei. Die Malier mit den Maliern, die Tunesier mit den Tunesiern, die Algerier ... Mit den anderen wollen sie nichts zu tun haben.

Inzwischen sind wir dem Zentrum von Aulnay näher gekommen, und da ich mich gerne ein bisschen ausruhen würde, biegen wir in eine kleinere, recht friedlich wirkende Wohnanlage ein und setzen uns auf eine Bank, eigentlich nur eine Holzplanke vor einem Spielplatz, wo eine unverschleierte junge Frau aufpasst, dass ihre drei Kinder nicht von den Geräten purzeln. Abgesehen davon ist nur noch ein sehr junges Paar zu sehen. Wie alt könnten die beiden sein – vielleicht vierzehn, fünfzehn? Das Mädchen ist in einen Schleier gehüllt, es ist klein und hat noch ein wenig Babyspeck. Weil die beiden sehr verliebt und ausschließlich mit sich selbst beschäftigt sind, kann ich in aller Ruhe ihren Liebesspielen zuschauen. Eines davon besteht darin, sich gegenseitig hochzuheben. Der Junge schafft das spielend und freut sich gleichermaßen an der engen Berührung und an seiner Kraft; mehrmals hintereinander hebt er sich das verschleierte Mädchen wie einen Kartoffelsack über die Schulter, wobei das Mädchen leise quietscht, wie es von jeher – nur meistens lauter – gepiesackte Teenagerinnen tun. Auch sie versucht, ihren Freund hochzuheben, schafft es aber zu ihrer beider Freude nur ein paar Zentimeter über den Boden. Die beiden tauschen zärtliche Gesten und leicht aufgedrückte Küsschen.

Wie ist das denn möglich, frage ich Thierry halblaut. Ist das nicht total verboten und verpönt? Darf sie sich denn mit ihrem Freund in der Öffentlichkeit so zeigen, wenn sie verschleiert ist?

Wahrscheinlich ist sie nicht von hier. Nicht aus der Siedlung.

Ach so, man darf also schon gesehen werden, aber nicht von den Seinen, ja?

Die würde sich das nie erlauben, wenn ihre Familie hier leben würde.

Wir gehen weiter in Richtung des Bahnhofs Sevran-Beaudottes, es ist ein sonniger, aber wieder sehr kalter Tag heute, und ich wundere mich, gegenüber einer zehnstöckigen, anscheinend noch nie renovierten Wohnsiedlung aus den Achtzigern eine ältere schwarze Frau auf einem Klapphocker sitzen zu sehen, vor sich auf einem umgedrehten Karton kleine Türme aus Tupperware-Dosen mit Essen, selbst zubereitetem, nehme ich an, das sie den Passanten auf einer völlig menschenleeren Straße zum Verkauf anbietet – nur gibt es eben keine Passanten bis auf uns, die wir zwar Hunger, aber keine Lust auf eine gekochte, kalte Mahlzeit haben. Die Dosen können nur für Kunden aus der Nachbarschaft gedacht sein, die sich das Essen zu Hause aufwärmen können.

Bevor wir zum Bahnhof kommen, wird es wieder *chaud*, Thierry hat ein untrügliches Gespür dafür, jedenfalls bin ich bereit, es für untrüglich zu halten. In den Siedlungen sieht er die *chouffeurs* an den Ecken und die Leute, die in ihren geparkten Autos sitzen, er hat die Balkone im Blick und sogar die Dächer, während ich mich oft gar nicht traue, hinzuschauen, um nicht als Auswärtige und zudem noch neugierige und nicht züchtig auf den Boden blickende Frau aufzufallen, wie es in meiner Klischee-Vorstellung von Frauen hier erwartet wird. (Dabei habe ich jedes Mal, wenn ich doch mal aufmerksam irgendwo hinschaue, das Gefühl, als achte niemand besonders auf mich, ja eigentlich sogar, als sei ich unsichtbar.) Doch glaube ich Thierry gerne, dass hier nicht alles in Ordnung ist. Wo sonst haben die Erdgeschosse Balkone? Engmaschig vergitterte Balkone, die genau auf der Höhe des Gehsteigs liegen und auf deren Mauern die Feuchtigkeit dunkelgrüne Bergkonturen gezeichnet hat? Auf einem dieser vergitterten Erdgeschossbalkone sitzt, in eine Zeitung oder ein Kreuzworträtsel vertieft, ein älterer Mann. Viel ist nicht von ihm zu sehen, er trägt, obwohl Corona mehr oder weniger ausgestanden und er allein auf seinem Balkon ist, eine medizinische Maske und auf dem Kopf eine Schirmmütze. Ein großes, ehemals weißes Sofa aus Lederimitat steht vorne an der Hauswand zwischen zwei geschlossenen Klappfensterläden, und jetzt sehe ich auch die *chouffeurs*, nicht auf dem Sofa, aber vor einem Hauseingang. Zwei junge Typen fangen an, sich zu prügeln, ein paar andere stehen dabei und schauen ungerührt zu. Auch auf der anderen Straßenseite gibt es Krach, aber zwischen zwei Frauen, von denen die eine einen breitkrempigen Hut trägt und die andere einen Schleier. Wir können sie zwar nicht verstehen, aber wir sehen ihre vorwurfsvollen, verächtlichen Gesten, die Thierry später sehr gut nachzuahmen weiß.

An der Bahnstation Sevran-Beaudottes herrscht ein reger Handel: Einkaufswagengrills und Hähnchenspieße, Handy-Kabel, Zigaretten, Erdnüsse in ihren Schalen. Wir fahren hungrig zurück, und erst jetzt, beim Aufschreiben, frage ich mich: Warum haben wir eigentlich nicht diese Hähnchenspieße probiert?

5

In »unserem« Café sind heute Vormittag nicht wenige Gäste, die wir und die uns freundlich grüßen und die zusammenrücken, um uns Platz an der Theke zu machen. Rachid ist zwar nicht da und, da er keine Angestellten hat, auch sonst keiner, der bedienen würde, aber niemand stört sich daran. Vor der Schmalseite der Theke steht einer, vielleicht ein Rentner, der sprechen möchte, aber nicht kann, er versucht zu sprechen, gibt sich die größte Mühe, doch die Worte werden von irgendeiner Kraft in seinem Mund zurückgehalten und zerstampft, sodass sie als undeutlicher Wortbrei herauskommen, was ihn jedoch nicht zu stören scheint, er nimmt dieses Hindernis sehr geduldig auf sich. Nur manchmal, wenn es ihm partout nicht gelingen will, etwas herauszubringen, wird er kurz ein bisschen ärgerlich.

Wieder sind da die Hinkende mit ihren Krücken und der Mann in seinen Dreißigern von neulich, ein Arbeitsloser, der Marokkaner oder Algerier sein könnte, außerdem ein Paar um die Fünfzig vor zwei Gläsern Weißwein. Am hinteren Ende der Theke steht ein junger Mann mit dünnen, halblangen Haaren, der in Begleitung seines Smartphones gekommen ist und sich nicht in die Gespräche mischt. Er trinkt einen Espresso, und als Rachid wiederkommt, bestellen wir auch einen. Er kommt von draußen und beeilt sich, und zum ersten Mal bemerke ich, dass er einen steifen Rücken hat; er beugt sich nicht hinunter, wenn er aus den unteren Schränken etwas braucht, sondern geht in die Knie.

Das Café ist eine kleine Welt für sich, ein familienartiges, aber nach außen offenes Gebilde. In den meisten innerstädtischen Cafés ist es ein ständiges grußloses Kommen und Gehen, während es hier, auch weil der Raum so klein ist, unmöglich scheint, ohne ein Wort einzutreten und sich einfach an einen Tisch zu setzen. Doch nicht nur, dass sich die Gäste hier grüßen, und zwar jeder jeden; nicht wenige geben beim Hereinkommen den Anwesenden sogar die Hand. Und auch wir werden uns allmählich, ganz allmählich, in mitteilsame und zuhörende Teile dieser kleinen Gesellschaft verwandeln. Es ist erstaunlich, was diese unter Rachids Obhut für eine mächtige Wirkung entfaltet: Jetzt, da das Café in Worten und Bildern vor mir steht, zieht es mich sofort wieder hin, ich möchte aufspringen und mich auf den Weg machen, und auch die Erinnerung daran, wie es an diesem Tag weitergeht, mindert nicht diesen Drang. Neben mir steht der zu dem Paar gehörige Mann, ein großer, kräftiger Typ mit rötlichem Teint, mit großer Wahrscheinlichkeit ein Franzose, jedenfalls kein Maghrebiner. Verächtlich schnippt er die vor ihm auf der Theke liegende Zeitung weg, *Le Parisien*, deren Schlagzeile heute lautet: »Covid: Eine Krankheit wie jede andere?«

Haben die das jetzt auch endlich gemerkt!, schnaubt er. Das Fragezeichen hinter dem Titel scheint er nicht bemerkt zu haben. In der Hoffnung, mal mit jemandem ein Gespräch anzufangen – denn inzwischen ist mir klar geworden, dass dies ein Ort ist, an dem ich als Frau durchaus auch den Mund auftun kann –, sage ich: Ich glaube, ich bin die

Einzige, die diese Krankheit noch nicht gehabt hat, und tatsächlich wendet mein Nachbar sich mir zu.

Was für ein Riesenbetrug die Impferei gewesen sei, sagt er. Aber bald würden herrliche Dinge geschehen! Die ganze Clique dort oben werde verschwinden, und dann würden sehr schöne, herrliche Dinge passieren, natürlich nicht denen, die sich mit diesem Scheiß hätten spritzen lassen, die würden krepieren, Entvölkerung hätten die da oben das genannt, dabei sei das ein Klacks, dieses Corona, gerade mal zweihundert Meter von hier wachse ein großer Busch Beifuß, das Kraut helfe sehr gut. Ansonsten Paracetamol, im schlimmsten Fall Chloroquin, mehr brauche man wirklich nicht, es sei ganz harmlos, seine Frau und er hätten es längst gehabt.

Beifuß, ach so, warum hat mir das keiner gesagt?, werfe ich dazwischen, immer noch in der Hoffnung, es würde sich ein Gespräch ergeben; stattdessen spinnt er bloß ungestört seinen Faden oder besser sein Seil weiter: Diese jämmerliche, kleine Welt mit diesen Leutchen dort oben, das alles werde zusammenbrechen und weggewischt werden, wir Gelbwesten, wir Streikenden, wir würden bloß darauf warten. Ein kleiner Stoß noch und dieses faule Gemäuer werde in sich zusammenfallen, alles werde gratis sein, der Arzt, die Behandlungen, alles, und sein Gesicht strahlt dabei, wie von innen mit einer roten Glühbirne erleuchtet oder von einem himmlischen Lichtstrahl getroffen, seine Begleiterin stimmt ihm zu, sie heben ihre Gläser, und ich sage passenderweise: *Santé* – Gesundheit (zum Wohl).

Während dieses Endzeitmonologs hat Rachid angefangen, mit dem Mann ohne Worte Domino zu spielen. Ohne dass dieser ihn in einer für mich sichtbaren Weise dazu aufgefordert hätte, hat Rachid eine Schachtel mit Dominosteinen aus dem Regal hinter sich hervorgeholt und die Steine mit dem Punktegesicht nach unten auf der Theke gemischt. Es ist offensichtlich, dass die beiden nicht zum ersten Mal zusammen spielen. Zu Beginn der Partie hat der Mann ohne Stimme eine Schachtel Zigaretten aus der Tasche gezogen und angefangen zu rauchen. Mir ist es erst nicht weiter aufgefallen, doch jetzt merke ich, dass hier im Café ganz selbstverständlich geraucht wird. Rachid stellt jedem, der einen braucht, einen Aschenbecher hin. Er selbst raucht nicht, er lüftet nur manchmal, wenn ihm der Rauch zu viel wird.

Ich schaue den beiden beim Domino-Spielen zu, auch der Marokkaner (oder Algerier) sieht hin. Das Zuschauen hat etwas Beruhigendes: das Nachdenken über den nächsten Zug, die langsamen Bewegungen, die wachsende Dominoschlange, die sich um die Thekenecke windet. Der Mann ohne Worte raucht, und manchmal ergreifen ihn Hustenanfälle. Es geht mir zu Herzen, wie fürsorglich Rachid ihn behandelt, wie er ihm ein Wasserglas hinstellt, wie er wartet, wie besorgt er ihn ansieht. Mit Rachid ist der Mann nicht ganz ohne Worte, Rachid kennt ihn und versteht ihn besser als die anderen. Zwischendurch, wenn der Mann ohne Worte am Zug ist, spült Rachid mit der Hand das bisschen Geschirr ab. Zugleich aber kümmert er sich immer wieder auch um die anderen Gäste, von denen die meisten ihn allerdings selten rufen und Ewigkeiten vor ihrem Espresso stehen. Zu essen gibt es nichts im Café. Wenn jemand zahlen will, zieht Rachid ein kleines Portemonnaie hervor; die alte Kasse vorne an der Theke scheint nicht mehr in Gebrauch zu sein.

Der Umstürzler mit dem Glühbirnengesicht ist mit seiner Frau wieder abgezogen. Keiner hat sich an seinen Reden gestört, keiner ist darauf eingegangen, vermutlich haben sie sie schon öfter gehört. Nach ihrem Weggang verschieben sich die Plätze, Thierry und ich sind aufgerückt, sitzen jetzt neben den Dominospielern, und Thierry erzählt mir von seiner letzten Reise zu seiner Familie in Algerien, und zwar absichtlich so laut, dass Rachid ihn hören kann. Und tatsächlich reagiert dieser auch gleich, er dreht den Kopf zu uns und fragt:

Sie sind Algerier?

Wir sind die Einzigen hier, die er siezt, aber immerhin ist es das erste Mal, dass er sich an uns, vielmehr an Thierry, richtet.

Sieht man Ihnen gar nicht an, meint er.

Dabei siehst du deinem Vater ähnlich, sage ich zu Thierry gewandt, dessen Vater ich vor Jahren ein paar Mal gesehen habe.

Und das ist auch schon mehr oder weniger alles, was an diesem Tag zwischen ihm und uns an Worten ausgetauscht wird, aber es ist doch ein erstes Band, wie ein unausgesprochenes Einverständnis zwischen den beiden, das mich auch ein bisschen mit einbezieht.

Hast du gesehen?, fragt Thierry, als wir wieder draußen sind. Ein kleiner Fortschritt.

Glaubst du, er ist Algerier?

Thierry ist sich nicht ganz sicher.

Könnte schon sein. Aber irgendwas ist anders.

Abwarten.

Wir wollen zum Muslimischen Friedhof in Bobigny, auf dem Boughéra El Ouafi, der Marathonläufer, begraben liegt. Es ist ein weiter Weg, auf dem sich Thierry noch eine weitere Olympia-Baustelle ansehen will.

Wie bist du eigentlich dazu gekommen, diesen Auftrag über die Olympischen Spiele anzunehmen?, frage ich ihn. Was interessiert dich daran?

Er antwortet nicht.

Kann es sein, dass es in deinem Film um etwas ganz anderes gehen soll?

Er zieht ein Gesicht, als sei ich auf einer richtigen Spur, warm, aber nicht heiß, doch als könne er mir leider keine weiteren Hilfestellungen geben. Ich frage mich, ob dieses Filmprojekt nicht von vornherein ein Vorwand war und er nicht einfach leidenschaftlich gerne die nördlichen Vorstädte zu Fuß erkundet, wobei ihm meine Gesellschaft sehr willkommen ist.

»Fort de l'Est« steht auf einem Schild kurz nach der Autobahn A1, unter der wir durchgelaufen sind, ein militärisches Gelände, das von der Autobahn aus angeblich gut zu sehen ist, doch der Zugang ist versperrt, und wir sind nun einmal Fußgänger und sehen die Festung also nicht. Auf der Böschung neben der Straße schauen ein Löffel und eine Gabel aus der Erde.

Um Paris herum gibt es nicht nur mehrere Ringe von Autostraßen, sondern seit der Mitte des 19. Jahrhunderts auch einen Ring von Festungen, und später lese ich, dass in dem unseren Blicken verborgenen Fort de l'Est während des Algerienkriegs ein Militärgericht tagte, vor dem unter anderem Mitgliedern der Organisation de l'armée secrète der Prozess gemacht wurde, Franzosen also, die mit gewaltsamen Mitteln die abtrünnige algerische Kolonie behalten wollten (auch die ehemalige Résistance-Kämpferin und Streiterin für die algerische Unabhängigkeit Anne Beaumanoir hätte sehr gut zu den OAS-Opfern zählen können). Der von einem solchen Gericht zum Tode verurteilte Jean-Marie Bastien-Thiry zum Beispiel hielt Charles de Gaulle für einen gefährlichen Marxisten. Zusammen mit ein paar anderen verübte er einen Mordanschlag auf den Präsidenten, weil dieser den Algeriern ein Referendum in Aussicht gestellt und ihnen damit den Weg in die Unabhängigkeit geöffnet hatte. Vergeblich versuchte Jean-Marie Le Pen, ihn aus der Festung zu befreien, der Mann wurde 1962 erschossen. Als ein Jahr später in der Kathedrale Notre-Dame eine Messe für ihn gelesen wurde, saß Jean-Marie Le Pen unter den Gläubigen (unter den weiter an das Kolonialreich Glaubenden).

1968 wurde der Attentäter amnestiert; seine Auszeichnungen und Orden wurden ihm posthum wieder angehängt. Heute betreiben die Anhänger eines französischen Algerien eine Website zu seinen Ehren, auf der sich unter anderem die Aufzeichnung einer Erklärung findet, die er während des Prozesses abgab und in der er in gemessen-kaltem Stakkato den versuchten Präsidentenmord rechtfertigt.

Ich versuche zum ersten Mal in meinem Leben, mich in einen Offizier der französischen Armee hineinzudenken, in einen dieser Oberstleutnants und Generäle, die sich damals dem OAS anschlossen und einen Staatsstreich planten: Da waren sie ihr ganzes bisheriges Militärleben lang bereit gewesen, ihr Leben »für Frankreich«, das heißt für die Kolonialmacht Frankreich zu lassen; waren in Indochina stationiert gewesen, in Algerien und auf den Komoren; hatten gekämpft, damit die Kolonien erhalten würden und der französische Staat großmächtig bleibe; das Prinzip der Kolonialherrschaft war ihnen von jeher als ein gutes und richtiges dargestellt worden – gewiss, es ging um Macht und Herrschaft, aber, so lautete ihr Auftrag, auch um eine zivilisatorische Mission –; in Algerien hatte ihnen die oberste Befehlsgewalt von Anfang an befohlen, die Aufstände niederzuschlagen, und viele waren dabei gestorben. Jahrelang ging das so. Und dann, ohne dass eine militärische Niederlage vorausgegangen wäre, hieß es plötzlich von alleroberster Stelle: Kehrtwende. Wir ziehen uns zurück und lassen den Algeriern ihre Unabhängigkeit.

Wofür haben sie denn nun jahrelang ihr Leben riskiert, wofür sind ihre Kameraden gestorben? Ist es nicht nachvollziehbar, dass einige dieser Männer durchgedreht sind? Nachvollziehen heißt nicht entschuldigen, nur erspüren, wo dieser Wahnsinn herrühren könnte. Wie kann man denn seinen Offizieren über Jahrzehnte, nein, Jahrhunderte eintrichtern, dass sie für Frankreich Land erobern und besetzen und dafür eventuell auch sterben wollen müssen, und sich anschließend wundern, wenn sie diese Eroberungen nicht wieder hergeben, sondern behalten wollen? Ist das nicht völlig verrückt? Heute sollen sie dafür sterben, dass Algerien Frankreich erhalten bleibt, am nächsten Tag werden sie dafür hingerichtet.

Wir gehen die Rue du Maréchal Lyautey und damit im Grunde auch wieder an Kolonien entlang: Tonkin, Madagaskar, Marokko, Algerien sind die Einsatzgebiete dieses 1934 gestorbenen hohen französischen Offiziers, der als besonders human gilt und das wahrscheinlich auch war, der aber zur Aufgabe hatte, das französische Kolonialreich auszudehnen und die eingenommenen Gegenden zu »befrieden«, also den Widerstand zu unterbinden.

Über einem Fenstergitter hängen mehrere Lagen Wäsche übereinander zum Trocknen aus. Wieder einmal halten wir lange vergeblich Ausschau nach einer Bäckerei, doch als wir schließlich an einer vorbeikommen, muss ich lachen, weil Thierry einen kurzen Blick durch das Schaufenster wirft und sagt, *C'est des rebeus* – das sind Araber, und weitergeht.

Hey, sag mal, das sind doch deine Cousins! Aber ihre Sandwiches verschmähst du, soso.

Ich mache mich weiter ein bisschen über ihn lustig, weil er so oft seine Zugehörigkeit zur Banlieue und zu Algerien unterstreicht und sich von den weißen Franzosen und den Parisern absetzt, sich aber in allem Möglichen sehr französisch und eigentlich auch nicht wenig pariserisch geriert, vom Bio-Baguette, das er gerne kauft, über die Ausstellungen, die er sich anschaut, bis zu der renommierten Pariser Hochschule, an der er einen Abschluss gemacht hat.

Und wer von uns hat aus seinem Wohnzimmer den Blick auf den Sacré Cœur, sagt er prompt, du oder ich? Bist du in der Cité des 4000 groß geworden? Und bist du vielleicht in der Schule als dreckiger Araber beschimpft worden?

Ich lache noch ein wenig, gebe aber klein bei, auch wenn der Sacré Cœur bei mir zu Hause in weiter Ferne schwebt. Manchmal ist die Kirche auch von der Banlieue aus in noch weiterer Ferne zu erkennen, und jedes Mal, wenn ihre Kuppel am Horizont auftaucht, ruft Thierry: Ah, ah, jetzt wirst du wieder nostalgisch, gell? Dort drüben! Dein Zuhause! Und er streckt seine langen Arme sehnsuchtsvoll in Richtung Sacré Cœur aus. Wir lachen, und ich sage: Ich weiß, ich weiß, du wohnst ja hier draußen in einer Abriss-Siedlung und schmeißt deinen Sperrmüll immer gleich aus dem Fenster raus.

Wir durchqueren Aubervilliers und wundern uns über die »Frauen willkommen«-Aufkleber, die an manchen Cafés kleben, gehen aber trotzdem nicht hinein. Auch hier gibt es eine Festung, das Fort d'Aubervilliers – ob da auch Frauen willkommen sind? Tatsächlich ist das Gelände nicht abgesperrt, auch militärisch wird es nicht mehr genutzt, sondern ist ein »pluridisziplinärer Kulturort«, Point fort genannt, an dem im Winter nur ein paar vereinzelte Leute herumwerkeln, aber wir können uns einen Teil der Befestigung anschauen, wobei uns vor allem die auf einem abgesperrten Gelände stehenden leeren Hochhaustürme dahinter faszinieren: fünf dreckig-beige, oben zinnenartig abschließende Betongebäude, dem Anschein nach schon lange verlassen und vermutlich auf ihren Abriss wartend; Reihen über Reihen hoher, schmaler Fenster, darüber halb oder ganz geschlossene Rollläden, Vertiefungen in Fensterform, wo gar keine Fenster sind.

Thierry kann sich nicht losreißen: Wie könnte man sich hier Zugang verschaffen? Ein idealer Drehort wäre das, dort oben auf dem Dach.

Wir rätseln über die Funktion der Gebäude, Thierry vermutet ehemalige Verwaltungseinrichtungen, ich einen postapokalyptischen Überlebensort. Am Ende stellt sich heraus, dass die Türme ehemals Kasernen und Teil des Militärgeländes waren, und später finde ich sogar eine Facebook-Gruppe, in der Gendarmen, die hier einmal stationiert waren, ihre Erinnerungen austauschen.

Als wir das Festungsgelände verlassen, macht mich Thierry auf zwei Männer aufmerksam, die an der Straße stehen und warten.

Autoreparateure, sagt er.

Ich schaue mir die womöglich aus Osteuropa stammenden Männer genauer an, sie haben Rucksäcke dabei und tragen Wollmützen, Turnschuhe und dunkle Anoraks.

Und wie kann irgendwer ahnen, dass das hier Autoreparateure sind?, frage ich Thierry.

Die Leute wissen das, ich weiß es ja auch. Ich hab sie schon öfter gesehen, die stehen jedes Mal hier, wenn ich vorbeifahre. Das etabliert sich mit der Zeit, man sieht sie hier stehen und Autos reparieren.

Und wenn sie gerade keins reparieren, weiß man, dass sie auf Kundschaft warten?

So ist es.

Und wieso gerade hier?

Na, irgendwo müssen sie ja stehen. Und hier kommen viele Autos vorbei, und es ist Platz zum Anhalten.

Wir wenden uns nach Norden und streifen, nun in Bobigny, durch eine Cité, die einerseits neun sternförmige Wohntürme umfasst, wobei man die dreizackigen Sterne allerdings nur sieht, wenn man aus dem Himmel oder im Internet darauf schaut, und eine gewaltige Betonschlange andererseits. Die Betonschlange der Cité des Courtillères mit ihrer sauberen, mit kleinen Glaskacheln in wechselnden

Pastelltönen verkleideten Fassade ist frisch renoviert und schmuck und gefällt Thierry nicht besonders, er mag es lieber, wenn die *chouffeurs* an allen Ecken stehen. Aber sie erinnert ihn an eine andere, die er mir bei Gelegenheit zeigen will, auch in Bobigny.

Nach den Sternen und der Schlange kommen gewöhnlichere und niedrigere Sozialwohnungsbauten aus den Fünfzigern, Cité du Pont de Pierre genannt, und davor die Große Moschee von Pantin, die man, wenn man es nicht wüsste, für eine mit Billigmaterialien gebaute Lagerhalle halten würde. Über eine Wiese gehen wir daran entlang und entdecken an der Seite des Gebäudes ein kleines Schild, auf das jemand mit der Hand »Femmes« geschrieben und einen Pfeil daneben gemalt hat: Hier geht es also zu einem gesonderten Eingang für Frauen.

Ist ja schön von euch, dass ihr sie auch reinlasst, sage ich. Wenn auch nur durch ein Hintertürchen.

Fehlte nur noch, dass sie den Haupteingang nehmen!, lacht Thierry.

Wir sind jetzt in der Nähe der Olympia-Baustelle, die Thierry sehen wollte, streifen aber erst noch zwischen den Sozialwohnungen herum, niedrige, heruntergekommene Plattenbauten, in einem davon hat es gebrannt, über drei Stockwerke hinweg ist die Fassade völlig verkohlt. Daneben eine kleine Kirche, die aus der gleichen Zeit wie die Siedlung stammt, eine Ecke, an der es irgendwann mal ein Centre médical und ein paar Geschäfte gegeben hat: Alles schläft seit Jahren hinter vor sich hin rostenden Eisenvorhängen.

Und dann, an einem der Wohnblöcke, in der Rue Rameau, eine verrostete Plastiktafel: »Hier ist 1959, erschaffen von Albert Uderzo und René Goscinny, Asterix geboren. Albert Uderzo wohnte damals an dieser Adresse.«

Hier ist Asterix geboren! Im Französischen heißt geboren (*né*) auch: entstanden, doch die wörtliche Übersetzung macht ihn lebendig und zu einem Bewohner dieser Siedlung; Asterix, ein Baby, das in einem Kinderwagen über diesen Gehweg geschoben wird.

Was Albert Uderzo nicht weiß und ich auch nicht, als ich vor Asterix' Geburtshaus stehe, ist, dass nur zwei Minuten weiter, dort wo heute die Olympia-Baustelle ist, die Überreste eines gallischen Dorfes gefunden wurden; und unter dem angrenzenden Krankenhaus Avicenne eine fünfhundert Gräber umfassende gallische Nekropole, die größte Europas. Ist es nicht, als wäre Asterix hier – nicht geboren, sondern wiederauferstanden?

Mindestens ebenso merkwürdig ist, wie dieses Netzwerk der Zufälligkeiten sich weiterspinnt, denn das Gallische ist fortan räumlich mit dem Muslimischen verknüpft. Das Dorf liegt nah der Moschee und die Nekropole auf dem Gelände eines Krankenhauses, das ursprünglich das »franko-muslimische« war. Beide liegen sie in Bobigny, also in einer der Vorstädte, in der viele (oder deren Vorfahren) aus ehemaligen französischen Kolonien stammen. Lange war es amüsant oder schockierend, dass auch die französischen Schulkinder auf den Antillen oder in einem Dorf der Kabylei die Geschichte »unserer Vorfahren, der Gallier« lernen mussten, ebenso wie die Einwandererkinder in den Pariser Vorstädten. Hier, in dieser Ecke von Bobigny, stellt sich heraus, dass Letztere auf ihren vermeintlichen Vorfahren gehen und stehen. Als Einheit (die Gallier) gibt es diese Vorfahren zwar nicht und hat es sie auch nie gegeben, weil sie auch damals schon nichts anderes als ein Durcheinander von Stämmen und Völkern waren – was eine solche Abstammung auch bei den einwandfrei französischen Kindern zweifelhaft macht; umso mehr natürlich bei afrikanischen Einwanderern. Aber davon einmal abgesehen: Macht man sich, wenn man irgendwo einwandert, die Geschichte eines Landes zu eigen? Wird man von den fremden Vorfahren quasi posthum adoptiert? Behält man seine angestammten Ahnen trotzdem bei? Erweitert sich die Familie einfach? Oder muss man seine biologischen Vorfahren an der Grenze abgeben?

»Sobald man Franzose wird, hat man gallische Vorfahren«, sagte Nicolas Sarkozy vor ein paar Jahren, was er nicht wörtlich gemeint haben mag, sondern im Sinne von: Die französische Geschichte wird die jeweils eigene. Aber ist das wirklich so? Die Frage beschäftigt mich umso mehr, als ich gerade dabei bin, einen Einbürgerungsantrag zu stellen. Werde ich demnächst womöglich von Galliern abstammen? Wer in der zweiten Hälfte des 20. Jahrhunderts in Deutschland geboren ist, dem fällt es schwer, die Geschichte des eigenen Landes als eine lange Reihe heldenhafter Kämpfe und glorreicher Errungenschaften zu betrachten. Was ich als Deutsche zuerst sehe, wenn ich mich umblicke, und was mir zunächst einmal die Sicht auf Früheres versperrt, ist ein unüberschaubar großer Leichenhaufen, es sind Berge aus Brillen, menschlichen Haaren und Gebissen. Und nun soll also nach meiner Einbürgerung die Landschaft eine ganz andere werden? Durch die Flussbetten wird das Blut der Feinde Frankreichs fließen, die Berge werden aus ihren Leichen gemacht sein. Ich werde von Ludwig dem XIV. und von Napoleon und von de Gaulle abstammen, und als Cousin dritten Grades werde ich womöglich sogar einen senegalesischen Tirailleur haben. Schluss mit den ewigen Trümmerlandschaften: blühende Gefilde, schmetternde Fanfaren!

Die Ausgrabungsarbeiten sind längst abgeschlossen, jetzt wird dort, wo sich das gallische Dorf befand, ein Sportkomplex hochgezogen. PRISME steht auf dem Plakat und dass dieser Ort »den Regeln universeller Konzeption« gehorchen soll, ein städtebaulicher Jargon, mit dem gemeint ist, dass die künftigen Sportanlagen auch für Behinderte gedacht und zugänglich sein werden. Für mein unsportliches Auge ist auf dieser Baustelle nicht viel zu sehen, bisher eigentlich nur drei hohe, für sich stehende Wände, wie ein Kartenhaus, dessen Karten sich nicht berühren und von dem ich mich deshalb frage, warum es nicht in sich zusammenfällt. Thierrys Blick wendet sich, wie eigentlich immer, sofort von den geplanten Wettbewerbsstätten ab und stattdessen einem Daneben oder Woanders zu, in diesem Fall dem an die Baustelle angrenzenden Krankenhaus Avicenne, dem ehemaligen franko-muslimischen Hospital. Ich hätte die unauffällige Fassade eher einem soundsovielten Wohnblock zugeschrieben, aber es ist die Rückseite des Krankenhauses, vor der wir stehen.

Wir umrunden das Gelände, bis wir zu dem im neomaurischen Stil gehaltenen, dem Tor Bab Mansour von Meknès nachempfundenen Eingangstor gelangen, dessen Vorbild in den Dreißigerjahren, als das Krankenhaus gebaut wurde, hier in der Nachbarschaft kaum jemand je gesehen haben dürfte. Heute auch nicht, aber wer nachsieht, merkt: Der

Eingang sieht auf den ersten Blick tatsächlich dem Tor von Meknès ähnlich. Auf den zweiten fällt jedoch auf, dass eigentlich nur die Formen übereinstimmen, aber bis auf ein paar Mosaike auf der Fassade so gut wie alle Ornamente fehlen. Es ist ein schlichter Bau mit ein paar orientalischen Elementen. Das Exotischste daran ist, dass der Name des Krankenhauses auf der linken Seite der Fassade auf Französisch und auf der rechten auf Arabisch zu lesen ist (jedenfalls nehme ich nicht an, dass die Schriftzeichen rechts »Fick dich, Frankreich« bedeuten).

»Franko-muslimisches Krankenhaus« besagte nicht etwa, dass hier Franzosen und Muslime gleichermaßen behandelt wurden (es ist keine Wortverbindung wie beispielsweise »deutsch-französische Freundschaft«). Gedacht war es ausschließlich für die in Paris und Umgebung lebenden und arbeitenden Muslime. Die muslimischen Kranken sollten von den übrigen getrennt werden; sofern sie noch in anderen Krankenhäusern lagen, wurden sie zwangsweise hierhergebracht und zugleich behandelt und überwacht. Das Hospital war nicht dem Krankenanstaltenverbund unterstellt, sondern dem Polizeipräsidium, und die toten Gallier schliefen noch ungestört unter dem neomaurischen Dekor.

Auf der Straßenseite gegenüber haben ELM Leblanc und Bosch ihre Niederlassungen; rechts, jenseits der Autobahn A86 (du schon wieder?), beginnt die Nachbarvorstadt Drancy, und zwar mit den Wohnblöcken einer Cité, und da wir schon einmal ganz in der Nähe des größten nicht muslimischen Friedhofs Frankreichs sind, der sich über zwei Vorstadtgemeinden erstreckt – Bobigny und Pantin –, beschließen wir, bevor wir unser eigentliches Ziel, das Grab von Boughéra El Ouafi, ansteuern, erst einmal dort einzukehren. Wir laufen an der Friedhofsmauer entlang, über der graue Plastikfetzen wie unheilvolle Fahnen in den kahlen Baumkronen flattern. Als wir den Eingang finden, sagt mir Thierry, dass sein Halbbruder hier begraben liege.

Ein Bruder, was für ein Bruder? Ich wusste gar nicht, dass du Geschwister hast.

Dieser Halbbruder sei älter als Thierry gewesen und bei seinen Großeltern aufgewachsen. Die Mutter sei mit zwanzig von einem weißen Schornsteinfeger schwanger geworden …

Das denkst du dir jetzt aber gerade aus …

Wenn ich dir's sage! Warum auch nicht, so gut wie alle Schornsteinfeger waren damals Weiße. Heute auch noch, vermutlich.

Und warum hat sie den nicht geheiratet?

Weil er auf und davon ist. Irgendwo nach Südfrankreich.

Und dann haben deine Großeltern das Kind großgezogen?

Meine Mutter, also unsere Mutter, hatte damals eine Stelle als Schreibkraft in einer Baufirma, da konnte sie sich nicht um das Kind kümmern. Und in dieser Firma hat sie dann irgendwann meinen Vater kennengelernt, als der die Fabrik verlassen hatte und anfing, am Bau zu arbeiten.

Und von dem ist sie dann auch gleich schwanger geworden?

Ich glaube, der hat sie absichtlich geschwängert, um sie dann heiraten zu können. Der wollte unbedingt eine französische Frau – ich glaube, der hätte auch eine glatzköpfige Einbeinige genommen, wenn er keine andere gefunden hätte.

Aber das Kind von ihr, also das ältere, das sie schon hatte, wollte er nicht, oder wie?

Genau. Das haben die Großeltern behalten müssen. Der hätte kein Kind von einem anderen Mann großgezogen. Schon das eigene … das hat er mehr großgeschlagen als -gezogen.

Geprügelt hat er dich?

Na ja, nicht oft. Alle paar Monate ist er halt ein bisschen durchgedreht. Ich hab ihn zur Weißglut gebracht. Ich hab ihn nämlich durchschaut, schon ganz klein, ich wusste immer schon genau, worum es ihm ging.

Und worum ging's ihm?

Ums Geld. Und: Er wollte kein Araber mehr sein.

Kann man das nicht auch ein bisschen verstehen, vor allem in der französischen Gesellschaft der Sechziger? Geld hatte er keins, und vom Araber-Sein hatte er in Frankreich nur Nachteile.

Wie immer, wenn ich Anstalten mache, seinen Vater verstehen oder entschuldigen zu wollen, oder wenn ich auch nur ansatzweise Gründe suche für sein Verhalten, hört bei Thierry der Spaß auf. Der Spaß hört auf, heißt bei ihm, dass er weiter lacht. Oder in spaßhaftem Ton redet. Nur ist dieser Ton ein härterer, höhnischerer. Ich merke das nicht immer oder reagiere nicht gleich darauf, und auch jetzt lasse ich erst mal nicht ab:

Das war Ende der Fünfziger, Anfang der Sechziger, er hat erlebt, dass sein Land, Algerien, zwar zu Frankreich gehörte, die Algerier aber einen anderen Status hatten als die Franzosen, sie hatten nicht die vollen Bürgerrechte, eine Art Apartheid war das. Und in Frankreich dann die Slums. Sechs Tage in der Woche arbeiten und abends in sein Dreckloch kriechen. Das waren andere Verhältnisse damals!

Pffffff… Und dann will er zu denen gehören, die ihn und die Seinen so behandeln??

Ich sage ja nicht, dass ich es richtig oder schön finde von ihm, ich versuche nur, die Gründe dafür zu sehen. Und wenn jemand aus so bitterer Armut kommt, will er vielleicht erst mal an Geld ran? Vielleicht können wir das überhaupt nicht verstehen. Auch diese Art, mit dem Geld, wenn man es dann endlich hat, umzugehen, das dicke Auto, die vergoldeten Wasserhähne (weiß nicht, ob er welche hatte). Für uns ist das Angeberei, aber um in so was Angeberei zu sehen, muss man vielleicht selbst einigermaßen im Wohlstand geboren sein. Oder?

Thierry schnaubt nur wieder voller Unverständnis und Verachtung, und ich höre endlich auf zu bohren. Vielleicht liegt Scham hinter seiner Verachtung.

Hast du denn diesen Bruder häufiger gesehen?, frage ich.

Wenn wir manchmal sonntags zum Mittagessen bei den Großeltern waren, oder zu irgendwelchen Festen. Weihnachten, Geburtstage. Sonst beinahe nie.

Aber ihr habt doch ganz in der Nähe gewohnt, du hast mir die Häuser gezeigt, nur ein paar Straßen weiter.

Wir sind sogar in die gleiche Schule gegangen, aber er war vier Jahre älter als ich. Der hat sich für mich nicht interessiert, und er hat es mir übel genommen, dass unser Großvater ihn immer wie einen Volldeppen behandelt hat.

Und dich nicht?

Mich nicht, und das, obwohl ich einen Araber zum Vater hatte. Aber ich hatte bessere Noten. Das war für ihn eine zusätzliche Demütigung. In der Schule haben wir beide so getan, als wären wir keine Brüder. War nicht schwer, wir hatten ja nicht die gleichen Namen. Er hieß Jean-Luc Dubois, ich Thierry Bensalem.

Der Friedhof ist flach, unüberschaubar groß und von einem symmetrischen Gitter von Wegen durchzogen; es ist, als wäre man auf einem Schachbrett unterwegs, unter dem die geschlagenen Figuren begraben liegen. Außer auf den an manchen der Grabsteine befestigten Medaillons ist kein Mensch zu sehen, der Himmel fliegt grauschimmelgrau über uns und über die Toten hinweg, während wir, jeder für sich, aber immer in Sichtweite, zwischen den Gräbern hindurchstreifen und vor den verwitterten Emaillegesichtern innehalten, die uns aus ihren toten Augen eindringlich anblicken.

Eine Reihe schwarz glänzender Grabmäler, auf denen Farbfotos und goldene chinesische Schriftzeichen prangen, endet mit einigen identischen, aber unbeschrifteten Steinen, die noch auf ihre Toten warten. Daran schließt sich ein jüdisches Friedhofsviertel an, in dem sich viele Tote ein Haus teilen, und ich erzähle Thierry von der Mutter einer jüdischen Freundin, die nicht sehr weit von hier lebt, in Aubervilliers, und die ich dort schon besucht habe.

Eine der wenigen Banlieue-Bewohnerinnen, die ich kenne, neben dir natürlich, sage ich. Sie wohnt schon seit vierzig Jahren in Aubervilliers, gleich auf der anderen Seite des Périphérique.

Und, wie gefällt es ihr dort?

Sie findet es scheußlich!

Thierry lacht und tut verwundert: Wieso bloß? Versteh ich nicht.

Sie findet es furchtbar hässlich und dreckig, dein Neun-Drei! Sie schwört nur auf Paris, die schönen Straßen, die Ufer der Seine …

Und? Hast du ihr nicht gesagt, wie schön es hier ist?

Da müssest du vielleicht mal mitkommen, um ihr das zu verklickern. Ich hab ihr gesagt – um ihr zu erklären, warum ich hier dauernd mit dir rumstreune –, dass man auch einen Reiz finden kann in dem, was man nicht kennt. Aber das ist es ja, sie kennt Aubervilliers seit vierzig Jahren, sie hat die Nase voll von den von dir gepriesenen Schönheiten!

Pffff! Keinen Sinn für Ästhetik, die Frau.

Als sie dort hingezogen sei, habe es zum Beispiel noch Läden gegeben, einen Bäcker, einen Metzger, einen Käseladen, man habe einkaufen können, sage ich, und einen Kaffee trinken.

Nur noch Ausländer!, ruft Thierry ironisch. Keine französischen Geschäfte mehr, oje, oje, nix wie weg.

Unter dem Périphérique traue sie sich nicht mehr durchzugehen.

Lauter obdachlose Migranten!, ruft er.

Und es liege dauernd Abfall auf ihrer Straße.

Ah! Sperrmüll! Da haben wir's wieder!

Nein, ganz gewöhnlicher Abfall. Der Gehsteig werde jeden Tag sauber gemacht, aber wenn sie am nächsten Morgen rauskomme, liege schon wieder neuer Müll da, die Leute würden alles einfach hinschmeißen.

Sind halt Barbaren, die haben nicht gelernt, Ordnung und Sauberkeit zu halten in ihren Hütten.

Sein Ton wird immer ironischer und sein Lächeln härter.

Ich sag dir doch nur, wie diese alte Dame das erlebt! Muss ja nicht jeder in Freudenschreie ausbrechen wie du, wenn er vor einem runtergekommenen Monsterwohnblock oder einem Sperrmüllhaufen steht. Seltsamerweise findet sie Paris oder Venedig schöner.

Warum hat dieser Friedhof eigentlich keinen muslimischen Teil?, fragt er unvermittelt, aber die Frage ist keine, er will sagen: Ist doch klar, Muslime wollen sie keine auf ihren Friedhöfen, die Franzosen.

Wir sind auf unseren Streifzügen schon mehrfach auf Friedhöfen gewesen, und tatsächlich haben wir bisher kaum je muslimische Namen gesehen.

Ich würde das wirklich gerne wissen, sage ich. Haben die Leute kein Geld, sich eine Konzession zu kaufen, wollen sie lieber in ihrem Heimatland begraben werden? Was sind die Gründe?

Ah, ah, das ist die große Frage, sagt er, als wäre die Antwort nur allzu offensichtlich.

Dass ich mir die Frage noch nie gestellt habe, verrät vermutlich schon meine Blödheit oder Gedankenlosigkeit, aber so ist es, ich weiß es wirklich nicht und möchte es gerne wissen. Erklär es mir, sage ich.

Er sagt mir weder die Gründe noch, dass er sie auch nicht kennt, und erst später finde ich heraus: Es scheint so zu sein, dass eine Mehrheit der Muslime, vor allem die Männer, in ihrem Herkunftsland beerdigt sein wollen. Aber es gibt noch andere Motive, darunter die Tatsache, dass den Muslimen auf französischen Friedhöfen nur wenig eigener Raum in Form von »muslimischen Karrees« zugestanden wird (auch wenn sich das in den letzten Jahren in den großen Städten verbessert hat) und viele von ihnen lieber unter ihren Glaubensbrüdern als zwischen den anderen Toten beerdigt werden wollen. Trotzdem bleibt es für mich unerklärlich, wo diese vielen Toten geblieben sind: Wir werden noch viele Friedhöfe im Neun-Drei-Département sehen und höchst selten muslimische Gräber: Unzählige muslimische Menschen haben in diesen Vorstädten gelebt, die können doch nicht so gut wie alle tot das Mittelmeer überquert haben? Oder ist der muslimische Friedhof von Bobigny, zu dem wir jetzt noch gehen werden, so riesig?

Bevor wir den Cimetière de Pantin verlassen, lese ich eine rote Keramikrose auf, die der Sturm von einem Grab gerissen hat und die rundherum derart angestoßen ist, dass sie kaum noch rot und kaum noch als Rose zu erkennen ist.

Zum muslimischen Friedhof führt der Chemin des Vignes, der Weg der Weingärten: Ob hier tatsächlich irgendwann mal Wein angebaut wurde? Heute jedenfalls ist der Name reiner Hohn. Anfangs geht es noch: die üblichen Lagerhallen, ein Wasserturm, keine Wohnhäuser, keine Fußgänger. Dann wird es immer trübseliger, die Straße nimmt kein Ende und führt durch die Ödnis einer ausgestorbenen Industriezone. Auf den rissigen Gehsteigen liegt Abfall verstreut, wie von einer nahen Müllhalde hingeblasen. Oder sind es die am Straßenrand Halt machenden Lastwagenfahrer, die ihren Abfall aus dem Fenster werfen? Es ist ein so über die Maßen trister und verwahrloster Weg, dass Thierry einen möglichen Drehort zu wittern beginnt, ihm gefällt es hier, und tatsächlich ist es so trostlos, dass es schon wieder komisch ist, wir schauen uns an und können es nicht glauben. Diese Straße soll zu einem Friedhof führen? Es kommt kein Schild mehr, und ich sehe mehrfach auf das Handy, aber ja, wir sind richtig. Wer hier hingegen nicht richtig zu sein scheint, ist der Friedhof. Hier ist kein Ort für einen Friedhof. Je länger wir auf dieser geraden Straße laufen, umso lauter wird es, es ist, als würden pausenlos zwanzig Glascontainer auf einmal ausgeschüttet, aber Glas ist es nicht, es ist Bauschutt, in der Ferne wird rechter Hand bald eine weite Bauschuttlandschaft sichtbar, Raupenbagger, die über Schutthalden kriechen. Links ein Schrottplatz, an dessen Rändern Autos gestapelt sind. Und daran angrenzend, also den Bauschutthügeln und den lärmenden Baggern gegenüber, der Haupteingang des muslimischen Friedhofs.

Sprachlos stehen wir im Eingangsbereich des Friedhofs und schauen uns um. Der Krach ist ohren- und hirnbetäubend, jenseits der Friedhofsmauern ragen auf einer Seite die Autotürme hervor, auf der anderen die langen, abgeknickten Arme der Zangen- und Löffelbagger, die bedachtsam und stetig gestikulieren, wie um über den Bauschutt und die Mauer hinweg den Toten etwas zu vermitteln, und zwar so langsam und deutlich, als seien diese gar nicht tot, sondern nur etwas schwer von Begriff.

Das Gras auf dem Friedhofsboden ist kurz, sonst gibt es so gut wie keine Gewächse, um dic sich Friedhofsangestellte kümmern müssten, alles ist kahl und leer, die Gräber sind an den Rändern gruppiert, in der Friedhofsmitte stehen nur ein paar lose verstreute Grabsteine. Wo könnte Boughéra El Ouafi liegen? Wir wenden uns den Schildern zu, die vor dem kleinen Eingangsgebäude stehen, und werden auch gleich fündig. Zwar wird er nicht namentlich genannt, aber es wird auf das »Carré des élites« hingewiesen, und wir denken, ja, hier könnte es ihn hinverschlagen haben. Den muslimischen Zuwanderern, ist auf dem Schild noch zu lesen, sei es vor allem darum gegangen, beieinander zu sein, doch sei es für den Verstorbenen oder dessen Angehörige oft auch wichtig, mit Menschen gleichen Horizonts zusammenzuliegen *(références communes)*, weshalb sich die Karrees 5 und 5bis durch den hohen sozialen Status der dort Beerdigten unterschieden.

Boughéra El Ouafi liegt tatsächlich bei den »Eliten«, auch wenn sein sozialer Status der denkbar niedrigste war. In Algerien ist er in tiefster Armut aufgewachsen, und bis auf eine sehr kurze Zeitspanne hat er auch in Frankreich immer zu den Ärmsten gehört; nur einmal, ein einziges, denkwürdiges Mal, hat er eine Goldmedaille gewonnen, und deshalb liegt er nun zwischen Botschaftern und Prinzen, deren Grabmäler allerdings auch nicht viel prachtvoller sind als seines.

Die Karrees 5 und 5bis sind klein, wie es Eliten geziemt; wir haben sein Grab schnell entdeckt, zumal ein von der Verwitterung rosarot gefärbtes Foto von ihm an den Stein gelehnt ist (dasselbe wie auf der Biografie, die ich erstanden habe, und das ihn als »Dark Horse« in Amerika zeigt). Grabstein und Grabumrahmung sind aus verwittertem, grünschwarz bemoostem, wenig elitengemäßem Beton. Auf der kleinen Plastiktafel mit dem Foto, die an den Stein gelehnt ist und wie von Angehörigen gestiftet, jedenfalls nicht wie eine offizielle Gedenktafel wirkt, stehen die Worte:

Marathon-Champion bei den Olympischen Spielen 1928
Seine Leistung, wenngleich aus dem kollektiven
Gedächtnis verschwunden, ist von Dauer.
Diesem Helden gilt Frankreichs Dank.

Während ich auf den schmalen Mann mit den ausgehöhlten Wangen blicke, der aus dem Grab heraus mit offenem Mund auf mich zuzulaufen scheint, schnürt sich mir plötzlich die Kehle zu, weil in diesem Augenblick alles gleichzeitig auf mich eindringt, die end- und trostlose Straße, über die wir kamen, das Bauschuttgetöse, der Held, dem zu danken Frankreich vergessen hat, der schnelle, grauscheckige Himmel, die Autostapel, das kollektive Gedächtnis, die träge herumfuchtelnden Baggerarme, und im Auge dieses Wirbelsturms von Eindrücken rennt gelassen und gleichmäßigen Schrittes Boughéra El Ouafi, er rennt und rennt, er kennt keine Müdigkeit, er rennt von jeher, rennt in der Nacht der Zeit, in der Klarheit der Träume, im stillen Auge des Sturms, rennt unbeirrbar, ohne zu keuchen, ohne zu klagen, in der endlosen Offenheit des heutigen Tages und aller kommenden Tage, glorreich, stumm. Und weder Frankreichs Geringschätzung noch die amerikanische, weder Bauschuttberge versetzende Bagger noch neidische Gauner können ihm etwas anhaben.

Lange stehen wir vor Boughéra El Ouafis Grab. Mir fällt auf, dass der Stein nicht, wie die meisten übrigen, die runde, in der Mitte sich zuspitzende Form der Moscheekuppel von Mekka hat und auch keine arabischen Schriftzeichen trägt. Später wird mir klar, dass auch ein weiteres Merkmal muslimischer Gräber nicht übernommen wurde, denn das Grab ist mit einer Grabplatte bedeckt, was im Islam nicht erlaubt ist: Kein Stein darf auf dem Toten lasten, nur eine Einfriedung ist zugelassen, und eigentlich darf auch kein Sarg den Leichnam bergen, sondern nur ein Leichentuch. Es ist also streng genommen gar kein muslimisches Grab, und erst nach und nach, lesend und nachdenkend, werde ich merken, dass Boughéra El Ouafis Schicksal noch trauriger ist, als ich zunächst angenommen habe, denn in Frankreich, wo er die meiste Zeit seines Lebens verbrachte, blieb er trotz seiner Goldmedaille immer »der kleine Algerier«, der nur für die Dauer seines Sieges eingemeindet wurde, und in Algerien war er durch seine Goldmedaille für Frankreich kompromittiert, er hatte mit dem Besatzer kollaboriert. Nach seinem gewaltsamen Tod 1959 bezahlte das Olympische Komitee, das ihn 1930 ausgeschlossen hatte, sein Grab. Ob das Komitee auch Grabmal und -platte für ihn aussuchte? Wer auch immer das tat, war jedenfalls nicht darauf bedacht gewesen, ihm eine islamische Ruhestätte zu geben. Seiner Nichte zufolge, so heißt es in seiner Biografie, sei er in Algerien nie gewürdigt worden. Nur die Jugendherberge seines Heimatdorfes Ouled Djellal trage seinen Namen. Wie der schwarze Protagonist jenes Romans von René Maran, *Un homme pareil aux autres*, aus dem Frantz Fanon zitiert, hätte er von sich sagen können: »… ich war so weit, dass ich mich fragte, ob mich nicht meine gesamte Umgebung betrog: Das Volk der Weißen erkannte mich nicht als einen der seinen an, das schwarze verleugnete mich. Das ist exakt meine Situation.«

Gibt es überhaupt einen Ausweg aus einer solchen Situation?

Beim Nachdenken über den Roman, vielmehr über Fanons Kommentar dazu, muss ich an die Gespräche denken, die Thierry und ich häufig führen, und in denen er sich über meine europäische Unwissenheit und Privilegiertheit mokiert und ich mich über sein Sich-als-Afrikaner-Darstellen mokiere, weil ich ihn eigentlich mindestens genauso französisch oder genauso wenig afrikanisch finde wie mich selbst. Aber was heißt »französisch sein«, wenn einen Tag für Tag Hautfarbe oder Name als Nichtfranzosen ausweisen?

Jean Veneuse, der dunkelhäutige, in Bordeaux groß gewordene Protagonist des von Fanon zitierten Romans, liebt eine weiße Frau, und sie liebt ihn, doch gestattet er sich diese Liebe nicht, solange er nicht ihren Bruder, der sein bester Freund ist, um Erlaubnis gebeten hat. Dieser Bruder schreibt ihm daraufhin einen langen, liebevollen Brief, in dem er Jean versichert, er brauche sich nicht so zu quälen, er habe doch »seine Insel« schon mit drei oder vier Jahren verlassen und sei deshalb gar kein *nègre*: »Wisse, dass Du ein Franzose aus Bordeaux bist.« Er sei genau wie er selbst, nur eben »ausgesprochen dunkelhäutig«. Frantz Fanon fasst es so zusammen: »Der Weiße, um dessen Erlaubnis gebeten wurde, gibt also seine Schwester her – aber unter einer Bedingung: du hast nichts gemein mit den wirklichen Negern. Du bist nicht schwarz, du bist ›ausgesprochen dunkelhäutig‹«. Das sei es, so Fanon, was schwarzen Studenten in Frankreich häufig widerfahre – man weigere sich, sie als »véritables nègres« zu betrachten. Die seien nämlich Wilde, während der Student zivilisiert sei.

Reagiere ich nicht ähnlich wie dieser wohlmeinende Bruder, wenn ich Thierrys Sicht seiner selbst als Afrikaner nicht ernst nehme? Zwar ist Thierry nicht dunkelhäutig, aber er trägt einen Namen, der ihn überall als Araber ausweist. Sein Vater wollte mit allen Kräften als Franzose durchgehen; das Wort Algerien kam nie über seine Lippen, er nahm einen anderen Vornamen an, und wäre das möglich gewesen, hätte er wahrscheinlich am liebsten auch den Nachnamen gewechselt. Aber der Name Bensalem war ein nicht zu kappender Anker, er war das Einzige, was ihn noch an die andere Seite des Mittelmeers band. Sein Sohn ist in Frankreich geboren und damit nach französischem Recht als Franzose auf die Welt gekommen, doch statt die väterliche Herkunft zu verstecken, beansprucht er sie für sich. Dass der Vater seine Herkunft verleugnete, erfüllt ihn mit Scham, und diese Scham kann er nur überwinden oder lindern, wenn er sich selbst klar und deutlich dazu bekennt.

Während ich noch hier vor Boughéra El Ouafis Grab stehe und auf das rosarote Bild eines Mannes schaue, den weder auf dieser noch auf jener Seite des Mittelmeers oder des Atlantiks je irgendwer für einen echten Franzosen hielt, überkommt mich meinerseits die Scham darüber, Thierry so eindeutig Frankreich zugerechnet zu haben. Thierry mag als Franzose geboren sein, französische Lebensgewohnheiten haben und wie die meisten Franzosen keinerlei Religion anhängen, er ist doch auch Algerier – nicht nur durch seinen Vater und dessen Namen, den er trägt, sondern weil er die Verleugnung der Herkunft durch den Vater aufheben muss, wenn er nicht will, dass die Scham ihn zerfrisst.

Wir sind alle, denke ich jetzt, weder das, was wir sein wollen, noch was andere in uns sehen, sondern eine unentwirrbare Mischung aus beidem, und was wir für freie Entscheidungen halten, ist oft nur das Ergebnis einer Kettenreaktion, die von Generation zu Generation weiterläuft und mal in diese, mal in jene Richtung ausschlägt.

Auf dem nahen Carré militaire, über dem schwer und nass die französische Fahne hängt, sind einem Schild zufolge »ein paar der 250 000 muslimischen Soldaten begraben, die zwischen 1943 und 1945 das Mittelmeer überquert haben und die Hälfte der französischen Befreiungsarmee stellten«. Vor der Fahne am Boden: drei wahrscheinlich schon seit dem 11. November, also seit zwei Monaten, verwelkte Blumensträuße oder -gestecke – die obligaten, von blauweißroten Bändern umwundenen Gedenktagesblumen im Zustand fortgeschrittener Verwesung. An der Böschung vor dem Militärkarree, so weist ein anderes Schild aus, sind anonyme Soldaten begraben: ein Massengrab, das sich nicht so nennt.

Der einzige andere Besucher auf dem Friedhof, den wir ganz überblicken können, ist eine Besucherin. Keine Vorstädterin. Ihr Auto, das sie am Eingang des Friedhofs gelassen hat, zeigt ein Pariser Nummernschild. Es ist eine elegant gekleidete Frau, die statt eines Schleiers einen Schal locker um den Kopf gelegt hat und uns lächelnd grüßt, als sie an uns vorbeigeht. Nachdem sie zunächst längere Zeit an einem der Gräber des Elite-Karrees nah dem des Marathonläufers verharrt hat, geht sie wie wir kreuz und quer über den Friedhof, doch anders als wir hat sie feste Ziele. Sie sucht verschiedene Gräber auf, die sie zunächst ein bisschen säubert und herrichtet, bevor sie sich mit leicht geneigtem Kopf an das Grab stellt und dem oder der Toten darin zu gedenken scheint. Sie stellt sich nicht vor das Grab, sondern an die Seite, und erst jetzt, da ich dies aufschreibe, wird mir klar, warum: Weil die Toten im Islam auf der Seite liegend begraben werden, das Gesicht nach Mekka gewandt. Auf der Seite? Mir kommt das erst sehr seltsam vor, zumal eine solche seitliche Lage bei einem Leichnam wohl nur durch Stützvorrichtungen erreicht werden kann, aber es stimmt natürlich, dass ein auf dem Rücken Liegender zum Himmel schaut und nur der seitlich liegende Tote in Richtung Qibla sehen kann. Ich nehme also an, die Frau stellt sich an die Seite des Grabs, damit ihr der Tote zugewandt ist.

Es ist schon vier Uhr, als wir, den muslimischen Friedhof im Rücken, wieder auf menschliche Behausungen stoßen, aber wir wollen noch bis zur Porte de Pantin, also bis nach Paris, gehen, und zwar über die endlose Nationale 3, von der uns ein dickes Bündel Bahngleise und der Canal de l'Ourq trennen. Wir laufen einen größeren Umweg und stoßen zuerst an ein zwischen Kanal und Schnellstraße klemmendes Gelände, eine sogenannte *ferme culturelle urbaine*, einen kulturellen Stadtbauernhof, auf dem ein paar junge Verrückte im Frühling offenbar Gemüse anbauen, und auf der N3 schließlich blicken wir von der anderen Seite auf die Baumüllhalde, auf der nach einem undurchschaubaren Prinzip Schutt hin und her befördert wird. Hinter uns, lediglich zwei-, dreihundert Meter Luftlinie vom Friedhof entfernt, die Mülltrennungsanlage Syctom, die ich mir nur als Sitcom merken kann und über der wie über einem heimkehrenden Fischerboot Dutzende von Möwen kreisen.

Wir gehen lange die vierspurige, autobahnähnliche N3

entlang Richtung Paris, vorbei an Lagerhallen, einem Klaviergeschäft, Pianos International, das offenbar nur hier genug Platz für seine Ware fand, einem weiten Brachland, neuen Wohnanlagen, die auf der anderen Seite Kanalblick haben; die zur Schnellstraßenseite hin gelegenen Wohnungen dürften wesentlich günstiger sein. Vor dem Baumarkt Batkor erzählt mir Thierry, dass er hier einmal mit einem jener Migranten gesprochen habe, die darauf warten, dass einer der sich mit Baumaterial eindeckenden Handwerker sie für den Tag anheuert. Der Mann habe auf der Rückseite des Baumarkts im Kanal geangelt, und als er seine Angel aus dem Wasser gezogen habe, habe Thierry gemerkt, dass gar kein Angelhaken an der Schnur befestigt gewesen sei. Er habe ihn darauf angesprochen, und der Angler habe geantwortet, das wisse er wohl, aber das Angeln tue ihm gut. Derselbe Migrant habe ihm erzählt, dass er bald seinen Asylantrag stellen wolle, vorher aber noch genug Geld verdienen müsse, um eine Geschichte zu kaufen, die funktioniere, also die Chancen auf eine Anerkennung des Antrags verbessere. Die Geschichten, mit denen bereits ein Antrag angenommen worden sei, seien wertvoll und würden weiterverkauft. Man müsse dann allerdings noch jemanden finden, der sie leicht verändere und an die eigene Person anpasse, damit es nicht so auffalle. Solche Geschichten könnten Leben retten.

6

Im Café ist heute wieder der Mann, der nicht reden kann, außerdem der uns ebenfalls schon bekannte Arbeitslose in seinen Dreißigern, der, wie wir inzwischen erfahren haben, aus Marokko stammt, Rachid und ein anderer, uns bislang unbekannter Mann, nach eigenem Bekunden ein in Saint-Denis geborener Franzose, der in einem Endlosmonolog begriffen ist. Um ihm neuen Schwung zu geben, wirft Rachid von Zeit zu Zeit ein paar Worte ein, als würde er ein Kind auf einer Schaukel anstupsen, und hop, der andere schaukelt sich in neue Höhen und Tiefen, erzählt, wie es früher gewesen sei in Saint-Denis, dass es eine Vielzahl von Geschäften gegeben habe, Bäckereien, Metzgereien, alles Mögliche, und ich werfe Thierry einen Seitenblick zu, denn das Verschwinden der üblichen Geschäfte war auch, was die Mutter meiner Freundin in Aubervilliers bedauert hatte, er schwadroniert weiter über die verfehlte Lokalpolitik, die Banken und Versicherungen, bis der junge Mann mit dem Smartphone von neulich eintritt und die beiden ein Gespräch über Informatik anfangen.

Unterdessen hat Rachid wieder das Dominospiel herausgeholt und vor dem Halbstummen ausgebreitet. Es ist alles »wie immer«, Thierry und ich reden leise miteinander, und ich habe das seltene, wohlige Gefühl, Teil eines Ganzen zu sein. Rachid gewinnt zwei Mal hintereinander. Der Halbstumme nimmt es stoisch hin.

Als Thierry vor die Tür geht, um zu telefonieren, wage ich einen Vorstoß und frage Rachid, ob es die Kunden gewesen seien, die diese Landschaft in die Theke geritzt hätten, und er sagt, ja, es seien mehrere gewesen im Laufe der Zeit, der Barmann sei nicht immer einverstanden gewesen (mit dem Barmann scheint er sich selbst zu meinen), habe sie aber nicht davon abhalten können. Ich sage ihm, wie schön ich die eingravierten Zeichnungen fände, und der Halbstumme versucht mir zu verstehen zu geben, dass die Theke früher nur blau und ohne Sandstrand war, was ich mir schon gedacht habe, weshalb ich auch problemlos verstehe, was er meint, und jetzt kommt Thierry wieder herein, sieht mich mit den beiden in ein kleines Gespräch verstrickt und nutzt die Gelegenheit, um Rachid auf Algerien anzusprechen, die Repressionen, die gerade immer schlimmer würden, die vielen Oppositionellen, die im Gefängnis säßen. Rachid schaut ihn nicht gerade erstaunt, aber doch eher ungerührt an, diese Entwicklung scheint ihm nicht viel zu sagen. Seine Mutter fahre im Juni hin, meint er. Thierry erzählt, wie er 2002, mit fast vierzig, zum ersten Mal nach Algerien zu seiner Familie gefahren sei, zusammen mit einem algerischen Freund, Brahim, den er in Nigeria kennengelernt und der ihn davon überzeugt habe, dass er, Thierry, sehr wohl Algerier sei und nun endlich wieder an seine Herkunft anzuknüpfen habe; wie er mit diesem Freund in ein Dorf in der Nähe von Constantine gefahren und von diesem plötzlich durch eine Tür in ein Haus hineingeschoben worden sei, in dem eine kleine Menschenmenge, die seine Familie war, auf ihn gewartet habe, die Frauen hätten You-You-Rufe ausgestoßen, er sei überwältigt gewesen und habe nichts verstanden.

Unglaublich muss das gewesen sein, sage ich, die ich die Geschichte schon kenne, aber jedes Mal wieder ergriffen davon bin, diese große und (so stelle ich sie mir vor) warmherzige Familie, von der Thierry so lange nichts wissen wollte und die ihn gar nicht kannte, aber die ganzen Jahre über in der Ferne auf ihn gewartet hatte und ihm, als er endlich kam, einen enthusiastischen Empfang bereitete.

Er erzählt weiter, wie damals gerade der Bürgerkrieg zu Ende gegangen sei, die Neunzigerjahre, die vielen Toten, wie die Geheimdienste die Islamistengruppen unterwandert hätten, *les DRS*, sagt er, also die DRS-Leute, er rollt das »r« dabei, DE ERRRR ESS: Département du renseignement et de la sécurité. Rachid hört ihm interessiert zu, ohne etwas dazu zu sagen; er wirkt nicht, als wüsste er besonders gut über die Zustände in Algerien damals und heute Bescheid.

Ich traue mich, Rachid ein, zwei Fragen zu stellen, und wir glauben zu verstehen, dass er tatsächlich Algerier ist, geboren in der Vorstadt von Algier, mit sieben Jahren nach Frankreich gekommen und hier auch wieder in der Vorstadt gelandet.

Ob er denn nicht wieder einmal nach Algerien fahren wolle, frage ich.

Nein, ihn verbinde nichts mit dem Land, er spreche die Sprache nicht, er sei nicht gläubig, und er höre auch keine Musik von dort.

Thierry erzählt dann noch, wie er mit seinem algerischen Freund anschließend noch bei dessen Familie in Sétif gewesen sei, er spricht es »S-taïf« aus, vielleicht sagt man so auf Arabisch, aber Rachid versteht nicht, was er meint, bis Thierry den Namen noch einmal auf Französisch wiederholt.

Als wir wieder draußen sind, sagt Thierry als Erstes zu mir: Der weiß noch nicht mal, wer die DRS-Leute sind! Er hat nicht Arabisch gelernt, nichts, der hat von Algerien keine Ahnung.

Während er sich ereifert, fängt er plötzlich an, Arabisch mit mir zu sprechen; vielmehr spricht er ebenso wenig Arabisch wie Rachid, aber fängt an, etwas zu sprechen, was sich Arabisch anhört, Französisch mit starkem arabischem Akzent und mit den dazugehörigen Gesten, die die Verstellung sehr plausibel machen. Er sagt: Ein Algerier, der kein Arabisch gelernt hat und noch nie was von DE ERRRR ESS gehört hat! Was ist das denn für ein Gaouri!

Ein was? Ein Gaouri?

Er macht sich lustig über mich, weil ich dieses Wort nicht kenne, das einen Franzosen oder Europäer meint, und wir verfallen wieder in einen unserer Dialoge, in dem er der Araber ist und ich die Französin oder Europäerin, und weil ich Rachid auf Anhieb gern mochte und wir doch bisher fast nichts über ihn wissen, verteidige ich ihn: Du mit deinen Filmemacher- und Schriftsteller- und Intellektuellenfreunden, sage ich, du kriegst das natürlich mit, was dort vor sich geht, aber die Leute, deren gesamte Zeit dafür draufgeht, über die Runden zu kommen, meinst du, die können sich mit Menschenrechtsverletzungen beschäftigen?

So ein Quatsch, ein Kollaborrrrateur ist das, dein Rrrrrachid!, ruft Thierry, aber lachend und mit einem derart starken arabischen oder den arabischen imitierenden Akzent, dass klar ist, er meint es nicht ernst (wobei man bei ihm da nie ganz sicher sein kann): Ein Gaouri, sag ich dir! Der hat noch nie was von der DEE ERRRRR ESS gehört!

Ist doch klar, du redest in so einem komischen Pseudo-Arabisch mit ihm, ich versteh auch kein Wort, DEE ERRRRR ESS, was soll das heißen? Und als du ihm gesagt hast, du seist auch in S-taïf gewesen! Statt einfach Sétif zu sagen, was hier jeder versteht. Kannst du nicht Französisch mit ihm reden?

Wir lachen uns schief.

Und weißt du was?, sage ich, ganz verblüfft über meine eigene Entdeckung: Der Mann ist Franzose, er stammt aus Algerien, hat aber mit Algerien nichts zu tun, und das ist genau der Grund, warum die Kunden bei ihm so zusammengewürfelt sind, Marokkaner, Algerier, Franzosen, Männer, Frauen … Wäre er, wie du ihn dir wünschst, säßen in seinem Café nur arabische Männer! Wie in allen übrigen Vorstadtcafés, die wir gesehen haben! Aber stattdessen ist das ein Café, in das ich auch mal alleine gehen kann! Und ich muss auch nicht unbedingt *hinter* dir reingehen!

Missbilligung fingierende, aber bestätigende Grimasse seinerseits.

Das ist *haram*, sagt er lachend.

Harrrram!, korrigiere ich.

Der ist noch nicht mal nach Algerien zurückgefahren, der Rachid!

Und warum sollte er? Der ist hier groß geworden, mit Algerien hat der nichts am Hut.

Und du findest natürlich gleich wieder Gründe und Entschuldigungen, sagt Thierry. Ab in den Bled mit ihm!

Vielleicht hat seine Mutter schlechte Erfahrungen gemacht mit Algerien?

Du wirst schon sehen, falls du mal mit mir nach Algerien fährst: Bei meinen Freunden und in meiner Familie, da herrscht ein anderer *mood*.

Na, du hast mir ja schon erklärt, dass ich als Frau gar nicht mit euch Männern unterwegs sein und reden darf.

Doch, auf dem Rücksitz und durch den Schleier durch.

Wir sind inzwischen im Zentrum von Saint-Denis angelangt, vorbei am Musée d'Art et d'Histoire Paul Éluard, einem ehemaligen Karmeliterkloster, das nicht so aussieht, als würde es außer Schulklassen, von denen im Moment keine zu sehen sind, viele Besucher haben. Im nahen Stadtzentrum hingegen sind so viele Leute auf der Straße, dass es schon fast nach Volksfest aussieht. Vor uns schiebt eine hochgewachsene, graziöse, junge Schwarze, in ein fließendes, bis zum Boden reichendes, nur ihr Gesicht sichtbar lassendes schwarzes Mantelkleid gehüllt, ihren Elektroroller in ein Geschäft, vor dem weitere Dschilbabs hängen. In der Rue de la République, die auf die Basilika zuführt, sind weiße Gesichter eindeutig in der Minderheit. Auch die Läden sind nicht gerade typisch französisch, und von den wenigen, die halbwegs so wirken, haben einige, ein Schokoladengeschäft der belgischen Kette Jeff de Bruges und eine Kaffeerösterei, zugemacht, und ich erinnere mich daran, dass mir mal jemand erzählte, beim Anblick der von Ausländern »umzingelten« Basilika, in der die Könige Frankreichs begraben liegen, quasi das höchste Heiligtum Frankreichs, jedenfalls des Ancien Régime, sei der Schriftsteller R. M. durchgedreht, das heißt zu einem Fremdenhasser geworden, und tatsächlich ist es kurios, inmitten der von überallher, nur nicht aus Frankreich kommenden (dabei aber zum Teil hier geborenen), von verschleierten Frauensilhouetten durchsetzten Menschenmenge, quasi auf das höchste Heiligtum Frankreichs, jedenfalls des Ancien Régime, zuzulaufen.

Kurz vor dem Platz der Basilika wird es ansatzweise touristisch: In einem Schaufenster ist königliches Spielzeug ausgestellt, ein Ludwig XIV. zum Ausmalen, daneben ein siebenteiliges Kleinkinderpuzzle in Gestalt der Marie-Antoinette. Einer der sieben Teile ist der Kopf.

Ein schwarzer Junge auf dem Fahrrad und eine ältere, füllige Muslimin überqueren den leeren, kalten Basilika-Platz. Sie trägt das gleiche, vom Scheitel bis zur Sohle reichende Gewand wie die junge Schwarze mit dem Roller, nur dass ihres weiß ist und sie keine Turnschuhe, sondern Badelatschen mit dicken Socken an den Füßen hat. Von hinten – wir sehen sie nur von hinten – wirkt ihre helle, beleibte Gestalt, als hätte sich jemand ein Laken übergeworfen, um Gespenst zu spielen. Ist es das Gespenst des französischen Königtums, das hier am helllichten Tage an der Basilika vorbeischlurft?

Thierry und ich trennen uns für eine Weile, denn ich will mir die Basilika von innen anschauen, in der ich vor Jahren zuletzt gewesen bin, als mein Vater mich in Paris besuchte. Ich hatte mir für diese Expedition eigens ein Auto ausgeliehen, wir hatten stundenlang im Stau gestanden, und als wir endlich angekommen waren und einen Parkplatz gefunden hatten, war der Teil der Kirche, in dem die königlichen Gräber stehen, geschlossen gewesen. Von der Stadt Saint-Denis hatten wir nichts gesehen und uns auch nicht dafür interessiert.

Auf dem Boden des mächtigen Kirchenschiffs stehen viele Reihen leerer Stühle für die großen Anlässe bereit: Ich erinnere mich daran, in einem Dokumentarfilm von Alice Diop Ausschnitte aus einer Totenmesse gesehen zu haben, die hier jedes Jahr am Tag der Guillotinierung Ludwigs des XVI. gehalten wird, und so blicke ich mit einiger Befremdung auf die vielen Sitzplätze, auf denen regelmäßig die Hintern von Leuten ruhen, die dem letzten französischen König und Marie-Antoinette nachweinen: die Orléanisten, die Legitimisten und die Bonapartisten, die respektive einen Nachfahren von Philippe d'Orléans (Jean de France), von Ludwig XIV. (Louis de Bourbon, der den Vorteil hat, zugleich ein Urenkel Francos zu sein) oder von Napoleon auf dem Thron sehen wollen.

Während ich zu den Königsgräbern Richtung Chorraum vorgehe, stelle ich mir vor, wie sich diese letzten, teilweise erstaunlich jungen Royalisten Jahr für Jahr, wenn sie durch die Stadt hierher pilgern, darüber empören, dass ihre Könige und deren letzte Ruhestätte von fremdländischen Horden belagert werden, und es kommt mir jetzt so vor, als seien diese vielen Menschen aus keinem anderen Grund aus aller Welt hergekommen, als um hier in Saint-Denis die Royalisten zu foppen.

Die Könige und Königinnen ruhen so düster und imposant, wie es sich Royalisten nur wünschen können. Jedenfalls ihre Statuen ruhen so. Sie selbst, also, was von ihnen übrig war – ihre Gebeine oder mumifizierten Leichen – wurden 1793 (Neun-Drei!) ausgegraben und in einem heil- und gottlosen Durcheinander in ein Massengrab geworfen, Könige und Königinnen, Prinzen »königlichen Geblüts«, Äbte, etliche Generationen von seit Jahrzehnten, wenn nicht Jahrhunderten dahinmodernden Leichen; dem einen wurde vorher noch schnell ein Bein ausgerissen, dem anderen ein Büschel seines noch gut erhaltenen Schnurrbarts, Edelmetalle sowieso, dann ab in die Grube, Kalk drüber, fertig. Die Wut der Nicht-Royalisten war so groß, dass ihnen die Lebenden nicht mehr reichten und sie noch die Toten töten mussten (allein die Überreste von Ludwig XVI. und Marie-Antoinette liegen vermutlich wirklich hier, weil sie nach ihrer Guillotinierung zunächst einmal woanders, nämlich auf dem Cimetière de la Madeleine in Paris, begraben worden waren, wo man sie, ihre Körper und die abgetrennten Köpfe, 1815 wieder ausgrub, um sie hier in der Basilika beizusetzen). Ich versuche, Könige und Massengrab zusammenzudenken. Hat es je in der Geschichte etwas so Paradoxes wie ein königliches Massengrab gegeben? In diesem Massengrab zerfallen die Zeitalter ebenso wie die Menschen, Pippin der Jüngere aus dem 8. Jahrhundert ist mit Charlotte vereint, einer Tochter Franz I. aus dem 16., die im 18. Jahrhundert gestorbene Liselotte von der Pfalz mit König Dagobert aus dem 7. und Heinrich IV. mit Ludwig XIV. Doch natürlich bleibt man auch hier unter sich; die posthumen Verbindungen sind nicht klassenübergreifend.

Grabschändungen sind grauenerregend, egal, wer im Grab liegt – sei es ein König oder ein armer Rabbi. Und doch bin ich hier, im Angesicht der nicht mehr auffindbaren oder besser nicht mehr auseinanderzuklamüsernden toten Könige, an deren statt Steinkönige und -königinnen auf prachtvollen Marmorbetten ruhen, weniger entsetzt als auf dem muslimischen Friedhof von Bobigny, auf dem die Totenruhe nicht aus Wut und Zerstörungslust, sondern aus bloßer Unachtsamkeit und Missachtung gestört wird, ohne dass irgendwer daran Anstoß nimmt.

Das dem Heiligen Denis oder Dionysius gewidmete Grab oder vielmehr Denkmal wird gerade renoviert und ist hinter Metallgestänge verborgen, ich erkenne einen goldenen Schrein mit gotischem Überbau. Es scheint sehr zweifelhaft, aber dem Schild zufolge liegen hier auch die Überreste seiner ebenfalls von den Römern auf dem Montmartre enthaupteten Gefährten Rusticus und Eleuterius. Der Legende zufolge nahm Denis nach seiner Enthauptung augenblicks seinen abgetrennten Kopf wieder auf und ging damit noch ungefähr sechs Kilometer weiter bis, ja, bis hierher, wo ich jetzt stehe, und wo er vor bald zwei Jahrtausenden gestorben und begraben worden sein soll, weshalb wenig später hier eine erste kleine Kapelle gebaut wurde. »Weil er enthauptet wurde, wird Dionysius gegen Kopfweh angerufen«, steht im Heiligenlexikon. Seltsamer Kausalzusammenhang.

Und während ich hier stehe und jene Hühner vor Augen habe, die auch ohne Kopf noch eine Weile weiterlaufen, also Kopflosigkeit in Unbeirrbarkeit umdeuten, denke ich, wie kurios es ist, dass am Anfang und am Ende der langen Grabmalkette in dieser Kirche jeweils ein Kopfloser steht.

Thierry und ich wenden uns nach Norden und gehen an der Universität Paris VIII und an dem fensterlosen Aluminiumkubus des neuen Nationalarchivs vorbei, das schon in der nächsten Vorstadt liegt, in Pierrefitte. Wie kommt es eigentlich, frage ich Thierry, dass wir immer an der Hinterseite der Gebäude vorbeikommen? Ist das ein Plan von dir, führst du mich vielleicht extra an die Rückseiten? Nur ein paar wenige der rautenförmigen Platten, aus denen die Fassade der Archives nationales de France beschaffen ist, sind aus Glas; ein glatter, überdimensionaler Schuhkarton, in dem der Himmel Mühe hat, sich zu spiegeln.

Wenn kein Brand sie auffrisst, wachsen Archive immer weiter an. Ich erzähle Thierry, dass ich mal gelesen habe, ältere Dokumente würden sich besser erhalten als neuere; gerade seien die Polizeiarchive der Vichy-Zeit dabei, unaufhaltsam zu verblassen. Ist doch seltsam, ausgerechnet Dokumente, die in violetter Tinte die französische Mitarbeit bei der Verschleppung und Ermordung der Juden beweisen!

Thierry wundert das gar nicht. Er ist nicht weit davon entfernt, die moderne Technik für eine Kollaborateurin zu halten, die systematisch Beweise vernichtet. Ob das nicht ebenso für die Archive des Algerienkriegs gelte?

Aber die moderne Technik, das sind auch Mikrofilme, auf denen verblassende Dokumente vor ihrem Verschwinden festgehalten werden können, sage ich.

Er bleibt zuversichtlich, dass es mit ein bisschen menschlicher Mithilfe schon klappen werde, die Spuren zu verwischen.

Die Archive, die hier in dem großen Schuhkarton verstaut wurden, nachdem im Hôtel de Soubise im Marais der Platz knapp geworden war, stammen alle aus der Zeit nach der Revolution; die älteren, kostbareren, »prestigeträchtigeren« Dokumente aus dem Mittelalter und dem Ancien Régime hingegen haben die Pariser behalten. Die Geringschätzung, die hinter dieser ungleichen Verteilung steckt, ist so selbstverständlich, dass sie keinem auffällt. Und noch etwas anderes fällt offenbar niemandem auf, die Verteilung scheint auch zu sagen: Paris, das ist das Ancien Régime, das Königtum; der Banlieue gehört die (Post-)Revolution.

Gegenüber dem neuen Archivgebäude öffnet sich ein weites, mit Schutt, Sand- und Steinhügeln bedecktes Brachland, hinter dem in allen Richtungen Wohnblöcke hervorragen. Vorne an der Straße: ein paar schrebergartenartige, verwahrloste Parzellen mit aus Holz und Blech zurechtgeschusterten, halb zusammengebrochenen Gartenhütten.

Ich denke darüber nach, was es zu bedeuten hat, dass die Dokumente aus der jüngsten Vergangenheit schneller verblassen als die alten. Ist es nicht, als würde die Zeit immer schneller und schneller vergehen? Heißt es nicht, im Alter beschleunige sich die Zeit? Ist die Menschheit so alt, dass die Zeit sie in den Tod reißt?

Wir sind inzwischen an einer unauffälligen Wohnsiedlung angelangt, vor deren von Feuchtigkeitsschlieren durchzogenen Betonfassade sich ein großer Holzarm mit geballter Faust aus dem Boden streckt. Auf einem Abfalleimer steht ein rosagelbes Dreirad, dessen eines Hinterrad unnatürlich abgewinkelt ist. Ob ich es nicht für meine Sammlung mitnehmen möchte, fragt mich Thierry mit seinem schiefen Lächeln, aber natürlich habe ich keine Lust, für den Rest des Tages ein altes Dreirad unterm Arm herumzutragen.

Wie wär's mit diesem Einkaufswagen?, frage ich. Jetzt mal im Ernst, warum stehen in den Cités immer Einkaufswagen herum?

Tatsächlich ist mir das schon mehrfach aufgefallen.

Na, sie werden halt einkaufen gehen damit, meint Thierry, offenkundig ohne selbst daran zu glauben, und ich denke: Wieder so eine blöde Frage von mir, es ist doch klar, dass sie ihre Einkäufe damit hierher transportieren und die Wagen dann nicht zurückbringen.

Wir machen noch einen kurzen Abstecher zum Friedhof von Pierrefitte, wo mir ein Grab auffällt, dessen grauer Grabstein und gleichfarbige Platte völlig unbeschriftet sind – kein Name, kein Datum, nichts –, das aber von drei ihre Kulleraugen rollenden Gartenzwergen, deren Mützenzipfel jeweils in verschiedene Richtungen zeigen, bewacht wird. Eine Frau benutzt einen ausgedienten Plastikblumenstrauß, um ein Grab zu fegen, und ich denke an den deutschen Schriftsteller Wilhelm Genazino, der sich an diesem Anblick erfreut hätte und dem es gegeben war, einen solchen von (fast) niemandem gesehenen Vorgang in etwas Komisches und zugleich Trostspendendes zu verwandeln.

Noch ein Stück weiter nördlich sind wir nicht mehr im Neun-Drei-Département, sondern im Val d'Oise, genauer in Sarcelles, und auch gleich schon an der nächsten Wohnsiedlung angelangt, in der vor fast allen Fenstern blickdichte Rollos heruntergelassen sind. Die Siedlung heißt Les vignes blanches, schon wieder Weingärten, weiße sogar, und wieder erinnert die Gegend so sehr an Weingärten wie an das Schloss von Versailles. Leben die Menschen hier im Dunkeln? Auch bei einem anderen Wohnhochhaus an der Place Saint-Saëns sind viele der großen Fensterfronten hinter den Balkonen mit dunkelgrauen, bis zum Boden reichenden und zum Teil zerfetzten Rollos bedeckt, als wäre es kein grauer Januar-, sondern ein drückend heißer Julitag. Auf dem Boden des zugehörigen kleinen Spielplatzes schlängelt sich ein langer, schnurdünner schwarzer Zopf, eines jener geflochtenen Zöpfchen, die in afrikanische Frisuren eingeflochten werden, und obwohl ich weiß, dass Thierry sich wieder über mich lustig machen wird, nehme ich ihn mit zur Erinnerung.

Er erzählt mir, dass er als Halbwüchsiger einmal eine schwarze Freundin hatte, die seine französische Großmutter »wirklich sehr, sehr schwarz« fand und die sein Großvater gerne spöttisch »Miss France« nannte. Ich frage, ob es daran lag, dass sie besonders hübsch war, und er schaut mich an, als müsste man schon besonders einfältig und gedankenlos sein, um eine solche Frage überhaupt zu stellen und nicht auf Anhieb die Gehässigkeit zu spüren, die in einer solchen Bezeichnung steckt, und tatsächlich sehe ich es auch sofort ein und schäme mich, als hätte ich selbst »Miss France« zu dem Mädchen gesagt.

In einer Seitenstraße, Rue Pablo Rejas, steht eine einförmig lange, vielleicht aus den Achtzigerjahren stammende Häuserzeile, deren schwarz bemooste Balkone auf Hochparterrehöhe von jeweils zwei manns- oder frauhohen, halb ans Altertum, halb an den Faschismus angelehnten Betonköpfen gestützt werden – eine abschätzig dreinschauende Gesichterreihe, die kurz in mir die Vorstellung weckt, die dazugehörigen Körper könnten bis zum Hals in der Erde begraben sein, aber nein, heute ist der Tag der Köpfe ohne Körper. Und tatsächlich verweist die Andeutung einer phrygischen Mütze, die sie allesamt tragen, auf die Revolution.

Wir stoßen auf eine Bäckerei, die zu Thierrys Leidwesen schon wieder *rebeu*, also in arabischen Händen, ist, und kaufen uns jeder eine Cola und ein Sandwich, das wir im Gehen essen; meines ist aus weichem, süßlichem Brot, der Belag schmeckt harissascharf nach Süden, und zwischen Ei und Thunfisch ist ein kleiner Piment versteckt. Die Kopftuch tragende Tunesierin oder Marokkanerin, die uns bedient, wird von Thierry mit solcher Herzlichkeit begrüßt, dass sie noch freundlicher ist, als sie es wahrscheinlich ohnehin gewesen wäre. Ich weiß nicht, wie er es mit den Leuten macht, obwohl ich doch dabei bin und zusehe: Sicher ist, dass er nur irgendwo aufzutauchen braucht, damit alle das Gefühl bekommen, einen alten Freund oder aus den Augen verlorenen Verwandten wiederzusehen.

In der Nacht liege ich wach und gehe noch einmal die am Tag durchmessenen Wege ab, stehe noch einmal in der Krypta der Basilika vor den vielen leeren Steinsärgen, deren Bewohner sich auf und davon gemacht zu haben scheinen. Schließlich mache ich, weil ich nicht einschlafen kann, das Radio an und merke gleich auf, denn es geht um den Marathonchampion Boughéra El Ouafi. Ich höre den Historiker Gérard Noiriel, dessen Hauptforschungsgebiet die Einwanderungsgeschichte ist, sagen, Boughéra El Ouafi sei der am wenigsten vergessene Champion der Olympischen Spiele 1928, es habe zu ihm Filme und zwei Comics gegeben, verschiedene Orte und eine Straße seien nach ihm benannt. Er erwähnt einen anderen Champion aus dem gleichen Jahr, einen Franzosen irgendwo vom Land, nach dem nur eine Straße in seinem Dorf benannt wurde.

Im ersten Moment ist mir, als hätte jemand einen Schalter gedrückt und die Geschichte in ein völlig anderes Licht gerückt, ja, einen Irrtum aufgedeckt. Was ich für ein ungerechtes Vergessen hielt, wäre also im Vergleich gar keins? Hat es der Marathonläufer seiner Herkunft, seiner besonderen Geschichte und schließlich Ermordung und sicher auch den Bemühungen seiner Familie zu verdanken, dass er gar nicht vergessen ist, jedenfalls viel weniger als andere?

Während das Radio schon bei ganz anderen Themen angekommen ist, denke ich über diese neue Perspektive nach. Etwas wehrt sich in mir dagegen, den Grad der Vergessenheit Boughéra El Ouafis mit dem eines französischen Sportlers vom Land zu vergleichen. Was ist es denn, was nicht vergessen werden sollte im Leben Boughéra El Ouafis? Seine sportliche Höchstleistung, für die er von Frankreich kurz vereinnahmt wurde? Oder sein tragisches Zermahlenwerden zwischen dem Land seiner Herkunft und dem seines inmitten des Algerienkriegs endenden Erwachsenenlebens? Die unmögliche Existenz eines Mannes, der Französisch-Algerien verließ, ohne je in Frankreich anzukommen, und der sich durch seine Goldmedaille für Frankreich jeder Möglichkeit der Rückkehr beraubte? Ein überall unerwünschter Invalide, der einmal sehr schnell rennen konnte?

7

Heute will mir Thierry in Clichy-sous-Bois die kaputtesten Briefkästen zeigen, die er je gesehen hat. Auch ein Reiseziel: kaputte Briefkästen.

Sag mal, frage ich scheinheilig, die Briefkästen kannst du in deinem Film über die Olympischen Spiele bestimmt gut unterbringen?

Es ist klar, dass er die Auftragsarbeit schon lange nicht mehr im Sinn hat, wenn er mit mir loszieht – aber was sonst? Und ich? Wir reden nicht darüber oder nur auf unsere ironische Art (Was wollen bloß diese zwei Verrückten, die hier dauernd zwischen Autobahnen und Müllhalden rumrennen?).

Wir fahren mit dem RER E bis nach Bondy und steigen dort in die Tram um. Wieder ist es ein grauer, kalter Tag, die Menschen sitzen mit geneigten, unter ihren Wollmützen und Kapuzen verschwundenen Köpfen.

Auf der Allee Maurice Audin, benannt nach einem französischen Mathematiker und Kommunisten, der für die Unabhängigkeit Algeriens kämpfte und dafür von französischen Soldaten gefoltert und ermordet wurde, lese ich einen dreckigen, einst rosafarbenen Frauenpantoffel auf und lasse ihn in meiner Tasche verschwinden. Thierry zieht nur den linken Mundwinkel hoch.

Vom Chêne Pointu seien 2005 die Aufstände ausgegangen, die dann Vorstädte im ganzen Land erfasst hätten, sagt er. Es habe angefangen, als dort zwei Jugendliche von der Polizei umgebracht worden seien.

Aber sind die nicht durch Stromschläge umgekommen, nachdem sie vor einer Polizeikontrolle weggelaufen sind und sich in einem Elektrohäuschen versteckt haben?, frage ich.

Das mag sein, aber für Thierry ist die Polizei daran schuld. Und wenn sie die Jugendlichen in Gefahr wusste und sie nicht beschützt hat, trägt sie auch Schuld. Aber »umgebracht«? Wir können uns beide nicht mehr gut an die Einzelheiten erinnern. Woran ich mich hingegen erinnern kann, ist, dass sich damals Verwandte und Freunde von fernher erkundigten, ob bei mir alles in Ordnung sei, weil sie im Fernsehen gesehen hatten, dass Frankreich in Flammen aufgeht; dass ich aber selbst auch nur aus den Nachrichten wusste, dass Frankreich in Flammen aufgeht – in Paris war davon nichts zu spüren.

Jetzt, da ich die hohen, abgewrackten Fassaden der Cité vor mir auftauchen sehe, wird mir etwas mulmig, und als wir dann zwischen den Wohnblöcken durchgehen, sagt auch Thierry nichts mehr. Die Gebäude sind imposant und einschüchternd in ihrer Kaputtheit und Wuchtigkeit. Wir gehen so langsam wir können, ohne aufzufallen, aber natürlich fallen wir unweigerlich trotzdem auf, wie jeder auffallen würde, der hier nicht zu Hause ist: *chouffeurs*, Jungen in schwarzen Kapuzenpullis, ein paar Frauen mit Kopftuch. Sperrmüllberge liegen an verschiedenen Ecken. Ein Viertel der Autos, die zwischen den Wohnblöcken parken, sind

Wracks, die niemand hat abschleppen lassen. Eines davon ist völlig ausgebrannt und ausgehöhlt, kein Motor, keine Scheiben. Das Wrack sieht aus, als stünde es schon seit 2005 hier. Auch von dem verglasten Eingangsbereich eines Wohnblocks sind nur noch die Metallstrukturen übrig geblieben, die Scheiben verschwunden.

Ein paar schwarze Kinder spielen mit alten Brettern neben einem riesigen Autoreifenberg am anderen Ende der Cité. Hach, das schöne Freudenfeuer, das sie uns bereiten!, ruft Thierry spöttischer denn je. Und zwei Minuten später, angesichts des acht Feuerwehrautos fassenden Feuerwehrhauses, das nur ein paar Meter weiter die Anhöhe hinauf steht und in wesentlich besserem Zustand ist als die Wohnblocks: Na, wenigstens ist die Feuerwehr nicht weit, die können eigentlich gleich in ihrer Kaserne bleiben und von dort aus löschen.

Dahinter die École maternelle du Chêne Pointu, in der ich mir die vielen Dealer und *chouffeurs* als tapsige Kleinkinder vorstelle. Und wieder ein hoher Sperrmüllberg.

Wir umrunden die Cité noch einmal, weil Thierry mich in den Hauseingang schicken will, in dem die kaputten Briefkästen sind. Dort ist gerade keiner zu sehen, und ich fasse Mut und gehe los, doch als ich über die Schwelle treten will, sehe ich vor mir auf dem Boden den wolligen Schweif eines Schäferhundes, der prompt aufzuckt und seinen Besitzer alarmiert, wobei alarmiert zu viel gesagt ist: Ich bin auf einen eher phlegmatischen Hund und einen ebensolchen *chouffeur* gestoßen, der seitlich hinter der Eingangstür versteckt auf einem Stuhl hängt. Ich mache sofort kehrt und sehe deshalb nicht, ob er sich vielleicht doch noch erhebt. Wie der Mann auf diese Weise die Gegend überwachen kann, weiß ich nicht; dafür freut sich Thierry, dass er mir einen Schreck eingejagt hat.

Wir gehen durch eine zu der Cité gehörige Passage mit ein paar Geschäften, von denen die meisten, vielleicht weil heute Montag ist, geschlossen sind, doch ein nur von Männern besuchtes Café-Tabac hat geöffnet und ein markenloser kleiner Supermarkt, vor dem große schwarze Plastikfässer stehen, wie ich sie inzwischen schon häufig auf Wohnblockbalkonen gesehen habe. Wozu könnten die nur gut sein? Auf einem davon klebt ein Etikett: »fût cornichons« – Gurkenfass.

Gurkenfässer? Es scheint mir eher unwahrscheinlich, dass die Wohnblockbewohner für den Winter große Gurkenvorräte anlegen, die Balkone dienen meist eher als Abstellkammern, weil in den Wohnungen nicht genug Platz ist. Jedenfalls wirken sie von außen – von Paris aus? – gesehen wie Abstellkammern. Wozu werden also diese Fässer gebraucht?

Ich frage Thierry, der aber auch keine Ahnung hat.

Da musst du dich aber noch ein bisschen besser informieren für deinen Neun-Drei-Reiseführer, spotte ich und merke gleichzeitig: Je länger ich durch die Vorstädte streife, umso rätselhafter wird mir so manches. Noch nie habe ich auf einem Pariser Balkon ein solches schwarzes Plastikfass stehen sehen. Vor vielen Jahren, als das Marais noch deutlicher ein jüdisches Viertel und nicht voller Kleiderboutiquen war, stand vor einem Geschäft in der Rue des Hospitalières Saint-Gervais ein solches Fass, in dem tatsächlich große Salzgurken angeboten wurden. Das war das einzige Mal, dass ich ein solches Ungetüm in Paris gesehen habe, und es stand nicht auf einem Balkon. Offenbar haben die Menschen in den Vorstädten andere Gewohnheiten, die für Auswärtige einer Erklärung bedürfen. Vielleicht dienen die Fässer der Aufbewahrung irgendwelcher Lebensmittel, die sie in größeren Mengen günstig kaufen und dann auf dem Balkon verwahren? Aber in der winterlichen Feuchtigkeit? Ich kann mir keinen Reim darauf machen.

Die unvermeidliche Kirche neben der Cité mutet im Vergleich zu den Wohnblöcken wieder winzig an. Ihre kleine Kuppel ist mit Zink gedeckt, die Fenster sind vergittert.

Vergittert?

Ich glaube nicht, schon einmal eine Kirche mit vergitterten Fenstern gesehen zu haben. Vor der Kirche sind in einigem Abstand drei große Holzkreuze in den Boden geschlagen, ein Kalvarienberg der schlichtesten Sorte, der nur noch auf zu Kreuzigende zu warten scheint. Später lese ich, dass diese belanglos wirkende vergitterte Kapelle im 19. Jahrhundert neu errichtet wurde und keineswegs die obligatorische, neben die Cité gepflanzte Kirche ist. Sie ist sogar ein wichtiger Wallfahrtsort, zu ihrer Vorgängerin pilgerte man seit Jahrhunderten, bevor sie während der Revolution zerstört wurde. Man kommt in diese Kirche – eine *Schwarze* Madonna anbeten.

Wir bleiben eine Weile vor dem Graben stehen, der sich hinter einem der Wohnblöcke auftut, und blicken auf die mit allerlei Kisten, verwitterten Möbeln, Kinderfahrrädern, zum Trocknen ausgehängter Wäsche prall gefüllten Balkons. Auf einem solchen Haufen thront ganz oben ein rosa Plastikschwan. Und wie am Friedhofsrand kürzlich wehen an den kahlen Ästen ringsum schmutzgraue Plastikfetzen gleich neuartigen Blättern, unheimlichen Flügeln oder schaurigen Fahnen.

Thierry zeigt mir die Nachbarsiedlung Les Bosquets in Montfermeil, vielmehr deren ehemaligen Standort, denn die Wohnblöcke wurden abgerissen und durch sogenannte Residenzen ersetzt, die kleiner sind und vorerst in besserem Zustand, darunter auch eine »Künstlerresidenz« mit einem Oberbau aus Holz: die Villa Médicis des Neun-Drei, die hier ausdrücklich nur für ein paar Jahre hingestellt wurde. (Oder ist vielleicht das ganze Gelände nur provisorisch bebaut? Alle paar Jahre wird alles dem Boden gleichgemacht. Neuanfang. Das Gebiet ist im Umbruch, halb Baustelle, halb Brachland, halb Neubauten.)

Ich glaube, die vertrösten die Leute hier mit einem Notbehelf, sage ich, damit sie sie nicht in ihre Prachtvilla nach Rom lassen müssen. Die Leute aus den Banlieues können sich ja dann hier bewerben, da haben sie bessere Chancen.

Ha!, ruft Thierry, da haben wir's wieder! Während du deine Sammlung von Banlieue-Fundstücken als Installation im MOMA und in Tokyo ausstellst, sollen wir hier in dieser Holzhütte arbeiten, ja?

Siehst du, ich versteh das nicht, da baut man ihnen eine Villa Médicis und versucht, ihnen aufzuzeigen, was für sie eventuell möglich und erreichbar sein könnte – und sie sind wieder nur empört! Dabei meint man es doch so gut mit ihnen! Diese Undankbarkeit!

Wir sind inzwischen ein paar Straßen weiter und kommen an der Ruine eines niedrigen, graffittibedeckten Schuppens vorbei, den nur das große Holzkreuz über der vermauerten Tür als ehemalige Kirche kennzeichnet. Vor uns zieht ein alter Mann ein fast ebenso altes, leeres Einkaufswägelchen, das hinter ihm herwackelt und hüpft wie ein junger Hund. Dann eine Straße mit Einfamilienhäuschen, zwischen denen plötzlich, in der gleichen Größe wie die anderen, ein rosa Spielzeughaus steht. Es ist mit rosa Plastikholz verkleidet, die Plastikgiebelchen sind in dunklerem Rosa gehalten. Der rosa Fronton über der Tür wird von einem smileyartigen weißen Kätzchenkopf mit Schleife im Haar verziert, der mir bekannt vorkommt.

Was hat es damit jetzt wieder auf sich?, frage ich Thierry.

Schulterzucken.

Die weißen Fensterläden sind seitlich aufgeklappt, dahinter sind die Rollläden heruntergelassen. Auf den Fensterborden: Plastikblumen. Ein weißer Plastikzaun. Ein Alarmsystem.

Was hat das zu bedeuten? Fangen so vielleicht Romane an? Mit einer alles andere als wohlhabenden Familie, die aber ihre gesamten Ersparnisse zusammenkratzt, um ihrer kranken fünfjährigen Tochter ein Haus wie aus einer Comicserie zu bauen? Und dann stirbt die Tochter, und sie ertragen das Haus nicht mehr, können es aber auch nicht verkaufen, denn wer will schon in einem Spielzeug wohnen, zumal wenn dieses Spielzeug in Montfermeil steht?

Das Haus ist absurd in dieser Umgebung, aber in welcher wäre es nicht absurd? Ich kenne diese scheußliche Katze mit der Schleife im Haar, Hello Kitty heißt sie, eine japanische Figur aus den Siebzigern, die es seither in Comicserien und Videospielen, auf Kleidern, Portemonnaies, Stiften oder Toastern in die ganze Welt geschafft hat.

Ich lese Thierry aus dem Wikipedia-Eintrag vor: Nach dem offiziellen Profil von Hello Kitty heißt diese mit »richtigem« Namen Kitty White, sie ist in London geboren. Sie wiegt so viel wie fünf Äpfel und zeichnet sich durch ihr großes Herz aus … Sie backt köstliche Cookies … *und ist Mitglied einer großen Familie, deren Mitglieder alle White heißen*!

Ich schaue Thierry an. Ist doch seltsam, oder? White!

Er rollt nur mit den Augen.

Unsere Zickzackwege führen uns wieder zur Cité du Chêne Pointu zurück und nicht weit dahinter in den Wald. Ein Wald ist so ziemlich das Letzte, was ich hier erwartet hätte. Wohnen an Waldrändern nicht Leute, die sich Natur leisten können? Gehen die *chouffeurs* hier im Sommer spazieren? Im Winter jedenfalls nicht, wie wir bald merken: Wir sind allein auf den schnurgeraden, boulevardhaft breiten Wegen, an denen alte Steine stehen, die ich für Meilensteine halte, die aber in Wirklichkeit einen unterirdisch verlaufenden Aquädukt markieren, dessen Gewässer heute Disneyland zugeführt werden.

Immer tiefer dringen wir in den grauen Winterwald ein und begegnen keiner Menschen- oder Wildschweinseele. Und ohne zu wissen, dass dieser Wald lange für seine Räuber berüchtigt war, bin ich mir sicher, dass ich mich alleine hier fürchten würde – und dass es nicht der Wald ist, der mir Angst einflößt, sondern die abgehalfterte Cité, die ich irgendwo hinter mir weiß. Dabei habe ich noch nie gehört, dass es in den Siedlungen und in deren Umgebung Passanten an den Kragen gegangen wäre. (Allerdings habe ich auch noch nie gehört, dass es dort Passanten gäbe.)

Wir sind mitten im Wald, als wir auf eine Müllhalde stoßen. Oder auf eine Bauschutthalde, so genau ist das nicht zu erkennen hinter dem verrosteten, hohen Metallzaun, über den nur die Müllbergspitzen und der Greifarm eines gelben Baggers ragen.

Was macht um Himmels willen dieser Müllplatz hier?, frage ich, als wäre Thierry ein Universalgelehrter in Sachen Banlieue, der hier jeden Baumstumpf und jede der zig Müllhalden kennt und Antwort auf alle Fragen hat. Der Bagger versenkt knirschend seine Zange in einen Haufen Metallteile.

Als wir den Wald auf der anderen Seite wieder verlassen, kommt gerade, als müsste es so sein, die Sonne heraus, und wir sehen eine weite, vorfrühlingshaft hellgrüne Wiese vor uns liegen, auf der zwei Pferde grasen, und dahinter etwas, was von hier aus wie ein Dorf aussieht, und dahinter wiederum einen langen Hügelrücken. Es ist, als hätte der Wald wie ein Zauber gewirkt und als hätten wir ihn bloß durchqueren müssen, um den ganzen Banlieue-Krach, die Kaputtheit, das Elend, den Dreck in eine friedliche, sonnengetränkte Landschaft zu verwandeln.

Und jetzt?

An einer kleinen Kreuzung steht: Bois de Bernouille, das Wäldchen (der Hain) von Bernouille. Wir wollen in dieses Wäldchen hinein, doch der Weg führt uns am äußeren Rand entlang.

Und du glaubst nicht, dass wir uns gerade verlaufen?, frage ich.

Verlaufen! Da führt man sie mal in schöne, ländliche Gegenden, man will ihr zeigen, was für gefällige, blühende

Landschaften es hier im Neun-Drei gibt, und sie hat nichts anderes im Sinn, als so schnell wie möglich zu einer abgewrackten Betonsiedlung zurückzugelangen.

Sind wir hier überhaupt noch im Neun-Drei? Ist das nicht längst schon Sieben-Sieben, also Seine-et-Marne?

Egal. Das Wäldchen ist Privatbesitz, wir müssen es erst zu drei Vierteln umrunden, bis wir doch noch einen Zugang finden und auf einer Straße, die Route Stratégique heißt, landen. Bäume und Büsche sind noch kahl, nur von den Haselnusssträuchern baumeln bündelweise lange gelbe Katzenschwänze, die aus dem trockenen Geäst herausleuchten.

Wir sind nun auf den Anhöhen von Vaujours und damit in bürgerlich geordneten Verhältnissen angekommen: gepflegte Vorgärten, schmucke Einfamilienhäuser. Unser Blick wandert nordwestlich über Sevran und Villepinte bis hin zu dem runden Flughafenterminal 1 von Roissy-Charles de Gaulle.

Wir durchqueren die Ortsmitte von Vaujours, die es tatsächlich schafft, nach einem französischen Provinzstädtchen und nicht nach einer Banlieue auszusehen, auch tragen die Straßen die denkbar unrevolutionärsten Namen: Avenue du Maréchal de Lattre de Tassigny, Rue de l'Église, Rue Alexandre Boucher. Wir sehen sogar ein Schild, das den Weg zu einem Schloss weist, folgen ihm aber nicht.

Das hättest du nicht erwartet, was?, sagt Thierry. Wälder, Wiesen, Schlösser, beschauliche Gewässer! Du musst dich endlich mal von deinen Klischee-Vorstellungen befreien, das geht so nicht weiter.

Nachdem wir die vierspurige N3 überquert haben, gelangen wir durch ein hohes, schmiedeeisern verschnörkeltes Tor prompt gleich wieder in einen Park – Parc forestier de la Poudrière.

Waldpark des Pulverfasses oder Pulverturms? Wo kommt das denn her?, frage ich.

Na, es heißt doch immer, die ganze Banlieue sei ein einziges Pulverfass, das jede Minute hochgehen kann. Jetzt siehst du mal, was es in Wirklichkeit damit auf sich hat: ein königlich gestalteter Waldpark, dezent geschminkte, kopftuchlose Mütter, die ihre Kinderwagen vor sich herschieben. Wir sind sooo was von friedlich! Und werden von euch immer nur schlechtgemacht.

Vorsichtshalber schaue ich trotzdem mal nach, was es mit dem Pulverfass auf sich hat, und stelle fest, dass hier im Ersten Weltkrieg unter der Aufsicht von Offizieren mehrere Tausend Arbeiter in einer königlichen Pulverfabrik arbeiteten, die Napoleon III. hatte bauen lassen. Und dass die Böden hinterher so vergiftet waren, dass noch heute ein Drittel des Parks geschlossen ist.

Hinter dem Park verläuft der linealgerade Canal de l'Ourq, an dessen Ufern in regelmäßigen Abständen junge, schlankblanke, im unbewegten Wasser überscharf sich verdoppelnde Pappeln soldatenmäßig strammstehen. Sind wir jetzt schon in Tremblay? Oder in Sevran? Die Häuschen sind jedenfalls schon weniger schmuck, und vor größeren Mietshäusern stehen Schilder, die auf Videokameras verweisen und all jenen hohe Geldstrafen androhen, die auf die Idee kommen, hier Sperrmüll auf die Straße werfen zu wollen. Man versucht augenscheinlich, sich von der Müllhaldenwelt abzugrenzen oder sich aus ihr herauszuarbeiten.

Als wir in der Ortsmitte (welchen Ortes?) ankommen, ist

der Nachmittag schon längst angebrochen, und wir sehen endlich eine Boulangerie, in der wir uns etwas zu essen und zu trinken kaufen können. Wieder brauchen wir noch eine weitere halbe Stunde, bis wir einen Platz finden, wo wir uns hinsetzen können: Auf dem zubetonierten Rathausplatz, der sich recht prahlerisch Esplanade nennt, wachsen auf erhöhten kleinen Beeten ein paar schüttere Thujen. Wir setzen uns zwischen die grauen Betonplattenfassaden auf den Bretterrand eines solchen Beetes und wissen, dass wir wieder im Neun-Drei-Département angekommen sind. Auch die Sonne kann dieser Hässlichkeit und Misere nichts anhaben.

Nach unserem Imbiss geht es dann noch lange zwischen Einfamilienhäuschen hindurch, bis wir wieder an ein Brachland gelangen, dessen Weite uns vorkommt wie von einem fernen Kontinent; jenseits davon, wie eine düstere Verheißung, die hohen Türme der Cité du Pont Blanc. Neben einer Funkantenne zeichnet sich im Gegenlicht eine mit Netzen abgehängte Metallstruktur ab, in der Kinder Basketball spielen. Vor der Cité liegen die Überreste eines verbrannten Autos unter Sperrholz begraben. Die Türme sehen aus, als hätten Kinder sie aus Würfeln gebaut oder als hätten im Turminneren platzierte Sprungfedern hier und dort Gebäudeteile hervorspringen lassen, jedenfalls ist die Fassade nicht glatt, was sie wahrscheinlich »menschlicher« machen soll, doch für heute haben wir genug von dieser Art Menschlichkeit und streben zur Bahnstation Sevran-Beaudottes.

8

Im Café ist Rachid in der Mittagszeit mit dem Halbstummen alleine, wie immer spielen sie Domino. Die beiden scheinen sich zu freuen, uns zu sehen, und kaum hat Rachid jedem von uns einen Kaffee hingestellt, kommt Jesus herein. Jesus ist ein schwarzschöpfiger und rundrückiger kleiner Mann, der einen großen Rucksack mit sich schleppt und aussieht wie ein nicht schielender Columbo. Er spricht schnell und ohne Pause, und so erfahren wir in der nächsten Dreiviertelstunde unter anderem, dass er Spanier ist und neunundsechzig Jahre alt, dass er eine zu kleine Rente bekommt und deshalb sieben Tage in der Woche vormittags Zeitungen verkauft. Er habe jemanden, dem er etwas dafür gebe, dass er seinen Klapptisch aufbewahre, damit er ihn nicht immer mit sich herumschleppen müsse, die Zeitungen seien schon schwer genug. *Le Parisien* koste 1,90, davon kriege er 35 Prozent, bei *L'Équipe* seien es nur 25. Dann habe er noch *L'Humanité*, den *Canard Enchaîné*, das *Journal du Dimanche*. Früher habe er noch den *Figaro* verkauft, aber den wolle keiner mehr. Heute habe jemand *Le Parisien* und *Le Turf* (Pferderennenprognosen) gegen zwei Crêpes getauscht – auch gut.

Man muss den Kunden entgegenkommn, sagt er. Dem einen, der ist gehbehindert, bringe ich seine Zeitungen sogar ans Auto, die Leute reden gerne mit mir, aber du musst aufpassen, du gibst denen den kleinen Finger und dann … Neulich wollte einer, der ist behindert, der wollte meine Telefonnummer, dann hat er mich angerufen und gesagt, Jesus – zu uns gewendet: Ich heiße Jesus –, kannst du mir mal bei Carrefour so Aktenordner besorgen für meine Papiere? Klar, hab ich gesagt. Dann hat er gesagt: Kannst du die auch einordnen? Hab ich gesagt, nein. Die Leute, wissen Sie … Ich hab keine Zeit, ich arbeite sieben Tage in der Woche, sonst verdienst du gar nix, jeden Tag fang ich früh an. An die Kälte darfst du nicht denken. Früher hab ich hart auf dem Bau gearbeitet. Wissen Sie, wie Rente auf Spanisch heißt? Jubilación! Ich kann kein Haus bauen, dafür kann ich Leitungen verlegen. Der Maurer, der kann keine Leitungen verlegen, aber der kann ein Haus bauen. Wir ham Terrassen gemacht, für Bouygues ham wir Terrassen gemacht, das ist hart, wenn die Maschinen nicht durchkommen, musst du den Asphalt auf Schubkarren ranbringen, hop, dann schüttest du ihn aus, einer verteilt ihn, einer walzt ihn aus, und du holst die nächste Fuhre. Und wenn du das morgens und nachmittags machst … darfst nicht dran denken, jede Arbeit hat ihre Nachteile. Eigentlich musst du vorher teeren, damit der Asphalt besser haftet, aber gut, da gibt's viel Mogelei bei den öffentlichen Bauarbeiten, normalerweise sind das fünf Zentimeter, du verlegst zwei Zentimeter und lässt dich für fünf bezahlen. Früher kam einer von der Behörde, von den Ponts et Chaussées, die ham das geprüft, die kamen und ham gefragt: Haben Sie fünf Zentimeter verlegt? Jaaaa, klar, ham wir gemacht. Dabei wusste der genau, dass es nur zwei Zentimeter waren, und als Gegenleistung: Oooch, ich bräuchte vielleicht mal paar Flaschen Côtes du Rhône, ich bräuchte einen Fernseher, ich bräuchte … Puuh, da gibt's viel Mogelei bei den öffentlichen Bauarbeiten.

Wenn's nur bei den Bauarbeiten wäre!, wirft Thierry lachend ein.

Einmal ham wir für einen Rentner einen Hof asphaltiert. Normalerweise hält der Asphalt auf Beton. Der Chef, das war mein Bruder. Der hat gesagt: Nein, nein, wir sagen dem, das hält nicht auf Beton. Und der Rentner, wenn du dich nicht auskennst, also, sagen wir, das hätte normal vielleicht zweitausend Euro gekostet, da hat der fünftausend bezahlt. (Gelächter.) Das ist wie bei den Klempnern, wenn du einen Klempner kommen lässt …

… der sagt, du brauchst alles neu!

… der sagt, es ist der Hahn, dabei ist es bloß die Dichtung und so weiter. Wenn du dich nicht auskennst, wird abgezockt. So ein Haus, Madame (mit Madame bin ich gemeint), so ein Haus, das kostet vielleicht hunderttausend, da nimmt der Ihnen hundertvierzigtausend dafür ab. Heute geht's nur noch ums Geld. Ich hab für ne große Firma gearbeitet, achtzigtausend Arbeiter, die bezahlen keine Steuern, also die Firma, die Arbeiter schon. Aber wenn sie dich fertigmachen wollen, machen sie dich fertig. Wenn sie vierhundert Millionen Umsatz gemacht ham, reicht das nicht, dann wollen sie achthundert Millionen. Ich hab die SNCF noch gekannt, bevor sie privatisiert wurde, das war noch was, da gab's keine Verspätungen. Jetzt ham sie bloß noch Kontrolleure. Ist mir egal, ich kauf eh keine Fahrkarten, ich geh zu Fuß. Ich wollt mal zu einem Freund auf einen Kaffee, paff, ham sie mich auf der Straße hier vorne festgenommen. Fünf Bullen. Nichts vorzuwerfen. Da war einer dabei, der war wohl Portugiese, der hat gesagt: Sind Sie Portugiese? Ich hab gesagt: Nee, ich bin Spanier. Da ham sie mich erst mal in die Zelle gesteckt. Wie Adam und Eva. Kein Problem. Hatte lange Haare damals. Da hat einer gesagt, das war ein Schwarzer, der hat gesagt: Schütteln Sie sich mal die Haare aus. Und die Schuhe. Hab ich Schneewittchen gespielt. Da ham sie gesehen, dass ich nichts hab, ham aber trotzdem ein Foto gemacht, ich hatte ein Trikot vom Paris Saint-Germain an dem Tag an. War auf Urlaub gerade, aber gefunden ham sie nichts, und da ham sie mich wieder laufenlassen. Ich hab ja nichts gegen die, die werden ja auch gebraucht, ich hab dem gesagt, also dem, der nicht der portugiesische Polizist war, dem hab ich gesagt: Sehen Sie, Herr Kommissar, ich nehm's Ihnen nicht übel, ich sag Ihnen Auf Wiedersehn. Keine Antwort hat der gegeben. Man muss schlauer sein als die.

Was haben die Ihnen denn vorgeworfen?, frage ich ahnungslos.

Na, dass ich Drogen in meinem Rucksack hätte, ham sie geglaubt. Hier ist so ne Gegend, da sind Jungs, die ham so einen Code, die schlagen Alarm, wenn sie die Bullen sehn. Sogar bei mir aus meinem Turm ist einer dabei, der passt mit auf. Hundert Euro kriegen die dafür. Also ich, ich könnt nichts verkaufen, was Leute umbringt. Da überfall ich lieber eine Bank, wenn sie mich kriegen, hab ich Pech gehabt, wenn sie mich nicht kriegen, ham die Pech gehabt, aber was verkaufen, was Leute umbringt, nee, das könnt ich nicht. Wir ham einen Kopf, Madame, und den ham wir zum Nachdenken. Ich war mal mit Leuten, die haben nach Straßenlaternen geschmissen, und da hab ich gesehen, wie der Wirt die Bullen ruft, und bin schnell weg. Musst du wissen, ob du die Nacht auf der Gendarmerie verbringen willst oder nicht. Wenn ich auf die gehört hätte … Also, meinen Wehrdienst hab ich gemacht, und zwar freiwillig, das war mit 21 damals. Ich hab in Francos Armee gedient, aber gut, drei Viertel der Offiziere waren Demokraten, ich hab ja mit denen gesprochen, da waren welche drunter, die ham sehr demokratisch geredet, ist ja okay. Sogar Francos Beerdigung hab ich gesehen, ich hatte Urlaub, und da stand ich an der Straße und hab den Anhalter gemacht, da hab ich den Sarg vorbeikommen sehn, bestimmt ne halbe Stunde lang. Vierzig Jahre Diktatur, ja, ja. Ich war sogar bei den Rechtsextremen im Baskenland, weil's bei mir zu Hause keine Arbeit gab, und die Basken, die konnten uns nicht leiden. Ich weiß noch, ich hab in einer Fabrik gearbeitet, und ich hab denen gesagt: Jetzt redet aber mal Spanisch hier. Nein, nein, nein, hier bist du nicht in Spanien! Da hab ich geschaut, welche Partei ist denn spanisch, und bin bei den Rechten eingetreten. Olala! Eine Woche bin ich bei denen geblieben, das war's. Lauter so Vatersöhnchen waren das, Madame, das waren keine Leute wie Sie und ich, das ging die ganze Zeit: Mein Vater war reich, mein Vater war beim Militär, mein Vater dies, mein Vater das. Also, von da an hab ich gesagt. Und die waren alle katholisch. Früher war ich auch mal sehr katholisch, jetzt glaub ich nur noch, was ich sehe. Ich respektier die Religion. Jedenfalls, von da an hab ich gesagt, ihr könnt mich mal, ihr habt die Religion nicht gepachtet. Ich bin kein Intellektueller, aber ich kapier schon, fickt euch. Die ham zu mir gesagt: Komm, Jesus, wir gehn mit den Polizisten. Denn wir hatten die Polizei auf unserer Seite, Paramilitär ham wir die genannt. Mein Schwager war bei denen. Also ham die mir gesagt: Komm mit den Polizisten, Jesus, wir gehn in Zivil in die und die Straße, und dann machen wir alles platt. Wir gehn in die Läden und schlagen alles kurz und klein. Ich hab gesagt: Geht's noch, ihr habt sie wohl nicht mehr alle. Weil, die Rechten, das ist die ganze Zeit: Schlagstock, Pistole und »Es lebe Franco«. Ja, ja, so ist das. Und in Paris, da war ich bei den Gelbwesten, ich hab ganz freundlich mit den Bullen geredet, eure Kinder, die werden's schwer haben, hab ich denen gesagt. Wenn ich Rentner sehe, sagen die: Jesus, hast du mal einen Euro, und ich sag: Nee, mir geht's wie dir. Und dann die Algerier, die Marokkaner, das geht noch, aber in Senegal, in Mali, die haben soundso viel Prozent Analphabeten, die haben nicht die gleiche Kultur wie wir, die schmeißen den Müll auf die Straße statt in den Mülleimer (ich werfe Thierry einen kurzen Blick zu), deshalb glaube ich nicht an den dritten Weltkrieg. (Allgemeines Gelächter.) Weil heute ham die Leute mehr Bildung als früher. Wenn sie die zum Militär einziehn wollen, die Jungen, die werden ihnen sagen, macht mal, aber nicht mit mir. So, und jetzt geh ich Fahrrad fahren.

Nach der Arbeit fahren Sie noch Rad?

Ja, ja, ich bin Rennen gefahren. Jetzt bin ich neunundsechzig, aber mit dem Fahrradfahren hab ich mit fünfundzwanzig angefangen. Ich hab einen Herzschlag von zweiundfünfzig pro Minute. Und gute Widerstandskräfte! Ich hab viertausend weiße Blutkörperchen und viertausend rote.

Als wir das Café verlassen haben, haben wir immer noch nichts Näheres über Rachid erfahren.

Ist schwierig, meint Thierry. So lange da immer Leute sind, die ohne Punkt und Komma reden, ist es schwierig.

Könnte es nicht sein, dass er Kabyle ist?, frage ich.

Thierry brummt etwas Unverständliches, und ich sehe schon, wie er den Rückzug in die Ironie antritt.

Was ist, hast du was gegen die Kabylen?, frage ich.

Das sind halt die Kabylen. Die Kabylen sind die Kabylen. Das sind Berber.

Ja, ja, genau. Und ... waren die nicht vorher da? Habt ihr die nicht ein bisschen ... kolonisiert, die Berber?

Pfffff! So ein Quatsch. (Schiefes Lächeln.) Das sind Ungläubige, wir mussten denen ein bisschen den rechten Weg weisen.

Er erzählt mir – jetzt wieder ernst – von dem Kabylen Aït Ahmed, einem der ersten Anführer der Algerischen Befreiungsfront FLN, deren Flugzeug die französische Regierung 1956 entführen ließ, um die gesamte Spitze der Bewegung festnehmen zu können. Thierry hat ihn als alten Mann noch kennengelernt, und ich spüre, wie viel Hochachtung er vor ihm hat und wie stolz er ist, ihn noch erlebt zu haben.

Erinnerst du dich noch an diesen Satz: Bereise nie ein Land ohne seine Bewohner, fragt er. Den habe er von Aït Ahmed.

Und ich habe ihn jetzt von dir. Und ich beherzige ihn auch!

Wir kommen durch Gegenden, die wir schon kennen, vorbei an der großen Kreuzung (Carrefour des Six Routes) von La Courneuve, an der sich der ausgehöhlte, mit Schriftzeichen bedeckte Wohnturm wie ein endzeitliches Wahrzeichen gegen den Himmel stellt, und ich muss an das Schild am Ortseingang denken, wonach La Courneuve das Label »Villes et villages fleuris« erhalten hat, also für seine Blumenpracht ausgezeichnet wurde. Gut, es ist Winter, aber dennoch: Wer immer diese Auszeichnung vergibt, muss wohl andere Wege gegangen sein als wir. Immerhin sprießen aus den Ritzen zwischen den Hausfassaden und den asphaltierten Bürgersteigen hier und da wilde Rüben. Und immerhin gibt es einen großen Park, den Parc départemental Georges-Valbon, an den der riesige Cimetière intercommunale de La Courneuve angrenzt, an dessen Eingang uns drei heruntergelassene Eisenvorhänge eines »Raums des Beisammenseins« *(salle de convivialité)* begrüßen. Hinter dem Eingang empfängt uns eine Zeder mit überlangen, ausgebreiteten Armen; der Baum scheint, obwohl es windstill ist, in Bewegung, ja wie mitten im Auffliegen erstarrt. Ich lese einen kleinen Zapfen auf, der Ähnlichkeit mit der auf dem Friedhof von Pantin mitgenommenen abgestoßenen Keramikrose hat.

Die Parzellen sind von Hecken umgeben, auf den Gräbern sind die üblichen Keramikblumen und Fotomedaillons verteilt. Ein junges Paar ist bei den Bombardierungen im April 44 umgekommen, ein anderes trägt den Namen Amourette – Herr und Frau Techtelmechtel. Als wir an einem Grabstein vorbeikommen, in den ein arabischer Name eingraviert ist, fragt Thierry wieder, warum es auf französischen Friedhöfen nie (fast nie) afrikanische und arabische Namen gebe und warum die wenigen Schwarzen und Araber keine Fotos auf ihren Gräbern hätten.

Keine Fotos? Jetzt hör doch mal auf, überall Rassismus

zu sehen, sage ich. Vielleicht ist das einfach nicht üblich, in Deutschland zum Beispiel haben auch die wenigsten Fotos auf ihren Gräbern.

Ich müsse zugeben, dass die toten Franzosen auch hier wieder unter sich seien.

Ich gebe es zu – bis mich ein Blick auf mein smartes Phone lehrt, dass es auf diesem Friedhof ein muslimisches Karree gibt; und dass auf diesem Samy Amimour, einer der Bataclan-Mörder, begraben liegt.

Zurück an der Eingangspforte lassen wir uns erklären, wo das muslimische Karree liegt – vielmehr gibt es, wie sich herausstellt, zwei davon. Eine freundliche junge Frau holt die Fotokopie eines Friedhofsplans hervor und malt darauf in fluoreszierendem Grün den Weg, den wir bis in die hinterste Friedhofsecke zu gehen haben. Eigentlich würde ich gerne noch nach Samy Amimours Grab fragen, lasse es aber dann doch lieber sein, aus Sorge, für eine Sympathisantin gehalten zu werden. Ob es Leute gibt, die zu seinem Grab pilgern? Ich traue mich nicht zu fragen.

Wir kommen an Urnengräbern vorbei, die in steinernen, gegeneinander versetzten Schrankwänden übereinandergestapelt sind, und an einem Schild, das im Fall von Diebstahl oder Beschädigungen mit strafrechtlicher Verfolgung droht. Schon am Eingang habe ich einen Aushang bemerkt, wonach es auf dem Friedhof häufig zu Diebstählen komme und man bitte auf seine Siebensachen aufpassen solle.

Und warum ist es nicht asphaltiert hier, bei den Arabern?, fragt Thierry vorwurfsvoll, als wir im ersten muslimischen Karree angekommen sind.

He, he, du bist aber ganz schön in Rage heute. Überall

witterst du Benachteiligung. Ist doch viel schöner so, sage ich. Ist doch trostlos, diese Asphaltwege.

In seinen Augen bleibt es ein Zeichen der Vernachlässigung, der Ungleichbehandlung, und vielleicht ist es das auch, ich weiß es nicht. Sicher ist, dass die sechsspurige Autobahn hier besonders laut herüberdröhnt.

Wir gehen, jeder für sich, langsam durch die kahlen Reihen der Gräber, die hier viel dichter stehen als auf dem muslimischen Friedhof in Bobigny. Oft sind die Gräber mit hellem Kies bedeckt, und statt den Keramikblumen der Katholiken gibt es hier welche aus Kunststoff. An manchen Gräbern stehen kleine, niedrige Bänke oder Schemel. Zwei Frauen und ein Mann sind dabei, ein Grab zu säubern und herzurichten, eine der Frauen schaut mich misstrauisch an, sie sieht mich Nicht-Muslimin hier herumspazieren und fragt sich vermutlich, was ich hier will. Der Mann ist in meinem Alter und nickt mir kurz zu. Aus einem Gerät oder einem Mobiltelefon, das ich nicht sehe, kommt leise arabische Musik. Oder sind es Gebete?

Wie auf dem muslimischen Friedhof in Bobigny haben auch hier die meisten Gräber einen sich kuppelförmig zuspitzenden Grabstein – wenn auch eigentlich auf muslimischen Gräbern kein dauerhaftes Grabmal stehen darf. Angesichts des Todes ist alles Pompöse noch lächerlicher als sonst, das stimmt. Aber diese Steine hier sind keinesfalls pompös. Von manchen Gräbern ist nur noch der flache Betonrahmen übrig, in dessen Mitte ein paar Gräser aus dem steinigen Boden ragen. Keine Inschrift, kein Name, nur hier und da eine vertrocknete Rose oder Tulpe, in einem anonymen Rahmen sogar ein verdorrtes Tulpenpaar, die mumienhaften Köpfe anmutig einander zugeneigt. Auf einem anderen Grab umrahmt der Beton eine monströse, flach am Boden sich krakenartig nach allen Richtungen streckende Milchfleckdistel, ein pflanzliches Ungetüm, vor dem ich eine Weile stehen bleiben muss, obwohl das Gewächs mir Angst einflößt. Fasziniert starre ich auf das harte, pelzige Zackengebilde, als wäre es die Gestalt, die der Tote jetzt angenommen hat, oder seine zähe Seele.

Von Samy Amimours Grab keine Spur.

Der einzige Tote, den wir sehen, liegt vor dem Friedhofsgelände im Gras: ein Fuchs. Er dürfte noch nicht sehr lange tot sein, das linke Ohr steht aufrecht und dreht uns seine flauschige, braunweißrötliche Innenseite zu, die Augen sind geschlossen, aus dem Maul ragt ein weißer, harmlos gewordener Reißzahn und weist uns den Weg nach Blanc-Mesnil.

Vorbei an einem quasi unter der Autobahn liegenden Halal-Schlachthof, der auch als Metzgerei dient, vorbei an Großbaumärkten, Reinigungsfirmen, einem Ibis-Hotel neben einer verlassenen Fabrik aus den Fünfzigerjahren, vorbei an kleinen Wohnhäuschen, die hier wie vergessen und zum Teil auch nicht mehr bewohnt scheinen. Nach langem Gehen wird es etwas freundlicher, ein Pizza-Hut und ein Frisör tauchen auf, dann lange nichts Bestimmbares, dann eine weite Gleislandschaft zur Rechten, wieder Industriegebiete, Häuschenstraßen, schließlich eine Art Wasserturm mit Außenwendeltreppe, in dem die Mediathek von Blanc-Mesnil untergebracht ist, ein Sikh-Tempel, eine Cité, in der ein bisschen gedealt wird, Cité Pierre-Semard, die nicht aus den sonst üblichen, erdrückenden Wohnblöcken besteht. Die

Cité hat viele, weit verstreute Teile, ist niedrig, verschachtelt und zackig und mit Holz verkleidet, und ich denke, was für einen Unterschied das Material doch macht, lese aber später, dass die Wohnungen von Fäulnis zerfressen sind.

Fünf Minuten weiter biegen wir in ein Sträßchen ein, das auf eine Böschung zuläuft. Wir gehen trotzdem weiter und stoßen am Ende auf ein Schild:

DIE STRASSE WIRD HIER VON DER AUTOBAHN DURCHSCHNITTEN. DIE FEHLENDEN HAUSNUMMERN BEFINDEN SICH AUF DER ANDEREN SEITE DER AUTOBAHN.

9

An der Endstation der Metrolinie 5, in Bobigny – Pablo Picasso, warten am Ausgang ein paar Schwarze, die Schmuggelzigaretten anbieten. Zwei, drei Päckchen in der ausgestreckten Hand, rufen sie leise: Mborrro, Mborrro, also Marlboro, wie Thierry mir erklärt. Während Busse die meisten Aussteigenden von hier aus weiter bringen, machen wir uns wie immer zu Fuß auf: Vorbei am algerischen Konsulat, das in einem Sträßchen an der A86 liegt, zur Präfektur, deren eingeschwärzte Betonfassade durch kanariengelbe Rollos aufgehellt wird. Lange, parallel zum Gebäude verlaufende Metallabsperrungen zeigen, wo die Eingewanderten am frühen Morgen Schlange gestanden haben. In einer Wohnsiedlung lässt ein kleines Fohlen aus Stoff, das die Farbe der Betonmauern angenommen hat und den Kopf fragend zur Seite neigt, seine Vorderbeine über ein Balkongeländer hängen. Außer einer Apotheke, die »schon bessere Tage erlebt hat«, wie es heißt, viel bessere sogar, nach ihrem Zustand zu urteilen, sehen wir keine Geschäfte. Ein älterer Mann steht rauchend vor der Apothekentür. Als er hineingeht, nähere ich mich und sehe, dass auf der rechten Seite bedient wird, während links ein Stuhl steht zwischen allerlei Pflanzen, Geranien, aber auch Zimmerpalmen, ein regelrechtes kleines Gewächshaus ist das, weshalb die Scheiben an dieser Seite beschlagen. Eine bepflanzte Apotheke habe ich vorher noch nie gesehen. Auch scheint alles, was in Pariser Apotheken außer Medikamenten sonst so alles verkauft wird, hier zu fehlen. Später sehe ich, dass sich die Menschen im Netz überaus dankbar und lobreich über diese Apotheke äußern.

Thierry ist schon ein Stück weiter und gerade hinter einer Ecke verschwunden, als ein Schwarm Kinder auf mich zurennt und mich schreiend umringt, und in diesem Moment habe ich – Angst. Um jemandem diese beschämende Angst zu erklären, müsste ich ihn in diese Landschaft aus Stein und Beton versetzen, in die Ödnis, die Kälte, die Leere, in eine marode Gegend aus Senkrecht und Waagrecht. Hätte ich auch Angst gehabt, wenn diese Kinderschar woanders vor mir aufgetaucht wäre? Ich glaube kaum. Hinzu kommt mein Fremdheitsgefühl; der von allem je über Cités und Dealer und Rachemorde Gelesenen und Gehörten verzerrte Blick einer Nichtvorstadtbewohnerin.

Die Kinder spielen bloß ein Quiz, sie wollen von mir wissen, wie die Bewohner von Québec genannt werden, und mir fällt auf die Schnelle nichts als die richtige Antwort ein, Québécois, aber irgendwas ist daran falsch oder enttäuschend für sie.

Was ist denn mit der los, höre ich.

Dann lassen sie mich stehen.

Ich erzähle Thierry nichts davon.

Um das Rathaus von Bobigny herum reiht sich eine Wohnsiedlung an die andere, und während ein Plakat das Ende des Patriarchats fordert, verkündet ein Graffiti:

dieu
dieu
dieu

Von einem dieser Wohnblöcke ist vor drei Jahren, lese ich am Abend, ein Großteil der seitlichen Fassadenverkleidung abgefallen, einfach so, es tat einen Schlag, und alles lag am Boden. Vielleicht war es Winter, wie jetzt? Jedenfalls stand gerade niemand darunter.

JOIE DE VIVRE ist auf den Beton gesprüht. Lebensfreude.

Das Rathaus am Boulevard Lénine sieht aus wie eine Tapete aus den Siebzigerjahren, nur dass die geometrischen Muster nicht aus orangebraunem Papier sind, sondern aus Beton. Ein Plakat wirbt für hier entstehende Neubauten mit dem Foto einer Asiatin im Hosenkostüm und Laptop unterm Arm, die zitiert wird mit dem denkwürdigen Satz: »Ich möchte gerne in einem Viertel leben, das Lust auf Flanieren macht.«

Die kleinen Läden der Cité Paul Eluard sind sämtlich geschlossen, wir stehen vor Eisenvorhängen aller Macharten und Farben, darüber zwei mysteriöse Gebilde, die an rostige, schon lange nicht mehr fliegende Untertassen erinnern. Über alles zieht ein eisiger Wind. Die großen, leeren Steinflächen zwischen den Wohntürmen, die sich »Esplanade« nennen und einen an der Einfahrt bis zum Oberdeck verkohlten Parkplatz überdecken, bieten keinen Schutz.

Wir überqueren schon wieder eine Autobahn und finden schräg gegenüber des großen Gerichtsgebäudes von Bobigny ein Café, in dem auch Frauen verkehren. An einem Tisch sitzen, in ein Gespräch verstrickt, vier Anwälte, die hier zwischen zwei Gerichtssitzungen eine Pause einzulegen scheinen. Thierry hört interessiert hin, während mir – warum bloß hier? – durch den Kopf geht, was ich über den FLN-Anführer Aït Ahmed gelesen habe, seit ich weiß, dass Thierry ihn gekannt hat.

Ich sage ihm, dass ich auf den Namen Aït Ahmed vor einiger Zeit, als ich viel über den Algerienkrieg gelesen hätte, eher nebenbei gestoßen sei, dass ich aber vor Kurzem, nachdem er, Thierry, von ihm gesprochen habe, schnell noch mal hätte nachlesen wollen, welche Rolle er darin gespielt habe, und zwar in der unvermeidlichen Online-Enzyklopädie. Da steht, sage ich zögerlich (und irrtümlicherweise, aber das werde ich erst später merken), dass er bei dem berühmten Überfall auf die Post von Oran 1949 einem Postbeamten mit seinem Gewehrkolben den Schädel eingeschlagen hat.

Thierrys Gesichtsausdruck wird augenblicklich spöttisch-feindlich: So, so, na, ich treffe demnächst seine Tochter, der werde ich sagen, ich hab da so eine Freundin, die hat was Neues über deinen Vater rausgebracht.

Ich doch nicht, das steht bei Wikipedia, sage ich selbstgewiss.

Und wer verfasst das, Wikipedia? Jeder, oder?

Da steht natürlich noch viel mehr, das ist nur eine kurze Episode.

Thierry führt sein imaginäres Gespräch mit Aït Ahmeds Tochter weiter: Ja, und da war also dieser Mann, den dein Vater damals ermordet hat …

Ich sag ja nicht, dass … Aber so steht es halt da. Ich halte ihm das Smartphone hin. Er liest aufmerksam (in Wirklichkeit genauso unaufmerksam wie ich).

Das sind doch allesamt ehemalige OAS-Leute, die das geschrieben haben! (Mitglieder einer geheimen Terrororganisation, die sich mit Gewalt gegen die Unabhängigkeitsbestrebungen wehrte). Das ist die Geschichte von Aït Ahmed, erzählt von einem OAS-Mann!

Ich räume ein, dass man sich vor Wikipedia hüten muss, füge aber hinzu, dass die Verfasser dieser Einträge sich ständig gegenseitig kontrollieren und es schwierig scheint, gerade bei so kontroversen Themen wie diesem, etwas faktisch völlig Falsches über längere Zeit stehen zu lassen. (Später fallen mir Gegenbeispiele ein.)

Thierry hat weiter die Augen auf den Artikel gerichtet, und ich merke an seiner beißenden Ironie, dass er wütend und fassungslos ist: Na! Ein toller Scoop! GRUNDLOS NIEDERGESCHLAGEN, GEFESSELT UND MIT FÜSSEN GETRETEN wird da der Postgehilfe! Na, das werd ich ihr sagen, der Tochter. Bin sicher, das wusste sie noch nicht … (mir wird es immer mulmiger, während er so weiterredet) … er SCHLÄGT IHM DEN SCHÄDEL EIN, so, so, das ist ja … und zwar MIT SEINEM GEWEHRKOLBEN. Das werd ich ihr erzählen, wird sie bestimmt interessieren, ein ganz neuer Blickwinkel ist das.

Jetzt hör mal wieder auf, sage ich, ich versteh das nicht – ich nehme das Smartphone wieder an mich und lese selbst noch mal, was da steht –, stimmt, das ist schon sehr merkwürdig geschrieben, hier, das zum Beispiel: … anders als von den Tätern behauptet, kam es zu Blutvergießen.

Thierry spricht weiterhin nicht zu mir, sondern zu der abwesenden Tochter Aït Ahmeds: Was mir meine Freundin da über deinen Vater gesagt hat … interessant … ein Mörder war der also. Hat einfach grundlos gefoltert. So, so.

Na, gestorben scheint der Mann aber nicht zu sein.

Nur den Schädel hat er halt eingeschlagen gekriegt!

Wir lachen beide, sind aber zum ersten Mal, seit wir zu den Streifzügen aufgebrochen sind, entzweit.

Man muss misstrauisch sein, da hast du recht.

Nein, nein, du hast recht! Danke! (Sein Ton wird immer schärfer.) Ich hab einen neuen, absolut wertvollen Einblick in die Ereignisse gekriegt.

Aber dass sie eine Post überfallen haben, das wird doch stimmen, oder?

Klar, und dann haben sie den eben grundlos gefesselt ... und massakriert.

Heißt das für dich jetzt, dass es gar keinen Überfall gab? Dass gar nichts stattgefunden hat? Vielleicht liegt die Wahrheit irgendwo dazwischen. Aber mit dem Irgendwo-Dazwischen hast du's nicht so, oder?

Nach Algerien kommst du auf jeden Fall nicht mit, sagt er jetzt gar nicht ironisch (es war die Rede davon gewesen, dass er mich irgendwann mal zu seiner Familie mitnehmen würde).

Würde ich da sonst ... grundlos gefesselt?

Die Lage ist ernst, aber immerhin lachen wir noch beide.

Noch nicht mal den gestandenen Postbeamten hat er niedergeknüppelt, nein! Einen jungen Gehilfen! Siebzehn vielleicht. Ein Kind! Na, das trifft sich gut, ich sehe seine Tochter in vierzehn Tagen, da werde ich erzählen, was ihr Vater für ein Sadist war. Ist doch wahr: Aus der zeitlichen Distanz sieht man die Dinge anders ... Grundlos nieder ...

Vielleicht ist es ja anders hergegangen, ich weiß es doch nicht, aber sicher ist wohl, dass er diese Post überfallen hat (ein Irrtum von mir, der sich erst später aufklären wird). Wie sollten sie sonst zu Geld kommen? Das war eine Postbank. Keine Ahnung, für mich war das gerechtfertigt.

Ich werd mal mit meinen algerischen Freunden sprechen.

Damit sie mir den Kopf einschlagen kommen.

Glatteis, würde ich sagen.

Also, ich weiß nicht, da interessiert man sich für eure Geschichte, man informiert sich, und dann fällt einem das doch nur wieder auf die Füße.

Nein, nein, die Tochter wird das sehr interessieren, diese neuen Erkenntnisse über ihren Vater.

Du, das steht in seinem Wikipedia-Eintrag, das wird sie womöglich schon mal gelesen haben!

Paf! Gewehrkolben über den Schädel … Da sieht man mal, warum es so interessant ist, einen Blick von außen auf die Dinge zu haben, einen Blick von jemandem, der mit der ganzen Geschichte gar nichts zu tun hat.

Puh, okay, ich lass ihn einfach reden, ich sag überhaupt nichts mehr.

Wir reden dann noch über dies und das, aber ich spüre, dass ich ihn verletzt habe, dass, obwohl wir weiter ein bisschen herumalbern, etwas zwischen uns nicht mehr so ist wie vorher, und ich nehme mir vor, gleich am Abend nachzuforschen, wie es mit dem Überfall auf die Post von Oran wirklich war.

Als wir längst zu der zweiten Schlangensiedlung unterwegs sind (der zweiten schlangenförmigen Wohnsiedlung in Bobigny), versuche ich, woanders wieder anzuknüpfen und schlage vor, beim nächsten Mal wieder in »unserem« Café vorbeizugehen.

Apropos, sagt Thierry, ich muss Rachid mal darauf ansprechen, wie er eigentlich politisch so steht, zu Algerien. Wo stehst du, Rachid?

Der wirkt nicht so als …

Ja, also, wo stehst du, Rachid?

Der ist Franzose.

Franzose, ah ja, so, so. Wo stehst du, Rachid, in dieser Geschichte mit der Post?

Also, auf mich macht der einen sehr friedlichen Eindruck.

Wie ich!

Wie du, klar. Wie du. Du hättest wohl eher vor der Post gestanden und aufgepasst.

Ich bin so was von friedlich.

Aber schon seltsam, dass er kein bisschen Arabisch spricht, also dass seine Eltern nie Arabisch mit ihm gesprochen haben. Vielleicht ist er tatsächlich Kabyle.

Schkun.

Schkun?

Schkun.

Oje, jetzt packt's ihn wieder, er fängt an, Arabisch mit mir zu reden!

Tja, dabei hatte alles so gut angefangen mit ihnen. Ihre Streifzüge und alles. Aber irgendwann ist da was … den Bach runtergegangen, weiß auch nicht warum.

Ja, anfangs war's super, er hat ihr alle möglichen Orte gezeigt. Bis sie dann …

… anfing, ihm die algerische Geschichte zu erklären.

… anhand von Wikipedia-Einträgen!

Ja, da war's dann nicht mehr so harmonisch. Bis er ihr dann …

... plötzlich mit seinem Gewehrkolben den Schädel eingeschlagen hat!

Allmählich fangen wir wieder an, in unseren Geh- und Schaurhythmus zurückzufinden, doch mir ist unwohl – irgendetwas ist tatsächlich aus dem Gleichgewicht geraten.

Ein grauhaariger Mann mit gelbem Anorak trägt, obwohl es nicht regnet, einen aufgespannten Regenschirm neben sich her, dessen Stock in der Mitte durchgebrochen ist. Das Teil mit dem Griff hält er in der anderen Hand.

Als wir in der Schlangensiedlung ankommen, bricht langsam die frühe Winterdämmerung an und weicht die Pastellfarben der langen, geschwungenen Hauswände noch weiter auf. Die Cité heißt l'Abreuvoir – die Tränke, und in dieser winterlichen Dämmerstunde passt dieser Name auch zu ihr. Die Bauten haben etwas Verschwommenes, das den schmutzigen Graugrün-, Rosaocker- und Blaugrau-Abstufungen eine eigenartige Sanftheit verleiht, wir gehen durch ein Wasserfarbenbild, das jetzt, da nach und nach Tausende, dem Klang nach Abertausende von Papageien zu lärmen anfangen, eine gar nicht sanfte Orchestrierung bekommt. Keine einzelne Vogelstimme ist darin mehr auszumachen, es ist ein einziges langes, ausgefranstes Gekreische, ein von überall her auf uns eingellender, aufgeregter Ruf, als durchquerten wir nicht eine Banlieue-Siedlung, sondern kämpften uns durch Dschungeldüsternis. Wie wild gewordene Kompassnadeln fuchteln die spitzen Papageienschwänze zwischen den kahlen Ästen hin und her. Kinderfahrräder hängen mit halbem Leib über den winzigen Balkongeländern, als suchten sie zu entkommen. Und darunter ein Motorrad, von dem nach einem Brand nur noch der Motorkolben, Teile des Rahmens und der halb geschmolzene Plastiktank übrig geblieben sind.

Hach, wie sie hier wieder ihrer Lebensfreude Ausdruck verleihen!, sagt Thierry. Ein einziges fröhliches Beisammensein ist das, sie leben draußen, sie grillen ...

Bisschen kalt zum Grillen, oder?

Machen halt ein Feuerchen, um sich aufzuwärmen. Warum sollte man, nur weil man in einer Cité wohnt, nicht das Recht zu grillen haben, das sind so Vorstellungen ... Da ist noch eine Menschlichkeit, ein Sinn für das Miteinander hier.

Also, bei uns in Paris ist das Grillen streng verboten.

Du kannst halt nicht im 5. Stock wohnen und beim Frühstück auf den Sacré Cœur schauen wollen und ... Ich meine, klar, den Blick auf den Sacré Cœur, den darf man natürlich haben ...

Bist du da sicher?

Das Problem ist nur, dass den immer die Gleichen anschauen, den Sacré Cœur.

Und dass es immer die Gleichen sind, die Freudenfeuer machen.

Aber dann kommt die Sacré-Cœur-Fraktion und will uns erklären, wie man leben muss und wie man ein Feuer anzündet.

Dass man dazu zum Beispiel kein Motorrad braucht.

Kleinholz haben wir hier nicht.

In der Rue de la Nouvelle Delhi taucht ein geparkter weißer Kleinbus vor uns auf, der seinen Frontmotor auf den Gehsteig entleert hat. Die Rohre und Schläuche hängen noch halb in der Karosserie, halb auf dem Trottoir, als hätte jemand dem Gefährt den Bauch aufgeschlitzt und die Gedärme wären herausgequollen.

Schau her, da hat einer seinen Motor verloren, sagt Thierry ungerührt.

Du bist doch ein Bastler, sage ich, willst du das nicht schnell richten?

Auch in Bondy, etwas weiter nördlich, kommen wir an einem völlig ausgehöhlten Kleinwagen vorbei, Reifen, Türen, Lichter, Sitze und Lenkrad sind ausgebaut. Wie in fast allen Cités wird auf kleinen Plakaten angeboten, Autowracks für fünfzig Euro abzuholen. Und wieder sind an den langen fünfstöckigen Wohnblöcken so gut wie alle Rollos heruntergelassen.

Dann, an einem Laternenpfahl, eine in Plastik gehüllte Kleinanzeige: Ein Monsieur Jean Bienvenue bietet Nachhilfe in Mathe, Physik, Chemie, Französisch, Englisch und Spanisch an, von der 5. Klasse bis zum Abitur. Günstiger Tarif. Telefonnummer. Ganz unten ein PS: Bitte keine Träumer, danke.

Träumer nicht willkommen, sage ich in Anspielung auf den Namen des Herrn.

Und, was ist das wieder für einer, der Typ? Ein Toubab, natürlich (ein Weißer).

Immerhin sitzt dieser Toubab nicht den ganzen Tag vor dem Sacré Cœur, sondern hier in Bondy und gibt Nachhilfestunden.

Auf dem Heimweg findet Thierry auf einem Parkplatz an der endlosen Nationale 3 eine dunkelhaarige, verdreckte Puppe, die er mir mit freundlich-spöttischem Lächeln für »meine Sammlung« weiterreicht und die ich auch tatsächlich mitnehme. Und erst als ich schon fast zu Hause bin, wird mir bewusst, wie eigenartig dieser Anblick sein muss: eine Frau, die ein kleines Kind am linken Knöchel gefasst hat und kopfunter mit sich herumträgt, sodass das schwarze Kinderhaar fast auf dem Gehsteig schleift. Daheim betrachte ich die Puppe näher: Ein zwei-, dreijähriges Mädchen mit monströs großen, dick mit Khol umrandeten lila Augen und spitzen, ebenso lila Augenbrauen. Vom Haaransatz über die Stirn bis in den inneren Lidwinkel verläuft eine verkrustete Dreckspur wie eine von einem schrecklichen Angriff zeugende Narbe.

10

Noch während wir zwei Tage später auf die Vorstadtbahn warten, die uns zum Stade de France nach Saint-Denis bringen soll, erzähle ich Thierry von meinen Nachforschungen zu Aït Ahmed und dem Überfall auf die Post von Oran. In einem mir seriös scheinenden Buch über den Algerienkrieg habe ich ein Kapitel über den Überfall gefunden: Aït Ahmed war zum Zeitpunkt des Überfalls nicht vor Ort, sondern in Algier, er hat die Aktion zwar organisiert, aber nicht an ihr teilgenommen. Was ich Thierry nicht erzähle, weil ich es erst jetzt, da ich alles noch einmal genau durchlese, merke, ist, dass in der Geschichte von der Post, mit der der Wikipedia-Eintrag zu Aït Ahmed beginnt, von einem »Si Ahmed« die Rede ist und nicht von Aït Ahmed. Dieser Si Ahmed ist ein anderer; ich habe die Stelle zu flüchtig gelesen. Aber ob Aït Ahmed den Überfall nun begangen oder organisiert hat, ändert in meinen Augen wenig.

Du hattest recht, sage ich zu Thierry, Aït Ahmed war gar nicht in Oran an diesem Tag. Ich ärgere mich, dass ich das einfach so geglaubt habe, wie es dastand.

Sein Blick ist auf das schwarze Tunnelloch gerichtet, aus dem bald die Vorstadtbahn auftauchen wird; er lächelt nur schwach.

Und du hattest auch recht damit, dass diese Passage ein ehemaliges OAS-Mitglied oder ein Sympathisant geschrieben hat, sage ich. Ich habe in dem, was sie bei Wikipedia »Versionsgeschichte« nennen, nachgelesen, wer diese Stelle so verändert hat. Ich ziehe ein Blatt aus der Tasche, auf dem ich die zwei Versionen ausgedruckt habe: Bis vor zwei Jahren stand die Geschichte so da: »Im Zusammenhang [des Aufbaus der für den Befreiungskrieg nötigen politischen und militärischen Strukturen] organisiert er den Überfall auf die Post von Oran, der es im März 1949 erlauben sollte, ohne Blutvergießen einer beträchtlichen Geldsumme habhaft zu werden.« Und am 29. Juli 2021 wird daraus plötzlich: »Der Kassierer Gustave Barreau fällt in Ohnmacht, während der junge Gehilfe Raphael Fabre Widerstand leistet. Belhadj Bouchaïd, genannt Si Ahmed, zertrümmert ihm den Schädel mit dem Kolben seiner Sten-Gun. Der Gehilfe muss sich einer Trepanation unterziehen und behält schwere Folgeschäden. Um den Citroën von Dr. Moutier stehlen zu können, wird dieser von Bouchaïd grundlos niedergeschlagen, mit Füßen getreten und gefesselt, bis er sich selbst befreien kann. Sein Kollege Dr. Bergalt versorgt ihn. Anders als von den Tätern behauptet, kam es also sehr wohl zu Blutvergießen.« Seit 2021 ist das so stehengeblieben, sage ich, ohne dass jemand noch mal versucht hätte, etwas zu verändern.

Inzwischen ist die Bahn eingefahren, und wir sind eingestiegen.

Der das so umgeschrieben hat, hat seinen richtigen Namen verwendet, ich habe also ein paar Sachen über ihn rausfinden können. Er ist ein Pied Noir, also ein Franzose aus Algerien, der in Oran auf dem Gymnasium war und später Augenarzt geworden ist. Er lebt in Nizza oder Umgebung und ist seit bald dreißig Jahren in Rente.

Thierry hebt leicht eine Augenbraue.

War nicht schwer zu kapieren, aus welcher Ecke der kommt. Ich bin auf eine Art Pamphlet gestoßen, in dem er sich darüber empört, dass man Gedenkveranstaltungen für vier OAS-Attentäter verbieten lassen will. Er wollte daraufhin beantragen, dass auch die Gedenkveranstaltungen für die Toten der Kommune verboten werden! Musst du dir mal vorstellen, so was.

Und dann: Ich hab nachgeschaut, was diese vier OAS-Attentäter so gemacht haben. Die haben einen hohen französischen Polizeikommissar in Algier umgebracht, wegen »Komplizenschaft mit dem Regime«, dem französischen. Und weißt du, wie sie ihn umgebracht haben? Sie haben ihn in seiner Wohnung abgepasst und mit einem Fallschirmjägermesser erstochen. Mord aus dem Hinterhalt! Und die Namen der vier Mörder stehen heute in Béziers, einer Stadt mit einem Le-Pen-nahen Bürgermeister, der selbst ein Franzose aus Algerien ist, auf einem Denkmal, zu dem alljährlich Leute pilgern, Le Pen-Anhänger, ehemalige OAS-Leute, die weiter ihrer Kolonie nachweinen.

Thierry sagt immer noch nichts, aber seine Miene bekundet, dass ihn das alles kein bisschen wundert.

Was ich nicht verstehe, ist, dass dieser Wikipedia-Eintrag seit 2021 so stehengeblieben ist, das ist doch unglaublich!, rufe ich umso aufgebrachter, als ich darauf hereingefallen bin.

Da er auch darauf nicht weiter reagiert, gestehe ich ihm noch, dass ich mich derart geschämt und geärgert habe, dass ich gestern Abend noch eine Nachricht an die irgendwo im Netz gefundene Mailadresse des Algerien-Forschers

Benjamin Stora geschickt habe, in der ich ihn auf den Eintrag zu Aït Ahmed und die parteiische und verzerrte Darstellung der Ereignisse hingewiesen und ihn gefragt habe, ob er nicht vielleicht unter seinen Doktorandinnen oder Doktoranden jemanden wisse, der das löschen und den Text einigermaßen sachlich-neutral gestalten könne.

Thierry lächelt skeptisch. Ihm ist klar, dass ich diese Anstrengungen unternommen habe, um etwas wiedergutzumachen, und vielleicht besänftigt ihn das auch, aber an den Erfolg meiner Bemühungen um eine halbwegs objektive Darstellung glaubt er offensichtlich nicht.

Was ich ihm in diesem Moment nicht sage, ist, dass auch in der glaubwürdigeren Darstellung des Post-Überfalls der Gehilfe mit einem Gewehrkolben niedergeschlagen wurde; allerdings nicht »grundlos«, sondern, damit er aufhört, um Hilfe zu rufen. Und eben nicht von Aït Ahmed selbst, der jedes Blutvergießen vermeiden wollte, sondern von einem Handlanger mit dem ähnlich klingenden Namen Si Ahmed, der keine andere Lösung sah, seinen Auftrag erfolgreich zu beenden. Von Spätfolgen ist nicht die Rede – vielleicht gab es welche, vielleicht nicht, ich kann es nicht sagen. Es sind die Anfänge eines bewaffneten Kampfes gegen die Kolonialmacht Frankreich, der erst dreizehn Jahre später zu Ende gehen und in dem es Hunderttausende von Toten geben wird, von denen die allermeisten Algerier sind; ein Kampf, der in meinen und in sehr vielen anderen Augen gerechtfertigt war. Wenn wir Tränen genug hätten, müssten wir um jeden Einzelnen von ihnen weinen. Wir können aber nicht leugnen, dass auch Franzosen starben oder mit einem Gewehrkolben niedergeschlagen wurden.

Wir sind mittlerweile an der Station La Plaine – Stade de France ausgestiegen und gehen an makellosen neuen Bürogebäuden entlang, doch schon nach wenigen Schritten kommt wieder ein Brachgelände zum Vorschein, Häuschen, die aus den Fünfzigerjahren übrig geblieben zu sein scheinen, drei- oder vierstöckige Mietsgebäude aus Backstein. Vor einem davon bleiben wir länger stehen. Die seltsam schmale und hohe Haustür ist zugemauert, beinahe alle Metallläden vor den Fenstern sind verschlossen, im Erdgeschoss sind zusätzlich engmaschige Gitter angebracht. Nur im obersten Geschoss sind die Läden an zwei der vier Fenster halb geöffnet, über einem hängt ein Stück Stoff. Ob hier doch noch Menschen wohnen? Im hellen Wolkendeckenlicht sieht der mit einem zweifarbigen Fries verzierte Backstein nicht unfreundlich aus. Aus der Dachrinne ragen an einer Stelle Gräser hervor, und von dort aus, an einem der halb offenen Fenster entlang bis zum Boden, verläuft ein breiter bemooster Feuchtigkeitsstreifen, der auf der Höhe des Mittelgeschosses einen kleinen Baum aus dem Stein hat sprießen lassen. Ich betrachte das vielleicht bewohnte Obergeschoss etwas näher, und plötzlich fällt mir auf, dass aus der Dachrinne ein kleines Rohr nicht etwa zum Boden und in die Abwasserkanäle, sondern nur ein paar Zentimeter tiefer direkt ins Haus hineinführt. Offenbar hat jemand ein Loch in die Hauswand gebohrt, um ein Stück Rohr hindurchführen und Regenwasser von der Dachrinne nach innen leiten zu können. Um das Rohr herum wurde die Mauer wieder halbwegs abgedichtet.

Zwei Hausnummern weiter, an der Ecke zum Canal Saint-Denis, ist ein weiteres Haus zugemauert, ein winzig kleines diesmal; über dem Erdgeschoss, in das vielleicht zwei Räume passen, gibt es nur noch einen Dachboden mit einer runden Luke. Die Mauer vor dem Grundstück ist halb eingerissen, der Schutt verstreut, die Fassade teils eingeschwärzt von einem Brand. Das Häuslein wird videoüberwacht, steht an der Tür zu lesen. Darüber ein gläsernes, von Metallstreben gehaltenes Vordach, wie ein halber aufgespannter Regenschirm. Und vor diesem Bild der Versehrung, noch auf dem Grundstück, aber über die Mauerreste hinausragend, ein längst ausgedienter, angerosteter, großer Werbeplakatständer, über dessen gesamte Fläche mit weiß-rot-schwarzer Farbe die Worte *Retraite 60 ans*, Rente mit 60 gepinselt sind, wobei die Ziffer gestaltet ist wie ein Höchstgeschwindigkeitsschild.

Passerelle de la Fraternité heißt die Fußgängerbrücke, die über das seegrün-stille Kanalwasser führt, und tatsächlich wirkt die Umgebung von dort oben aus gleich weniger feindselig. Eine Ente und ein Anglerpaar (Vater und Sohn) stehen reglos am anderen Ufer. In einer nach dem ermordeten kabylischen Sänger Lounès Matoub benannten Straße hängt ein junger Mann in einer eigentümlich unnatürlichen Haltung über einer Bank, den Leib zur Seite und zugleich rücklings weggekippt, das Kreuz durchgedrückt, der linke Arm hängt über die Rückenlehne. Ich sehe die Bank und den Mann nur von hinten, aber ich kann die feinen hellbraunen Lederschuhe erkennen, die er an den Füßen hat, während hier sonst alle Sportschuhe tragen, und ich muss an den ermordeten Sänger denken, dem ich drei Jahre vor seinem gewaltsamen Tod einmal begegnet bin, ohne damals irgendetwas über die algerische Geschichte zu wissen, und plötzlich wird mir klar, was an der Haltung des Mannes so seltsam unnatürlich ist: Er hängt über seiner Bank wie ein Boxer in den Seilen – oder wie ein Erschossener.

Wir gehen ein Stück den Kanal hoch; noch unter der Brücke, die die A86 über den Kanal führt, kommen auf der anderen Seite das spitze Dachgestänge des Stadions und die daran befestigten Metallstreben zum Vorschein, und bald schon stoßen wir auf die zwischen dem Kanal, der A1 und der A86 eingeklemmte Cité des Francs-Moisins. Vor der Siedlung sitzen hoch oben in einer großen, kahlen Platane zwei Elstern, die jeweils in verschiedene Richtungen schauen, als wären sie die ersten Vorposten oder *chouffeurs*, die nach der Polizei Ausschau halten, und tatsächlich stößt eine von ihnen leise Schreie aus, die verzweifelt klängen, wenn sie etwas geräuschvoller wären. End- und balkonlose graue Fassaden, der ewige Sperrmüll und die ewigen Späher, die uns gelangweilt beäugen. Am Ende der Siedlung müssen wir nur noch unter der A1 durch, um zur Rue Roland Vachette und zu »unserem« Café zu gelangen.

An der Theke des Cafés sitzt heute eine ältere Französin, die eine Wollmütze trägt (es ist wieder bitterkalt) und ein Glas Rosé und ein Schüsselchen Chips vor sich hat. Rachid spielt diesmal mit dem Halbstummen ein mir unbekanntes Spiel, bei dem reißzweckartige bunte Plastikstöpsel in ein zwischen den Spielern aufgestelltes Plastiktäfelchen gesteckt werden. Kaum haben wir unseren Espresso serviert bekommen, fragt uns die Französin, ob wir hier in der Nähe wohnen würden, wie wir auf das Café gestoßen seien, und

Rachid spitzt die Ohren, als hätte er sich diese Fragen auch schon die ganze Zeit gestellt. Was sollen wir sagen? Was wollen wir eigentlich hier, was hat uns hergetrieben? Während ich noch perplex bin und nach einer plausiblen Antwort suche, hat Thierry schon angefangen, von den Olympischen Spielen zu erzählen, von dem Auftrag, den er als Filmemacher bekommen habe, und von dem Text dazu, den ich schreiben wolle. Er erzählt, dass es uns nicht auf die Wettbewerbsstätten selbst ankomme, sondern auf die Auswirkungen dieser Veränderungen und der bevorstehenden Ereignisse auf die Umgebung. Hier zum Beispiel sei das Stadion ganz in der Nähe, und es gebe tausend Baustellen im Vorfeld der Spiele.

Verblüfft merke ich, dass man einfach die Wahrheit sagen kann, jedenfalls die ungefähre, vorläufige Wahrheit, solange wir die eigentliche Wahrheit selbst noch nicht kennen. Von jetzt an wird alles einfacher: Wir sind nicht mehr die rätselhaften Besucher, die wir bisher waren, wir bekommen Namen und Wohnorte, Thierry in Pantin, ich im 19. Arrondissement (ich bin froh, wenn schon in Paris, dann wenigstens nicht in den vornehmen Arrondissements im Zentrum zu leben).

Wir sind viel zusammen in den Vorstädten herumgezogen, sage ich, aber nirgendwo haben wir ein so anziehendes, freundliches Café gefunden. Außerdem gibt's hier auch Frauen!

Während Thierry sich mit der Französin unterhält, die früher Krankenschwester war, komme ich ein bisschen mit Rachid ins Gespräch, der so leise spricht, dass ich nicht alles verstehe, doch erfahre ich immerhin, dass er nicht als Kind nach Frankreich kam, wie wir es anfangs verstanden hatten, sondern dass er schon hier geboren ist und mit sieben Jahren nur einmal in den Urlaub nach Algerien mitgenommen wurde, ein »Schock der Kulturen« sei das gewesen, es habe ihm überhaupt nicht gefallen, und er sei seither nie wieder dort gewesen. Ich weiß nicht, wie wir auf den Algerienkrieg zu sprechen kommen. Er erzählt mir von einem seiner Onkel, der so viel Schreckliches erlebt habe, dass er ganz seltsam und verstört und krank geworden sei; von Zeit zu Zeit, wenn er in einer seiner Krisen stecke, erzähle er davon, ansonsten schweige er. Wir reden vom Schweigen, das sich nach schlimmen Zeiten ausbreitet, vom Schweigen der Deutschen und Juden und Franzosen und Algerier.

Bei euch Deutschen habe da nur ein verrücktes Regime dahintergesteckt, sagt er, nach ein paar Jahren sei das wieder vorbei gewesen. Bei den Franzosen dagegen sei es ein ganzes Kolonialsystem gewesen, das allein in Algerien hundertdreißig Jahre angedauert habe.

Ja, sage ich, aber der Kolonialismus war dazu da, Länder auszubeuten, ihre Rohstoffe, ihre Arbeitskräfte, während die Deutschen auf die systematische und quasi industrielle Vernichtung einer Bevölkerungsgruppe aus waren. Einfach so, füge ich hinzu, ohne Grund, und unwillkürlich muss ich dabei an den keineswegs grundlos niedergeschlagenen Postgehilfen in Oran denken. Ohne rationalen Grund. Das Böse schlechthin. Er stimmt mir zu. (Hinterher denke ich mir: Was ist das denn für ein merkwürdiger Wettbewerb: Wer ist der Schlimmste auf dem ganzen Erdkreis?)

Ein dunkelschöpfiger Mann um die vierzig kommt herein, den uns Rachid als Mourad vorstellt (auch ein Franko-

Algerier, sagt er) und der arbeitslos ist, wie aus den Gesprächen zu entnehmen ist. Kurz darauf taucht ein französischer Rentner mit Baskenmütze auf, der sich an den freien Thekenplatz neben Mourad stellt. Rachid bedeutet uns, dass er im Algerienkrieg gewesen sei und ihn das Gedächtnis im Stich zu lassen beginne.

Während Thierry mit Mourad über Algerien redet, höre ich so gut ich kann dem Halbstummen zu, der sich schlecht und recht mit der ehemaligen Krankenschwester austauscht und dabei eine Zigarette nach der anderen raucht. Wenn ich es recht verstehe, sagt er, dass er täglich zwei, drei Päckchen raucht, seit er siebzehn ist; die Krankenschwester hält das für selbstmörderisch, zumal er schon kaum noch reden kann. Ihr Gegenüber nickt und holt die nächste Schachtel aus der Tasche, ein auf Englisch beschriftetes Schmuggel-Marlboropäckchen ohne die üblichen Horrorfotos. Die seien noch schädlicher, sagt die Krankenschwester, und er zuckt die Schultern zum Zeichen, dass das jetzt auch egal sei. Dabei lächelt er vergnügt. Es gelingt ihm, uns zu verstehen zu geben – vielleicht, weil es hier sowieso schon jeder weiß –, dass er sein Haus, ganz in der Nähe, mit eigenen Händen gebaut hat, mehrere Stockwerke, alles selbst gemacht.

Da wirst du viel geraucht haben dabei, sagt die Krankenschwester, und wieder nickt er fröhlich. Dann kramt er aus seiner Brieftasche drei stark abgestoßene und verblichene Fotos heraus, die herumgereicht werden und also auch in meine Hände geraten, doch statt den Familienfotos, die ich erwartet habe, ist eine Reihe Männer darauf zu sehen, die, bis auf zwei Uniformierte, Anzug und Schlips tragen und von denen der Halbstumme einer zu sein oder gewesen zu sein scheint; wiedererkennen kann ich ihn nicht. Eine Weile lang bemühen wir uns vergeblich, seinem Lallen zu entnehmen, wer die anderen Schlipsträger sind, bis uns schließlich die teils asiatischen Gesichter in der Männerreihe auf die richtige Fährte führen: Er ist auf den Fotos mit dem Bürgermeister von Peking abgelichtet. Wie das? Hat er vielleicht früher mit China Geschäfte gemacht? Nein. Er war Chauffeur. Er raucht noch ein paar Zigaretten und zieht dann auf seinem E-Roller wieder ab, und auch wir ziehen weiter, froh, schon ein ganz kleines bisschen zu der kleinen Café-Gemeinde zu gehören oder uns jedenfalls in dieser Illusion wiegen zu können.

Um zu der langen, schmalen, sichelförmigen Île Saint-Denis an der Grenze zum Département Hauts-de-Seine zu gelangen, gehen wir den Kanal entlang nach Norden, vorbei an der mir inzwischen vertrauten Mischung aus gewaltigen Baumärkten, Lagerhallen, Discountern, Bürogebäuden, Neubauten mit Eigentumswohnungen und den dazwischenklemmenden einzelnen, vorzeitlichen Häuschen, die auf ihren endgültigen Abriss warten. Unter einer Brücke Spuren von Obdachlosenbehausungen, in beiden Richtungen ist der Boden gepflastert mit Bierflaschendeckeln, daneben lagert eine Kolonie riesiger Kanadagänse, die würdevoll o-beinig durch den Abfall watscheln und zwischen ihrem langen schwarzen Hals und dem ebenso schwarzen kleinen Kopf einen weißen Streifen wie eine medizinische Maske tragen. Hinter einer niedrigen Wohnsiedlung schwebt in der Ferne die weiße Ellipse des Stadiondachs; im Vordergrund zwei dreckige Decken und eine angeschimmelte Matratze. Zwischen den Gräsern Mauerpfeffer und ein paar ausgetrocknete, tote Fuchsschwänze.

Auf der Île Saint-Denis stoßen wir gleich wieder auf eines jener vermauerten Hotel-Cafés, dessen Name, Bar de l'Entracte – Theaterpausenbar, auf dem Geschäftsschild von einem Weintraubenrelief umrankt wird. Sträßchen mit hübschen kleinen Villen neben seit Jahrzehnten nicht mehr genutzten Industriebauten. Die Insel ist an dieser Stelle nicht breiter als zwei-, dreihundert Meter, wir haben sie schnell durchquert und wenden uns am anderen Ufer in Richtung Süden, doch was anfangs eine kleine Straße war, ist bald nur noch ein festgetrampelter Weg. Wir gehen an einem verlassenen Industriegebäude entlang, rechterhand sind kleine bewohnte Kähne am Seine-Ufer vertäut, die immer maroder werden, je länger wir unterwegs sind. Irgendwann stoßen wir auf einen Grill, einen richtigen, in ein hölzernes Gestell eingebauten Grill der Marke Barbecook, daneben eine Bank aus einem auf zwei Holzblöcken liegenden Baumstamm und dahinter ein aus neun einzelnen Tafeln zusammengesetztes Fresko, das wirkt, als sei es eigens zur Verschönerung dieses inoffiziellen Grillplatzes gemalt und hier angebracht worden. Abgebildet sind zwei Afrikanerinnen, die nichts als einen um die Hüfte geschlungenen Kanga tragen und einander um Schulter und Taille fassen; darüber steht groß BAMAKO. Unvermittelt fängt es recht stark zu regnen an, und außer einer in einiger Entfernung liegenden Brücke ist kein Unterschlupf in Sicht. Ich bin mir sicher, dass der Weg bis zur Brücke weitergeht, Thierry ist skeptisch, beide sind wir längst durchnässt. Schließlich gelangen wir an niedrige Betonpfeiler, die vermutlich einen der ehemaligen Industriebauten gestützt haben und uns einen Unterstand beschaffen. Thierry trottet noch ein Stück vor, um zu schauen, ob der Weg weitergeht, während ich erst einmal im Trockenen stehen bleibe und auf das andere Ufer hinüberblicke, auf das Nachbar-Département Hauts-de-Seine, auf Villeneuve-la-Garenne und Gennevilliers, wo neben bescheidenen Behausungen und Wohnsiedlungen ein schlösschenartiger Neubau zu sehen ist. Thierry kommt zurück und bedeutet mir, dass es hier nicht weitergeht. Kaum haben wir den Rückweg angetreten, als uns in einiger Entfernung zwei junge Schwarze mit einem Pitbull entgegenkommen und mir bewusst wird, dass wir hier völlig alleine sind. Auf der einen Seite des Trampelpfads ist Wasser, auf der anderen, ein paar Meter über dem Pfad, verödetes Industriegelände. Wir sagen nichts und gehen im gleichen Tempo weiter, aber ich spüre, dass auch Thierry nicht ganz unbesorgt ist. Als die beiden an uns vorüber sind, sagt er mir, dass er, als er den Weg weitergegangen sei, auf ein großes Migrantenlager gestoßen sei. Mir wird immer klarer, dass es hier in Seine-Saint-Denis keinen unbewohnten Flecken gibt. Wo du auch hingehst, immer triffst du auf Menschen.

Gehen, wo niemand geht. Wo niemand geht, weil nur Autos fahren, oder wo niemand geht, weil es nichts zu sehen und zu holen gibt. In verlorenen Ecken, an gehsteiglosen Schnellstraßen: Immer stoßen wir auf Menschen, nie sind wir ganz allein. Die abgelegenen, vergessenen Ecken sind nur von uns vergessen, von anderen werden sie bewohnt.

Der Regen hat aufgehört. Wir gehen den Quai nach Norden weiter, wo der Weg längst wieder zu einer Straße geworden ist, an der sich schmale alte Villen mit weißen Fenstergiebelchen und gekachelten Blumenfriesen, Schulhöfe und Wohnsiedlungen abwechseln. Am oberen Ende der Mondsichel ist ein Park angelegt: säuberliche Wege, Mülleimer und Schilder, die auf impressionistische Maler, vor allem auf Alfred Sisley, verweisen, der die Inselufer gemalt hat, als die Seine noch unbegradigt und der Friede unvergleichlich größer war. Die am anderen Ufer vertäuten Kähne sind halb im Wasser versunkene Wracks, im kargen Geäst sitzen grellgrüne Papageien.

Am Parkausgang nehmen wir die Brücke nach Épinay, wo die Flussböschung so zugemüllt ist, dass sie zum Himmel oder zumindest zu uns Fußgängern stinkt. Aus mysteriösen Gründen interessiert sich Thierry für diese wenig impressionistische kleine Müllkippe, er scheint sie als möglichen Drehort in Erwägung zu ziehen, was ihm nicht wenig Spott meinerseits einbringt. Wie die meisten der von ihm anvisierten Drehorte ist auch dieser gut versperrt.

Gleich rechts nach der Brücke, an einem kopfsteingepflasterten Sträßchen, das längst von selber einer Filmkulisse ähnlich geworden ist, liegen die ehemaligen Filmstudios Éclair, wo Jean Renoir *La grande illusion* und Roman Polanski *Le locataire* gedreht haben. Ich stelle mir vor, wie hier, in der Abgeschiedenheit und im Scheinwerferlicht der Studiobühnen, die große Illusion einer anderen möglichen Wirklichkeit entsteht, fernab von den nahen Wracks, dem Müll, den Betonwohntürmen, die sich hinter den Studios erheben.

11

Diesmal mache ich mich alleine auf. Ich weiß selbst nicht, was mich immer wieder über den Périphérique hinaustreibt, viel im üblichen Sinne Anziehendes habe ich bislang nicht gesehen. Du hast hier nichts zu suchen, sage ich mir oft, und dann ist mir wieder, als wäre genau das Gegenteil der Fall und als hätte ich hier etwas zu suchen. Aber was? Und wie viele Meilen muss ich noch zurücklegen, um es zu finden?

Das Wetter ist heute mild und grau. Ich nehme die Metrolinie 7 bis zur Endstation La Courneuve – 8 Mai 1945 und dort den Ausgang, der zur Avenue Lénine führt. Die Station liegt an einem großen, von den Schienen der Tram durchzogenen Kreisel. Auf der Verkehrsinsel in der Mitte lasse ich mich erst einmal auf einer der metallen-kalten Wartebänke ohne Rückenlehne neben den Fahrscheinautomaten nieder, der langen Nationale 2 zugewandt, die schnurgerade nach Paris führt, vielmehr bis zu einem der Tore, Porte de la Villette, in dessen Nähe, in Aubervilliers, die alte Mutter meiner Freundin wohnt. Hier, an der den Gleisen abgewandten Seite der Haltestelle, kann ich unauffällig sitzen und so tun, als würde ich auf die Tram warten, doch merke ich bald, dass die hier Sitzenden oder Stehenden ebenso wenig wie ich auf die Tram warten, sondern dass diese Seite des Platzes als Treffpunkt dient: Zwei junge, vermutlich arabischstämmige Männer hocken auf dem die Verkehrsinsel umgebenden Mäuerchen, teilen sich einen Kaffee, den sie aus einem Plastikbecher trinken, und rauchen dabei; andere gesellen sich dazu, es ist ein Kommen und Gehen; zwei kopftuchlose, nicht mehr junge Frauen ungewisser Herkunft sitzen ein Stück entfernt neben ihren Einkaufstüten und plaudern; zehn Schritte weiter steht ein alter Mann mit einem ramponierten Einkaufstrolley, eine dreckige schwarzgraurote Pudelmütze mit der Inschrift YES auf dem Kopf. Die Nase zwischen Daumen und Zeigefinger gezwickt, schnäuzt er sich mehrmals herzhaft auf den Boden, bis seine Frau dazukommt; in einer Plastiktüte, die so dünn ist, dass ich hindurchsehen kann, trägt sie zwei Süßkartoffeln und drei Döschen Tomatenmark.

Schließlich setzt sich ein alter Maghrebiner ans andere Ende der kurzen Bank, auf der ich bisher alleine gesessen habe. Seine Kleidung und die Baskenmütze sind ganz die eines französischen Rentners. Er hat ein Stück Pappkarton dabei, das er sich unterlegt (offenbar macht er sich auf ein längeres Sitzen gefasst). Ich frage mich, ob diese Bank inmitten des dichten Autoverkehrs womöglich ein Rentnertreff ist, und stehe auf, um denen Platz zu machen, auf die er vielleicht wartet.

Place du 8 mai 1945: Der Platz ist nach dem Sieg der Alliierten über Nazi-Deutschland benannt, doch hier, in La Courneuve, in Gesellschaft von Maghrebinern oder solchen, die oder deren Eltern einmal Maghrebiner waren, scheint mir das Datum ein anderes Ereignis zu meinen: An diesem Tag tötete die französische Armee in Sétif und in Guelma Hunderte wütende Algerier, nachdem während des Siegesumzugs, bei dem nur französische Fahnen geschwenkt werden durften, ein Mann eine algerische Fahne hochgehalten hatte und deswegen erschossen worden war. Ich erinnere mich, in einem Buch von Mohammed Harbi den Satz gelesen zu haben: Der Algerienkrieg hat eigentlich am 8. Mai 1945 angefangen.

Ist es möglich, dass die Bewohner dieses Viertels dem Namen ihres Platzes eine andere Bedeutung geben als die von Frankreich gemeinte? Sicher ist, dass es neben der offiziellen Deutung unserer Umgebung und ihrer Daten und Symbole noch andere, parallele gibt, von denen wir nichts wissen oder über die wir nicht nachdenken.

Neben dem Casino-Supermarkt am Kreisel steht auf zwei riesigen Plakaten »SCHMUGGELZIGARETTEN RUINIEREN DAS VIERTEL« (wörtlich: »töten das Viertel«) – auf einem der beiden Plakate auf Französisch, auf dem zweiten auf Englisch, Tamilisch (glaube ich), Chinesisch und Arabisch (in dieser Reihenfolge). Dahinter weist ein Schild auf eine Ladengalerie mit zwanzig Geschäften hin; eine Handvoll davon erweisen sich als geöffnet, die meisten sind indisch oder sri-lankisch. Die Schaufensterpuppen tragen bis unter das Schambein reichende vielteilige goldene Kettengehänge über ihren langen, silberbesetzten Gewändern und statt eines Schleiers ein ähnliches Gehänge über Kopf und Gesicht. Im nächsten Schaufenster werden Plakate des Anführers der tamilischen Befreiungstiger zum Verkauf angeboten. Die Hände in den Hosentaschen, Doppelkinn und Schnurrbart vorgereckt und einen Pistolengurt um den feisten Bauch geschnallt, blickt er starr und erbarmungslos aus dem armseligen Lädchen heraus. Rings um ihn herum hängt in durchsichtigen Plastikverpackungen allerlei Spielzeug: ein Barbie-Puppen-Imitat mit Zubehör, eine Pistole, die auch echt sein könnte, eine Packung mit allerlei Polizei-Utensilien (Schlagstock, Handschellen und so weiter), ein Weihnachtsstern, kleine Eiffeltürme, massiges Bratenbesteck – und inmitten dieses Durcheinanders plötzlich eine kleine Figur, die ich eigentlich gerne erstehen würde, obwohl sie teils schon am Zerbröckeln ist: ein unschuldig dreinblickender, die Augenbrauen verwundert hochziehender tamilischer Turbanträger, der mit nacktem Oberkörper, der Torso mit erstaunlich echt wirkendem Brusthaar beklebt, im Schneidersitz vor drei großen lächelnden Fischen sitzt. Soll ich ihn mitnehmen?

Als ich wieder an der Bank an der Tramhaltestelle vorbeikomme, sitzen jetzt tatsächlich neben dem Rentner von vorhin noch zwei weitere alte Mützenmänner, und ein vierter steht ihnen gegenüber, sie plaudern miteinander. Gibt es denn in diesem Viertel wirklich keinen angenehmeren Treffpunkt als diese Verkehrsinsel auf einem befahrenen Kreisel?

Ich mache mich über die Avenue Lénine nach Südosten auf, vorbei an knallbunt gestreiften Wohnbauten, die die Banlieue-Tristesse aufheitern sollen, und an einem steinernen Denkmal für die Résistance, das mich stark an ein anderes, in Drancy gesehenes erinnert. Seltsam: Gerade nach Drancy möchte ich mich von hier aus wenden. Ich sehe drei steinerne Köpfe, zwei Zacken, drei Brüste, ein schlummerndes männliches Geschlecht, zwei Fäuste, von denen eine um einen Schwertgriff geschlossen ist. Das Schwert zeigt zum Boden, vielmehr zeigt es gerade nicht zum Boden, sondern auf eine voluminöse gelb-grüne Plastiktruhe, die unmittelbar vor dem Résistance-Denkmal platziert ist – einer jener verschlossenen Behälter, in denen städtische Gerätschaften aufbewahrt werden. Vielleicht ist das Denkmal nach kunsthistorischen Kriterien nicht sehr wertvoll, aber verdient es deshalb, von diesem Plastikungetüm verschandelt und lächerlich gemacht zu werden? Es kommt mir unwahrscheinlich vor, dass innerhalb von Paris jemand auf die Idee käme, ein Denkmal zu verunstalten, und zwar nicht aus Protest, sondern aus reiner Unachtsamkeit und Gleichgültigkeit.

Kaum ein paar Schritte weiter trete ich in eine Kirche ein, die von außen klein wirkt und von innen groß. Der fleckige Stahlbeton liegt am Gewölbe frei, das Gerippe und der untere Teil sind mit Backsteinen verkleidet. Die Kirche ist nach dem bretonischen Heiligen Yves benannt, Vater der Armen, Tröster der Vergrämten, steht auf einer Tafel angeschrieben. Und Vorbild der Rechts- und Staatsanwälte (wie viele von diesen sich wohl wirklich noch als Schützer und Verteidiger der Bedürftigen und Unglücklichen sehen?). Später lese ich, dass Priester im Mittelalter auch als Anwälte fungieren konnten und dass der spätere Heilige Yves Hélory vor Gericht einmal einen Bettler verteidigte, von dem ein Gastwirt eine Entschädigung forderte, weil er vor der Küche eines Lokals herumgelungert und sich von Essensdüften genährt habe. Yves nahm dem Wirt daraufhin ein paar Münzen aus der Tasche und warf sie vor ihm auf den Tisch. Als der Wirt danach greifen wollte, hielt er ihm die Hand fest. Aber das sind doch meine!, rief der Wirt. Die Legende gewordene Antwort des Yves: Jenem Mann die Küchendüfte; dir der Klang der Münzen.

An einem Seitenaltar können die Gläubigen lange dünne Kerzen entzünden und ihre Wünsche, Danksagungen und Gebete in ein bibelgroßes Buch eintragen, und es lockt mich, nachzulesen, was da geschrieben steht, aber ich zögere, die geheimsten Wünsche der Gläubigen zu durchforschen, Gedanken, die sie niemandem als Gott anvertrauen wollten – aber meine Neugier siegt. Nachdem ich mich vergewissert habe, dass niemand zu mir herschaut – der einzige Mensch, der außer mir in der Kirche ist, sitzt mit gesenktem Kopf auf einer der langen Bänke –, nähere ich mich dem Pult, auf dem das aufgeschlagene Buch liegt und fange an, möglichst geräuschlos darin zu blättern. Es scheint eine größere tamilische Gemeinde hier zu geben, denn vieles ist auf Tamilisch geschrieben, aber es gibt auch französische Einträge, und ich merke schnell, dass ich zu Recht gezögert habe, in dem Buch zu lesen … kann aber trotzdem nicht aufhören. Von krakeliger Hand steht da geschrieben:

»Bonjour Seigneur, danke für alles, was Ihr für mich getan habt denn heute bin ich gesund danke denn meine Eltern auch danke für das Essen gestern danke denn ich bin heute aufgewacht, danke denn ich habe heute in einem Bett schlafen können. Aufrichtig danke Vater.«

Ich kann mir den Menschen, der diese Zeilen der lebhaften Danksagung geschrieben hat, nicht anders als weiblich vorstellen, als eine junge Frau, die mindestens so viele Gründe hätte zu klagen wie zu danken. Sie aber dankt. Danke, denn ich bin heute aufgewacht!

Ich blättere weiter, hin- und hergerissen zwischen Neugier und Scham, bis ich auf einen Eintrag stoße, der mit dem Wort »Maman« beginnt. Hier wendet sich jemand nicht an Gott, sondern an die eigene Mutter:

»Maman, ich bin unrein geworden. Ich bin nicht mehr würdig, an Sie noch an Jesus zu denken. Erlauben Sie mir bitte, mich mit meinen Tränen zu waschen. Seien Sie so gnädig, mich dieses ganze Erdenleben lang weinen zu lassen, um mich von dieser Sünde zu reinigen. Selbst wenn ich eine ganze Ewigkeit lang weinen würde, könnte ich mich nie reinigen und wieder Eurer und seiner Liebe würdig werden. Erbarmen, verzeihen Sie mir, ich flehe Sie an. Verzeihen Sie mir, Maman, ich habe gesündigt. Ich bitte Sie um Vergebung. Ich bedauere aus ganzer Seele, mit der ganzen Kraft meines Wesens. Erbarmen, mein Jesus, erbarmt Euch, rettet mich vor dieser Todsünde, die meine Seele zu ewigem Leid verdammt. Ich sterbe.«

Ich schließe das Buch, verlasse die Kirche und kann erst eine Weile lang an nichts anderes als an das Gelesene denken, an die Pein dieses Mädchens, an die Schönschrift, die immer wieder zittrig wurde, als wäre sie von einem Schauder erfasst, an das lange Erdenleben, das ihr noch bevorsteht, eine unvorstellbare Ewigkeit von Höllenqualen. Wenn eigene Worte fehlten, waren ein paar Beichtfloskeln eingeflossen, doch als Ganzes war diese Beichte wie ein langer, gedämpfter Klagelaut, der sich seine Bahn brechen und das Schlimmste gleich zu Anfang herausschleudern musste. Dieses Schlimmste ist so schmachvoll, dass es nicht ausgesprochen, schon gar nicht in einem Beichtstuhl einem Priester, einem Mann, enthüllt werden kann, und ich wundere mich, dass es so unverschlüsselt dem Papier preisgegeben und einem Buch anvertraut wurde, das allen offensteht – das allen offensteht, aber dessen vertrauliche Mitteilungen von den übrigen Gläubigen respektiert und gewahrt werden? Bin ich die Erste, die so indiskret ist, in dem Buch zu lesen?

Ich denke mir ein Mädchen tamilischer Herkunft, dessen Familie zu der Kirchengemeinde gehört, denn dass es in diesem Viertel derart stranggläubige französische Familien gibt, kommt mir unwahrscheinlich vor.

Wieder komme ich an dem franko-muslimischen Krankenhaus vorbei; kurz dahinter beginnt linker Hand Drancy, und zwar mit einer kleinen Insel säuberlich eingezäunter, balustradengesäumter Häuschengrundstücke, neben denen sich, streng und wuchtig, die Fassaden der offenbar dem Untergang geweihten Cité Gaston Roulaud erheben, jedenfalls sind die meisten metallenen Fensterläden zugeklappt. An einem der hinteren Gebäude sind sogar bis auf ein einziges Fenster in der Mitte alle Öffnungen verrammelt; wie ein massiger Zyklop schaut mich der Wohnblock an. Ich mache ein Foto von der einäugigen Fassade und schicke es einem Freund, der mir zurückschreibt: »Das ist schön wie eine Steve-Reich-Komposition.« Die Antwort scheint mir wie von einem anderen Stern, sie kommt aus einer mir eigentlich vertrauten Welt der Formen und Rhythmen, Farben und Beschaffenheiten, doch hier vor Ort habe ich es mit ganz anderem zu tun. Es ist, als würde ein Kunsthistoriker die Großaufnahme einer offenen Wunde gezeigt bekommen und darin ein neuartiges, abstraktes Bild erkennen.

Da keine Späher zu sehen sind, bleibe ich eine Weile inmitten der Siedlung auf einem Mäuerchen sitzen und sehe zwei Frauen und einen Mann vorbeikommen; ganz ausgestorben sind die Wohnblöcke wohl noch nicht, aber ich nehme an, dass die Bewohner nach und nach ausziehen und die Gebäude – entweder alle oder wenigstens das verrammelte – abgerissen werden sollen.

Danach folgen Häuschen an Häuschen (sogar eine Backsteinhäuschensiedlung aus den Zwanzigerjahren), eine Rue Berthe Tête, benannt nach einer Frau, über die im weltweiten Netz nichts, aber auch gar nichts herauszufinden ist, als hätte es sie nie gegeben (oder eben nur in Form eines Straßennamens). Dann ein Mini-Kreisel, in dessen Mitte drei scheißhaufenförmig geschnittene Buchsbäume wachsen. Und schließlich die von vielen kleinen Läden gesäumte Hauptstraße von Drancy. Ein Metzger bietet an:

Lammhoden (»weiße Nierchen«)
Lammherzscheiben
Großer Lammherzspieß
Großer Nierchenspieß

In der Rue de la Liberté finde ich einen aufgerissenen Briefumschlag. Der Brief ist an eine Madame Nathalie Simon in Vichy, also im Zentralmassiv, gerichtet und wurde ihr per Nachsendeauftrag zu einem Monsieur Frédéric Bourgeois nach Drancy in die Rue Ribot weitergeschickt. Ich lese den Brief (ist heute der Tag der Indiskretionen?), der von der Bank BNP Paribas kommt und die Adressatin darauf hinweist, dass sie bereits mehrfach erfolglos aufgefordert worden sei, sich zurückzumelden, dass ihr Konto weiterhin um 3080,50 Euro überzogen sei und die dafür anstehenden Zinsen inzwischen bei 18,40 Prozent lägen. Der Brief droht mit Kontosperrung und -pfändung und mit einem Eintrag in eine staatliche Datenbank der schlechten Rückzahler (Fichier National des Incidents de Remboursement), was fünf Jahre lang jegliche Kreditaufnahme erschwert oder sogar verunmöglicht.

Wieder habe ich das starke Gefühl, mich in anderer Leute Probleme eingemischt zu haben – allerdings hat die Empfängerin den Brief nicht in einen Papierkorb, sondern auf die Straße, mir also quasi vor die Füße geworfen. Ich stecke den Brief ein und gehe drei Straßen weiter zur Rue Ribot, der Adresse des Nachsendeauftrags, und tatsächlich steht der dort angegebene Name auf dem Briefkasten eines der Einfamilienhäuschen (»Häuschen«, denn unter Einfamilienhaus würde man sich in Deutschland etwas drei Mal so Großes vorstellen). Ich versuche, mir irgendeine Eigenheit des Hauses oder des kleinen Vorgartens einzuprägen, aber das Haus ist wie ein Gesicht, das man gleich wieder vergisst, so unscheinbar, dass es schon fast unsichtbar ist, ohne das kleinste besondere Merkmal; die Augen gleiten ab, nichts hält den Blick fest bis auf den Namen Bourgeois.

Bis zur Cité de la Muette sind es von hier aus fünf Minuten. Es ist die einzige Vorstadtsiedlung, die ich schon länger kenne, besser gesagt vor der ich vor Jahren schon einmal gestanden habe, und jetzt, da ich nicht wenige andere Wohnblöcke gesehen habe, frage ich mich, ob die Geschichte dieses Gebäudes nicht etwas über die Natur dieser Art von Massenbehausungen schlechthin aussagt. Die Cité de la Muette – gebaut von Marcel Lods, demselben Architekten, der nach dem Krieg auch die Zyklopen-Cité von vorhin entwarf –, war in den Dreißigerjahren als Modell fortschrittlichen, humanen Wohnungsbaus geplant und auch schon fast fertig, als die Deutschen einen Teil Frankreichs besetzten und anfingen, jüdische Menschen festzunehmen und zu deportieren. Dafür brauchten sie Durchgangslager, und die Siedlung schien ihnen prädestiniert dafür – nicht nur, weil sie noch unfertig war und leer stand, sondern auch, weil sie hufeisenförmig angelegt war, also nur noch an einer Seite geschlossen und mit Stacheldraht umgeben werden musste, um ein Lager zu sein. Aber eignen sich nicht mehr oder weniger alle großen Wohnblöcke bestens als Lager, ja, sind sie nicht ihrem Wesen nach im Grunde schon Lager, die nur noch umbenannt, geschlossen und bewacht werden müssen, um sich auch als solche zu offenbaren? Ist nicht jedes Gefängnis, wenn man sich die es umgebenden Mauern, den Stacheldraht wegdenkt, ein Wohnblock?

Nachdem innerhalb von zwei Jahren, zwischen 1942 und 1944, etwa 63 000 jüdische Gefangene von hier aus vor allem nach Auschwitz-Birkenau deportiert und die meisten von ihnen ermordet worden waren, wurde die Cité nach der Befreiung von Paris wieder ihrer ursprünglichen humanen und fortschrittlichen Bestimmung zugeführt, und als sozialer Wohnungsbau dient sie noch heute. Der Wohnungsbau ist so sozial, dass er gerne Ausländern überlassen wird; ob diese die Geschichte des Ortes kennen, ist ungewiss, obwohl beschriftete Steintafeln und ein Denkmal davorstehen, ebenjenes Denkmal, das mich an die Skulptur von heute morgen erinnert, es ist von demselben Bildhauer gemacht: Shlomo Selinger. »Riesig, rosa und scheußlich«, nennt es François Maspéro. Der Stein ist rötlich, das stimmt, aber wieder gelingt es mir nicht, in den Rubriken schön und hässlich zu denken. Da sind Köpfe, verbunden durch einen dicken, schlangenartigen Hals, eine Frau mit einem Baby auf dem Arm. Wer wohl dieser Shlomo Selinger gewesen sein mag?

Ich setze mich vor dem Hufeisen auf eine Bank – hier gibt es tatsächlich ein paar Bänke – und finde heraus, dass Shlomo Selinger ein Jude aus der Nähe von Oświęcim war, dass er mit 14 deportiert wurde, neun Lager und zwei Todesmärsche überlebte und danach jahrelang an Gedächtnisschwund litt oder damit gesegnet war.

Eine Schulklasse trottet herbei und macht vor dem alten Eisenbahnwaggon Halt, der auf ein paar Metern Gleis hinter dem Denkmal aufgestellt ist, und während die Lehrerin einem kleinen Kern der sie umgebenden Schüler erklärt, dass der Wagen, der hier als Mahnmal steht, aus den Achtzigerjahren stammt und nicht etwa einer der Deportationswaggons ist, fransen die äußeren Ränder der Gruppe aus und beginnen, sich miteinander oder mit ihren Handys zu beschäftigen.

Ich gehe einmal um die Cité herum; auf dem Parkplatz werden wieder fünfzig Euro für Autowracks geboten. An den Außenseiten des Hufeisens sind unten Geschäfte: ein Frisör- und Maniküresalon, ein Barber-Shop, ein Tabak- und Zeitungsladen mit Café, wobei Letzteres aus nichts als einer kleinen Theke besteht, eine Fahrschule, ein sri-lankischer Lebensmittelladen, eine Bäckerei, eine indische Küche und

Burger anbietende Pizzeria, ein Halal Fried Chicken, ein heruntergelassener Eisenvorhang, ein Waschsalon, zwei Eisenvorhänge.

Dann bin ich wieder an der offenen Hufeisenseite angelangt. An der Stelle, wo die Schüler gestanden haben, sehe ich eine zwischen Pflastersteinen eingelassene Tafel, auf der statt von »Opfern der Nazi-Barbarei«, wie es neben dem Denkmal heißt, von Verbrechen gegen die Menschlichkeit die Rede ist, die »unter der ›Regierung des französischen Staates‹ genannten faktischen Befehlsgewalt« begangen wurden. Unter der »Regierung des französischen Staates« genannten faktischen Befehlsgewalt?

Eine seltsame Art, Verantwortung und Schuld auf sich zu nehmen. Die deutschen Besatzer brauchten Helfer: Zuständig war der damalige französische Polizeipräfekt, das Lager wurde von französischen Polizisten und Gendarmen bewacht, französische Ordnungsbeamte arbeiteten pflichtbewusst bei der Festnahme und Deportation ihrer jüdischen Mitbürger mit. Und nun soll es gar nicht Frankreich, nicht der Präfekt des Seine-Départements, sollen es nicht französische Polizisten und Gendarmen gewesen sein, die diese Verbrechen begangen haben, sondern eine fälschlicherweise als »Regierung des französischen Staates« bekannte Einrichtung? So gesehen war es dann vermutlich auch gar nicht der deutsche Staat, nicht die deutsche Ordnungs- und Sicherheitspolizei, waren es nicht Teile der deutschen Wehrmacht, die die Verbrechen verübten, sondern eine sich frecherweise »Regierung des deutschen Staates« nennende Institution? Im Übrigen lag Frankreich damals gar nicht mehr in Frankreich, wo es doch von jeher hingehörte, sondern in England und wurde von de Gaulle regiert, und Deutschland war unter Thomas Manns Regierung kurzfristig nach Amerika ausgelagert. Nur die Bevölkerung mitsamt Armee und Polizei war noch vor Ort geblieben, und vermutlich wären sie auch noch irgendwann nachgekommen, falls die Alliierten die Betrüger nicht schließlich entmachtet hätten.

Solche Gedanken gehen mir durch den Kopf, während ich zu dem kleinen Museum auf der anderen Straßenseite gehe, vor dem mich ein afrikanischstämmiger Wächter begrüßt. In den Räumen bin ich dann so gut wie alleine, vom oberen Stockwerk aus fällt der Blick auf Selingers »Staatsdenkmal der aus Frankreich Deportierten« (die meisten von ihnen waren ausländische Juden), eine französische Flagge auf Halbmast und den rechten Flügel der Cité. Im Ausstellungsraum sind auf einer großen Europakarte die Strecken der Deportation aufgezeichnet, und mir wird bewusst, was ich schon seit Jahrzehnten hätte wissen können, dass es nämlich für die Deportationen von West nach Ost eine Hauptstrecke gab, die von Paris, vielmehr von den Vorstadtbahnhöfen Le Bourget oder Bobigny aus, wohin die Insassen der Cité de la Muette verfrachtet wurden, über Saarbrücken, Kaiserslautern und Frankfurt führte und die ich in den letzten Jahrzehnten tausendmal selbst gefahren bin, ohne je daran gedacht zu haben, dass ich auf der gleichen Bahnstrecke unterwegs war wie damals die zahllosen, ihrem Tod entgegenreisenden Deportierten. Eine Zeit lang schaue ich auf diese Karte als auf das Inbild meiner erschreckenden Gedankenlosigkeit, bis ich mich dafür schäme, doch nur wieder an mich gedacht zu haben. Wo der Name Auschwitz steht, ist die Karte abgeschabt wie eine täglich von Besuchern berührte Reliquie.

Ein Modell des Lagers zeigt, wo die Küche, die Waschplätze, die Latrinen, das Gefängnis, die Durchsuchungsbaracke, das Büro des Personals, die Krankenstation und die Abreisetreppe *(stairways to deportation)* lagen. Auch der Verlauf der Stacheldrahtzäune und die Wege der Wächter sind zu sehen.

In einem Schaukasten sind mehrere von Gefangenen angefertigte Gegenstände und Inschriften ausgestellt. Einer der Inhaftierten, Léon (Leiba) Grunman, hat auf den Deckel einer Blechdose ungeheuer kunstvoll seinen Namen sowie wahrscheinlich die Namen seiner Frau und seiner Töchter, ein Datum (20. August 1941) und in der Mitte, in einem wie die Cité de La Muette seitlich offenen Oval, die Buchstaben R und F für République française eingraviert. Unfassbar, dass jemand, der in Frankreich von französischen Polizisten grundlos verhaftet und in einem Gefangenenlager schlimmer als ein Schwerverbrecher behandelt wird, trotzdem noch so innig an Frankreich und die Republik glaubt, dass er seine letzten Lebenstage dazu nutzt, ihre Initialen in liebevoll verzierten Lettern auf einem Blechnapf zu verewigen! Ein anderer Gefangener, Otton Lonker, endet seine auf einer Wand hinterlassene Inschrift mit den heute sarkastisch anmutenden Worten *Vive la France* – aber nein, ich glaube, es liegt keinerlei Ironie darin. Das hier mit Bleistift auf einer Gipsplatte verewigte Frankreich ist sicher nicht das Land der Gendarmen und Polizisten, die ihn hier bewachten, vielleicht noch nicht einmal die selbst ernannte Exilregierung de Gaulles, sondern ein Land, das es nicht gibt: das mit allen Kräften ersehnte, ferne Land der Freiheit, Gleichheit und Brüderlichkeit.

Auch ein algerischer Jude ist unter denen, die hier Inschriften hinterlassen haben. Alle sind sie kurz darauf in Auschwitz ermordet worden. Als Todesdatum von Otton Lonker war im *Journal officiel de la République française* der 16. Februar 1943 verzeichnet, steht hier geschrieben. Muss ich daraus schließen, dass diese hinterhältigen Morde wie gewöhnliche Todesfälle im Amtsblatt aufgeführt wurden?

Die Cité de la Muette, lese ich auf einer Tafel, wurde 2001 unter Denkmalschutz gestellt, und zwar als »wichtiges architektonisches und städtebauliches Zeugnis des 20. Jahrhunderts«. Und (steht dann doch noch, aber eher unter ferner liefen) »wegen seiner Nutzung während des Zweiten Weltkriegs«.

Ich fange an, mir die Filme anzuschauen, in denen ehemalige Insassen des Lagers zu sehen sind, die entweder zu den paar wenigen gehörten, die wieder freigelassen wurden, oder zu den noch wenigeren, die die Deportation überlebten. Eine davon, Francine Christophe, ist so alt wie meine Mutter. Sie trägt einen überseeblauen Pullover und lächelt viel. Sie erzählt, dass in den Kerkern gefoltert worden sei, dass man Gefangenen die Arme gebrochen und sie im Winter nackt auf dem Hof, mit kaltem Wasser übergossen, stehen gelassen habe. Die Fenster der Cité seien mit blauer Farbe übermalt gewesen, damit die Insassen nicht hätten sehen können, was auf dem Hof passiere, doch an den Fenstern ihres Schlafsaals sei eine dünne Linie freigekratzt gewesen, durch die sie, damals ein elfjähriges Mädchen, einen Mann gesehen habe, der eine Decke über den Schultern getragen habe. Als diese hinuntergefallen sei, sei er darunter nackt gewesen. Er habe die Decke nicht aufheben können: Beide Arme seien gebrochen gewesen.

Sie erzählt auch von den Musikern, die vor jedem neuen Deportationsschub spielten – sie »hatten Genie in jenen Momenten«, sagt sie.

12

Im Café streckt mir Rachid heute zum ersten Mal die Hand hin, und ich strecke meine vor, um sie ihm zu geben, merke aber sofort, dass er eigentlich nur die Kaffeetassen wegnehmen will, die noch von den vorigen Kunden vor mir auf der Theke stehen. Wir müssen beide lachen und geben uns dann doch die Hand, Thierry wird daraufhin auch mit Handschlag begrüßt, und wir fangen endlich an, uns zu duzen.

Die ehemalige Krankenschwester sitzt vor ihrem üblichen Glas Roséwein und beugt sich heute über ein Kreuzworträtsel. Zwischen ihr und Thierry lehnt ein Typ in seinen Dreißigern an der Theke, dessen Redeschwall unser Eintreten nicht unterbrochen hat; er trägt sein dunkelblondes Haar kurz geschoren und trinkt heute anscheinend nicht sein erstes Bier, was den Wortfluss immerhin ein wenig bremst. Links von mir hat der Halbstumme seinen Stammplatz eingenommen, und zwischen uns beiden steht ein alter Mann, den ich hier noch nie gesehen habe und der so klapperdürr, so hohl- und schmalwangig ist, dass er wie ein Toter aussähe, wäre sein Blick nicht so lebendig, seine Miene nicht so munter. Die beiden alten Männer verstehen einander, obwohl auch der zweite, wie wir bald merken, nicht reden kann – nicht einmal schlecht und recht wie der andere, sondern gar nicht, ohne dass die beiden gehörlos wären. Thierry und ich schauen uns ungläubig an: Es kann doch wohl nicht sein, dass hier, an diesem Ort der langen Monologe, an dem wir nie mehr als sechs oder sieben Kunden gesehen haben, zwei Nicht-Redner zusammenkommen? Der Halbstumme wirkt, als hätte ein Schlaganfall seine Sprechfähigkeit beeinträchtigt; der Ganzstumme scheint eine Kehlkopfoperation gehabt zu haben, jedenfalls reime ich es mir so zusammen.

Während die beiden Nicht-Redner nun ihr kaum hörbares Gespräch weiterführen, erzählt der junge Serbe – denn der Biertrinker, so erfahren wir, ist serbischer Herkunft –, wie er gestern Abend mit ein paar Kumpels gefeiert habe, und dann um vier Uhr morgens – glaube er – ins Bett gegangen und um acht, weil er pinkeln musste, wieder aufgestanden sei: Da hab ich mir gesagt, vielleicht musst du zur Arbeit gehen. Bin bei der Arbeit angekommen, da haben sie mir gesagt, du gehst wieder nach Hause. Gut, vielleicht hatte ich ein paar Bier intus. Also bin ich wieder nach Hause, das heißt nicht nach Hause, da kann ich nicht hin – wenn meine Frau mich so sieht, reißt sie mir den Kopf ab. Und da bin ich zu Onkel Rachid.

Die anderen lächeln. Er nimmt einen Schluck Bier aus der Flasche; Fassbier gibt es bei Rachid nicht.

Ah, der Onkel Rachid, der beschützt mich.

Die gute Seele von Seine-Saint-Denis, sage ich.

Der Ganzstumme zu meiner Linken legt eine durchsichtige Plastiktüte mit einer Spritze neben sein Glas Wein vor sich auf die Theke; wahrscheinlich ist er Diabetiker, denke ich mir, während ich weiter dem Biertrinker zuhöre.

Dabei wohn ich kaum zwanzig Meter weg, sagt er gerade, aber ich kann nicht nach Hause. Dann krieg ich sofort die Kleine aufgebrummt. Erklär mal der Madame, dass ich nicht in einem Zustand bin, auf die Kleine aufzupassen. Nee, nee. Die soll sie mal schön zur Tagesmutter bringen, und ich geh sie dann um sieben abholen.

Während er von den Dummheiten erzählt, die das Kind von früh bis spät anstellt, und die schrillen Laute nachahmt, die es dabei gerne ausstößt, zieht der Ganzstumme neben mir die Spritze aus der Tüte, saugt den gesamten Inhalt seines Rosé-Glases damit auf, hebt dann seinen Pullover, schließt die Spritze an den Schlauch an, der aus seinem Bauch hervorragt, und spritzt sich den Rosé direkt in den Magen. Das alles mit der größten Selbstverständlichkeit und ohne dass irgendjemand in der Kneipe daran Anstoß nähme oder den Vorgang auch nur besonders beachten würde. Nur Thierry und ich werfen uns einen kurzen Blick zu.

Du glaubst, da ist bloß ein kleines Kind im Raum, aber das ist wie zwanzig!, sagt der Biertrinker und fängt an, eine Kinderstimme zu imitieren: So, jetzt nehm ich mir mal das Ajax, ich putz jetzt mal die Fließen. Hmmm, das riecht aber gut (er mimt das Kind, wie es die Ajax-Flasche zum Mund führt). Nnnnnein, das machst du jetzt nicht! Okay, dann nehm ich die PlayStation, nein, das auch nicht, okay, dann … Da bist du bald am Ende mit deinen Nerven.

Er redet mit schwerer Zunge, aber eigentlich eher wie einer, der komisch lallend einen Betrunkenen nachahmt, als wie der Betrunkene, der er ist, und nachdem ich mich anfangs vor ihm gehütet habe, ist er mir inzwischen geradezu ans Herz gewachsen, falls das innerhalb von ein paar Minuten möglich ist.

Ihre Mutter weiß nicht, dass ich die Kleine manchmal zu Rachid mitnehme, fährt er fort. Neulich hat sie sie hier im

Kinderwagen vorbeigeschoben, da standen ein paar Männer vor dem Café. Lina! Lina!, die haben die Kleine gesehen und ihr sofort zugewinkt und gerufen. Oje, oje, da war was los: Was ist das denn, die ist ja in dieser Kneipe bekannt wie ein bunter Hund! Warum kennt da jeder meine Tochter?! Woher wissen die alle, wie sie heißt?

Meine Frau ist Algerierin, Kabylin, ah, la, la, wallah, mein Bruder, sagt er zu Thierry, mach diese Dummheit nicht, und lacht. Ich hab sie geheiratet, ich hab ein fantastisches Kind mit ihr, serbo-kabylisch, das ist eine schöne Mischung, aber ihr Leben – noch nicht mal Onkel Rachid weiß darüber Bescheid –, das war nicht rosarot, ihr Leben. Aber dann … Sie ist ohne Papiere hergekommen – wie, behalt ich für mich. Immer hat sie sich durchgeschlagen, immer gearbeitet.

Ich frage, ob seine Frau inzwischen Papiere hat (oder frage ich, ob sie die französische Staatsangehörigkeit bekommen hat?), und er schaut mich mit einem seltsamen Lächeln an, als wollte er sagen: Wo kommst du denn her, du bist ja wohl völlig ahnungslos, auf welchem goldbestickten Kissen bist du denn zur Welt gekommen?

Ja, sagt er schließlich, wir haben eine Tochter, und ich bin Franzose.

Da hat sie jetzt das Problem nicht mehr, sage ich.

Nein, jetzt hab ich das Problem!

Alle lachen.

Und dann haben ihre Brüder versucht, zu kommen, Freunde von ihr haben versucht, zu kommen, mit dem Schiff, mit dem Zug … die sind nie über die Grenze. Und dort musst du das teuer bezahlen, wenn du herkommen willst. Die Leute verdienen wenig, sie sparen, keine Ahnung, fünf Jahre lang, um diese verfluchte Reise bezahlen zu können. Bloß um dann geschnappt zu werden. Und warum? Das sind Leute, die wollen auch nur ein Leben haben, das ein bisschen besser ist als dort, wo sie herkommen. Und um ihren Eltern ein bisschen Geld zu schicken ... Wenn man sein Eckchen hat, und man's gut hat. Man weiß nichts vom Elend der Leute. Es geht einem gut. Man hat zu essen, zu trinken. Es gibt viele, die wissen gar nicht ... Stimmt doch, wenn's uns gut geht – ich red jetzt mal wie unter Freunden –, dann scheißen wir doch drauf. Wir leben gut, haben ein Dach überm Kopf. Wir haben die PlayStation 5, wir haben einen Fernseher, wer weiß was für'n Mist noch. So ist's gut. Und dann kommt da jemand, der will aus seiner Scheiße rauskommen, bloß um seiner Familie zu helfen. Da ist man nicht unbedingt ...

Er schaut mich an. Überhaupt habe ich das Gefühl, dass er sich seit einiger Zeit mehr und mehr an mich richtet, vielleicht, weil ich ihm zuhöre, vielleicht auch ... weil ich mich besonders angesprochen fühlen soll?

Ich weiß nicht, ob Sie verstehen, was ich sagen möchte ...?

Er blickt mich fragend an.

In diesem Augenblick ist mir, als würden sich mir alle Blicke zuwenden, mir, die ich nicht in der Vorstadt lebe, die ich genug Geld habe und in Europa geboren bin, und die Hitze wallt mir ins Gesicht, während der Fragende auf eine Antwort wartet.

Ich glaube, ich verstehe es, sage ich leise.

Zum Glück kommt in diesem Moment eine ältere Frau herein, die von allen sofort aufs Freundlichste begrüßt wird und einige der Gäste auf beide Wangen küsst. Rachid stellt sie uns als seine Mutter vor, und ich schmelze dahin, als die kleine, in einen hellen Morgenmantel gehüllte Person mit der sonnenblumengelben Pudelmütze auf dem dunkelhaarigen Kopf mich mütterlich-liebevoll anblickt: Ich sähe einer ihrer Töchter – Rachids Schwester also – sehr ähnlich, sagt sie und lässt sich die Ähnlichkeit von Rachid bestätigen. Und die Tochter sei auch so groß wie ich. Rachid sieht mich an und nickt; ich weiß nicht, ob er tatsächlich findet (und vielleicht selbst schon gedacht hat), dass ich seiner Schwester ähnele, oder ob er nur seiner Mutter nicht widersprechen will, jedenfalls habe ich plötzlich zu meiner Freude eine kleine Verbindung zu Rachids Familie.

Wer soll denn sonst den Abfall wegtragen?, fragt der Serbe in die Begrüßungsszene hinein. Ich möcht mal einen Franzosen sehen, der bereit wäre, den Müllmann zu machen.

Na, die sind auch nicht alle Müllmänner, die Migranten, meint Rachid.

Und wer hat dein Haus gebaut?, fragt der Biertrinker. Ein Pole … Ich weiß nicht, sind wir das Problem, oder ist es der Staat? Ich versteh das nicht. Ich zerbrech mir nicht den Kopf, aber ich würd das gern kapieren.

Und wie geht's im Ritz?, fragt Rachids Mutter ihn.

Es scheint zunächst, als würde der Serbe im Hotel Ritz arbeiten; tatsächlich arbeitet er in einem Café-Restaurant unweit davon.

Kaum hat sich Rachids Mutter ein Stück weg an einen Tisch gesetzt, steht der Glühbirnenmann von neulich in der Tür und fängt einen seiner Endzeitmonologe an, bei dem ihm die Augen immer mehr aus den Höhlen quellen: Die

Regierung wird fallen, sagt er, diese reichen Dreckschweine werden wir so was von fertigmachen, im Übrigen braucht man überhaupt keine Regierung, wir werden das sehr gut selbst erledigen, wir setzen bei allem die Mehrwertsteuer auf fünf Prozent runter, deine Kneipe wird knallvoll sein, sagt er zu Rachid, ich bin eine ehemalige Gelbweste, ihr werdet schon noch sehen, das wird alles hochgehen, wenn wir erst richtig ausrasten, wird alles hochgehen, ihr werdet's erleben, und dabei steht ihm die ganze Zeit ein beunruhigendes Lächeln auf den Lippen, sein Kopf glüht röter und röter, bald wird er platzen. Der Glühbirnenmann ist gut angezogen, sein Hemd ist frisch gebügelt.

Der Serbe bestellt noch ein Bier und widerspricht: Doch, doch, man brauche sehr wohl eine Regierung, aber die Politiker seien alle gleich, nichts würde sich je ändern.

Die sind nicht alle gleich, sage ich, wenn erst Le Pen dran ist, wird's anders zugehen, das werden wir dann schon merken.

Glauben Sie? Er ist skeptisch, meint aber, immerhin werde es mehr Ordnung geben. Außerdem ist er gegen Streiks und Demonstrationen, das sei schlecht für sein Gewerbe.

Ich verstehe, dass er zu den Leuten gehört, die es nach einer starken Hand verlangt, und sage: Das passt aber nicht so gut zusammen mit den armen Migranten, die nur ein besseres Leben wollen. Die sind jetzt schon schlecht dran und werden die Ersten sein, denen es an den Kragen gehen wird.

Er glaubt das nicht, sieht keinen Widerspruch in seinen Reden und wird vermutlich Le Pen wählen.

Thierry und ich verabschieden uns bald darauf, und kaum

sind wir draußen, sagt Thierry: Hast du gesehen, wie der Typ sich den Roséwein gespritzt hat? Pullover hoch, den Rosé direkt in den Magen gespritzt, Pulli wieder runter, keiner schaut hin, keiner stört sich dran. Eine alltägliche Beckett-Szene. Ein neuartiges Trinken. Das Leben der Kneipe.

Vor lauter angestautem Entsetzen lachen wir uns eine Weile krumm – das kann doch nicht wahr sein, hast du das gesehen, Wahnsinn. Als der Mann sich den Wein spritzte, hat Rachid ein unsichtbares Glas gehoben und ihm zugeprostet.

Wahrscheinlich haben wir beide noch nicht viel von der Welt gesehen. Noch nicht einmal Thierry, der Vielgereiste, der wesentlich mehr davon zu Gesicht bekommen hat als ich. Aber das …? Keine fünf Kilometer von der Porte de la Chapelle und damit von Paris entfernt? Nein, so etwas ist auch ihm noch nie begegnet.

Wir gehen durch La Courneuve, vorbei an den Resten der Cité des 4000. An einem Kreisel weisen drei untereinanderhängende Schilder nach:

CENTRE VILLE
VERLAINE

LES SIX ROUTES
BRAQUE

SYNAGOGUE
MOSQUÉE

Warum steht die Synagoge zuerst? Hat das eine Bedeutung, gibt es überall etwas zu verstehen, oder geschehen solche Anordnungen rein zufällig? Ich wundere mich, dass es in La Courneuve überhaupt noch eine Synagoge gibt. Viele jüdische Familien seien aus La Courneuve weggezogen, habe ich gelesen. Wie viele genau, weiß keiner, weil Statistiken zur religiösen Zugehörigkeit in Frankreich verboten sind, doch der jüdischen Gemeinde zufolge gab es dort vor zehn, fünfzehn Jahren noch dreihundert jüdische Familien und heute nur noch sechzig. Schuld sei der grassierende Antisemitismus.

Wir folgen dem Schild nicht, sondern gehen weiter in Richtung Aubervilliers, bis links eine »Grünfläche« auftaucht und dahinter ein gewaltiges, halb fertiges, in einen Ring aus Glas und Metall gehülltes Gebäude. Von einer der Grünflächenbänke aus haben wir die drei Kräne im Blick, die sich gemächlich über der Baustelle drehen, und den kleinen Spielplatz, der unmittelbar vor dem entstehenden Gebäude eingerichtet ist. Dunkel- und weniger dunkelhäutige Kinder spielen zusammen Fußball; auf einer Nachbarbank sitzen zwei verschleierte Frauen.

Da Thierry auch nicht weiß, was es mit dem ringförmigen Riesengebäude auf sich hat, schaue ich, noch auf der Bank sitzend, nach: Hier wird für über eine Milliarde Euro ein gewaltiges Datacenter gebaut, vierzigtausend Quadratmeter, auf denen Firmen wie Facebook, Google, Tinder ihre oder vielmehr unsere Daten aufbewahren, den ganzen unstofflichen Quark, den wir Tag für Tag aufrufen oder versenden und in dem natürlich auch ein paar nützliche Dinge schwimmen. Von diesen Elektronikbergen gehen Risiken aus; für den Fall von Stromausfällen sollen gefährlich hohe Mengen Kraftstoff eingelagert werden, und die Abkühlung der Anlage wird einen Höllenlärm machen, den der Glas- und Metallring, der das Ganze umgibt, lindern soll.

Wenn ich den Kopf hebe, geht mein Blick auf den Spielplatz, der an die Umzäunung der Data-Anlage grenzt, ein paar Meter nur von dem noch unfertigen Gebäude entfernt. Was ist das für eine Welt, in der man so nah an gigantischen, heißen, vibrierenden, lärmenden Datenmengen Kinder spielen lässt? Ich betrachte den Spielplatz etwas genauer: Neben ein paar armseligen Turngeräten ist da ein Häuschen auf Pfählen, von dem die Kinder, nachdem sie es erklommen haben, auf einer kleinen Rutsche hinuntergleiten können. Zwei Kleinkinder sind gerade oben angekommen. Und nun sehe ich, dass auch eine Mutter im langen schwarzen Niqab dort oben steht, eine düstere, vermummte Gestalt, die sich auf dieses bunte kleine Spielgerät verirrt zu haben scheint.

Zwischen Wohnsiedlungen und zwei hier zusammenlaufenden mehrspurigen Straßen klemmen zwei absurd anmutende Tennisplätze, um die herum Abfall auf den Böschungen verstreut liegt, auch ein Leihrad hat jemand den Abhang hinuntergeworfen. Von der Autobahnbrücke blicken wir auf vier Gleis- und acht Autospuren; Datacenter und Spielplatz sind in nächster Nähe. Zwischen den Gleisen und den Autospuren bohrt sich ein fünfzig Meter hoher, nach oben sich verjüngender stählerner Monumentalturm mit Wendeltreppe schraubenartig in den Himmel, ein Gebilde, das offenbar zu nichts anderem als zur Beleuchtung dieser liebreizenden Gegend dient.

In Aubervilliers gelangen wir von einer Cité zur anderen, es ist Nachmittag, vor den Schulen stehen die Eltern und warten auf ihre Kinder. Diese Kinder-Abholstunde ist eine friedliche, und da es ein milder Märztag ist, setzen Thierry und ich uns auf ein Mäuerchen, auf dem ein Stück weit weg ein junges Mädchen intensiv mit ihrem privaten kleinen Datacenter beschäftigt ist. Zwei junge Männer sind dabei, Sperrmüll aus einem der Wohngebäude zu tragen; jedes Mal, wenn einer von ihnen herauskommt, wächst der Müllberg vor dem Haus an.

Ich unterhalte mich mit Thierry über Rachid und das Café, als wir einen dunkelhäutigen Mann in seinen Dreißigern vorbeikommen sehen, mit Wanderschuhen an den Füßen und einem kleinen Rucksack auf dem Rücken; in den Händen, halb über seinem Kopf, trägt er eine dieser schwarzen Plastiktonnen, über die ich neulich schon gerätselt habe. Wir blicken der Silhouette des Mannes nach, der den Plastikzylinder wie ein aus dem Gleichgewicht geratener Gewichtheber schräg über seinen Kopf stemmt. Dann setzt er ihn ab und ruht sich eine Weile aus.

In der Rue des Cités, in der Nähe der Porte de la Villette, lese ich eine abgestoßene, leere CD-Hülle vom Gehsteig auf: *Le Saint Coran*, der Heilige Koran. *Traduction des Sens*. Übersetzung der Bedeutung? Vielmehr: der Bedeutungen? Ist das nicht etwas redundant, ich meine, gibt nicht jede Übersetzung die Bedeutung wieder? Wurde hier vor allem auf eine wortgetreue Übersetzung wert gelegt?

Gefesselt von den vielen Häkchen und Schleifchen und auf der Kante stehenden quadratischen Pünktchen, die sinnstiftend um die arabischen Schriftzeichen tanzen, trage ich die so gut wie aller Bedeutungen entleerte Hülle unter dem Périphérique hindurch mit mir heim.

Zu Hause schaue ich nach, was es mit dieser Audio-Fassung auf sich hat: Die zuerst 1959 veröffentlichte Übersetzung stammt von Muhammad Hamidullah, einem 1908 geborenen sunnitischen Islamforscher aus Indien, der unter anderem in Frankreich und Deutschland studierte. Mit den seither zahlreichen Überarbeitungen, zuletzt unter der Aufsicht der von Saudi-Arabien gesteuerten Islamischen Weltliga, die dafür den König-Fahd-Komplex heranzog, war der Übersetzer nicht einverstanden, allerdings wurde er gar nicht erst gefragt, und seine Proteste, unter anderem ein Brief, den er 1989 direkt an den König Fahd richtete, blieben ohne Antwort. Die revidierte Übersetzung wurde weltweit kostenlos verbreitet.

Ich denke noch weiter über die ungewöhnliche Formulierung »Übersetzung der Bedeutungen« nach. In der Tat: Warum sollte man sich beim Übersetzen immer für eine bestimmte Bedeutung entscheiden müssen? Wäre es nicht sinnvoller, verschiedene mögliche Bedeutungen nebeneinander stehen zu lassen? Zumal bei einem alten Glaubensbuch, das doch unmöglich einen eindeutigen Sinn haben kann, sondern im Lauf der Jahrhunderte und sogar in ein und demselben Übersetzerkopf verschiedene Auslegungen möglich macht. Doch ein offener, vielfältiger Bedeutungsraum, ahne ich, ist es nicht, was hier mit »Traduction des sens« gemeint ist.

13

Wir sind an der Porte de Saint-Ouen verabredet. Ich warte an der Tram-Haltestelle auf Thierry. Diese Ringbahnlinie, die am Périphérique entlangführt, scheint hauptsächlich von Nicht-Franzosen oder Nicht-Französisch-Stämmigen genutzt zu werden, sie fährt langsam und muss an den mit Autos zugestellten Kreuzungen oft warten. Ein junger Maghrebiner (oder Franzose maghrebinischer Herkunft) in schwarz-silbrig glänzenden Sportschuhen, eine um neunzig Grad zur Seite gedrehte schwarze Baseballkappe auf dem Kopf, kommt zielstrebig auf die Haltestelle zu und steigt sofort auf eine jener halbhohen, schrägen Anlehnbänke, die eigens so konzipiert sind, dass sich keiner darauf setzen und schon gar nicht legen kann. Kaum oben angelangt, streckt er seinen rechten Arm durch die handbreite Lücke zwischen zwei Teilen der Haltestellenüberdachung und verstaut dort eine kleine Tasche. Er prüft kurz, ob sie auch stabil liegt und nicht herunterfallen kann. Innerhalb von Sekunden ist er wieder unten und verschwindet in die Richtung, aus der er gekommen ist.

Dann steigt Thierry aus, und wir brechen auf in Richtung Cité Charles-Schmidt, ein »Drogen-Hotspot«, den Thierry sich anschauen will, doch die Cité hat nur wenige schmale Zugänge, die von allen Seiten überwacht werden. Wir geben es auf.

Ich als Algerier könnte ja reingehen, meint Thierry. Mit meinen drei, vier Worten Arabisch schlag ich mich durch. Wenn mir jemand dumm kommt, sage ich einfach: Hey, hier im fünften Stock hat früher meine Großmutter gewohnt! Ihr werdet mich doch wohl nicht davon abhalten wollen, noch mal das Haus meiner geliebten Großmutter zu sehen! Meine Großmutter Nurrrra! Gut, dich allerdings werden sie ausplündern.

Und du wirst sagen: Wer ist das denn, ich kenn die Frau nicht, die folgt mir überall hin, ich hab die noch nie gesehen.

Das sind halt meine Cousins, die tun mir nichts.

Okay, ich geh schon mal vor. Kannst ja nachkommen, wenn du mit deinen Cousins fertig bist.

Ein paar Schritte weiter sehen wir in der Rue Garibaldi einen Zettel mit einem Foto an einem Laternenpfahl kleben. Über dem Foto steht:

SALUT JE CHERCHE UN
VIEUX ARABE TRÈS SOUPLE
COMME SUR LA PHOTO
TELEFON 06...

– auf Deutsch: Hallo ich suche einen alten, sehr gelenkigen Araber wie auf dem Foto.

Der französische Satz enthält einen Fehler und ist ungeschickt zweideutig formuliert, denn zweifellos wird hier nicht irgendein möglichst gelenkiger Araber gesucht, sondern ein bestimmter: derjenige, der auf dem Foto zu sehen ist. Das Foto ist allerdings eine schlechte Fotokopie und der

Abgebildete kaum zu erkennen. Unter der hohen Stirn verschwinden die Augen tief in den Höhlen. Auch der Mund ist nur ein höhlenartiger Schatten. Der alte Mann liegt – wahrscheinlich im Freien, auf einer Wiese – auf dem Bauch, die Arme vor der Brust verschränkt und die Beine hinter sich in der Luft gekreuzt, sodass seine großen schwarzen Schuhe am Ende der ineinander verschlungenen Beine auf akrobatisch scheinende Weise über seinen Kopf hinausragen.

Für einen Mann dieses Alters muss er tatsächlich sehr gelenkig sein, doch wird wohl keiner, der diesem verirrten alten Araber über den Weg läuft, ihn auf seine Geschmeidigkeit prüfen. Vermutlich war es einfach das einzige Foto, das die Angehörigen besaßen. Doch wie groß ist die Wahrscheinlichkeit, mithilfe dieses unkenntlichen Porträts den alten Mann wiederzufinden?

An der nächsten größeren Kreuzung, vor der Metrostation Garibaldi, fällt mir eine vielleicht dreißigjährige Afrikanerin oder Französin afrikanischer Herkunft auf, die über ihrem schwarzen Rollkragenpulli ein gelb-braun-rot-blau leuchtendes afrikanisches Gewand mit glockigen Ärmeln trägt, in dessen Muster die Worte *Journée internationale de la femme, 8 mars 2023* und *Je pense à ma mère* eingearbeitet sind. Während Thierry in einiger Entfernung stehen bleibt und einen Mundwinkel hochzieht, spreche ich die junge Frau auf ihr außergewöhnliches, frauenkämpferisches Kleid an, und da sie erfreut und freundlich reagiert, frage ich sie, ob ich ein Foto von ihr machen kann. Sie ist einverstanden. Das dunkle Brillengestell schief auf der Nase, steht sie neben einem jener zum Grill umfunktionierten Einkaufswagen vor der Metrostation, wo sie gerade geröstete Kastanien kaufen wollte, und lächelt fein. Auf ihrem Bauch prangt eine (nicht sehr) dunkelhäutige Frau mit geschlossenen Augen und offenem, lachendem Mund, eine Faust auf Ohrhöhe geballt.

Wir sind jetzt im Zentrum von Saint-Ouen angelangt, wo man sich in einem Viertel von Paris wähnen könnte. Die Architektur ist ähnlich, wenn auch oft niedriger; es gibt Cafés und Läden, die es auch in Pariser Straßen geben könnte, und der Sacré Cœur schaut am anderen Ende der Straße über die Dächer. Doch kaum gehen wir ein paar Schritte weiter, fängt wieder das Banlieue-Durcheinander an: Wohnanlagen verschiedenen Datums, Baustellen, Unterführungen. Am Boulevard Victor-Hugo hat der Marathonläufer Boughéra El Ouafi eine Weile ein Hotelzimmer bewohnt, doch da ich die Hausnummer nicht kenne und das Hotel sicher längst nicht mehr existiert, laufen wir vergeblich ein Stück diese unwirtliche Straße entlang, bis wir auf den kleinen Friedhof von Saint-Ouen stoßen, ein flaches, unbepflanztes Stückchen Land, an das unmittelbar ein heruntergekommener, kolumbariumartiger Wohnblock mit Friedhofsblick grenzt. Zum ersten Mal in meinem Leben sehe ich hier jemanden auf einem E-Roller über einen Friedhof sausen. Es ist ein junger Schwarzer, dessen lange, zusammengebundene Zöpfchen während der Fahrt sanft auf seinem Rücken schaukeln. In der Nähe des Friedhofs steht ein bärtiger Mann mit Morgenmantel und Badelatschen vor uns auf dem Gehweg und unterhält sich mit einer Frau, die sich an ein parkendes Auto lehnt.

Und? Siehst du in Paris vielleicht Männer im Morgenmantel auf der Straße rumlaufen?, fragt Thierry.

Ich gebe zu, dass ich in Paris noch nie einen Mann im Morgenmantel auf der Straße gesehen habe. Ehrlich gesagt, gehörte das aber auch nicht zu den Dingen, die ich bisher besonders vermisst habe, sage ich.

Ah! Da sieht man's wieder, diese Verschlossenheit für fremde Welten, neue Eindrücke.

Na, wenn du willst, kannst du das ja als Sehenswürdigkeit in deinen Neun-Drei-Reiseführer aufnehmen, sage ich.

Wir wollen noch einmal zur Île Saint-Denis, an deren westlichen Ufer wir neulich kehrtmachen mussten. Diesmal gehen wir am südlichen Zipfel der Inselsichel los. Schon von der Brücke aus sehen wir die drei abgewrackten Türme der Cité Marcel-Paul. Die *chouffeurs* sind wie fast überall Schwarze; einer sitzt auf einem drehbaren Bürosessel auf Rollen vor dem vordersten der Türme, neben sich eine lange Reihe leerer Cola- und sonstiger Dosen. Die Cité soll demnächst abgerissen werden, die Wände sind feucht und schimmeln, lese ich später, doch schon von außen ist klar, dass an diesen Gebäuden seit Jahrzehnten nichts mehr gemacht wurde.

Hinter der Cité, am äußersten Zipfel der Insel, Île des Vannes genannt, liegt ein Fußballplatz, auf dem ein paar Jungs vor leeren Zuschauertribünen spielen, und ein »Sportpalast«, in dem in den Siebzigern Konzerte von Pink Floyd und Led Zeppelin stattfanden und der seither neben der Cité vermodert. Für die Olympischen Spiele soll er renoviert werden.

Wir gehen das östliche Ufer entlang nach Norden, vorbei an mächtigen, gerade erst fertig gewordenen Wohngebäuden und unzähligen Baustellen auf beiden Seiten des Seine-

Arms, auf denen Teile des zukünftigen »Olympischen Dorfes« wachsen. Wie viele Häuser und alte Industriegebäude mussten dafür abgerissen werden? Das neu bebaute Gelände ist unüberschaubar, hinter jedem entstehenden Neubau wächst noch ein weiterer, bis plötzlich die Baustellen einem ehemaligen Zementwerk Platz machen, durch dessen Öffnungen der Wind pfeift. Wir sehen dunkelhäutige Menschen ein- und ausgehen, offensichtlich ist das Gebäude bewohnt, und tatsächlich lese ich am Abend, dass sich hier seit drei Jahren um die fünfhundert Menschen, hauptsächlich aus dem Tschad und dem Sudan, eingerichtet haben. Als wir zwei Monate später noch einmal vorbeikommen, überragt eine mattsilbern leuchtende Stacheldrahtrolle die das Gelände umschließende Mauer, und ein Wächter bewacht den Eingang: Die Bewohner sind ausquartiert worden. Hier, in unmittelbarer Nähe des Olympischen Dorfes, waren sie noch unerwünschter als anderswo. Eben noch lebten diese Menschen neben uns; am frühen Morgen wurden sie abtransportiert. Wo mögen sie hingekommen sein?, fragen wir uns, bevor wir weiter unseren Alltagsbeschäftigungen nachgehen. Es waren Menschen darunter, die arbeiten (einer ist Schweißer in Stains, ich höre ihn in einer Radiosendung sprechen), Kinder, die zur Schule gehen. Aus diesen Zusammenhängen wurden sie herausgerissen, und da sie keine Aussicht auf Papiere haben, werden sie sich ein anderes Schattenloch suchen, werden sie anderen Ortes Schattennachbarn sein, bis sie auch aus diesen neuen Schatten wieder vertrieben werden und so weiter, von Schatten zu Schatten bis zum letzten großen Schatten, dem einzigen, der uns alle gleichmacht, besser als jede Revolution.

Über die nächste Brücke verlassen wir die Insel und gelangen zur RER-Bahnstation Saint-Denis, vor der schwarze Jugendliche herumlungern. Bis zu unserem Café ist es von hier aus nur noch eine halbe Stunde Weg, vorbei am Park der Ehrenlegion und vorher noch an einem Krankenhaus, Hôpital Casanova, bei dem ich mich frage, warum es ausgerechnet nach einem Massenverführer benannt ist, bis ich merke, dass nicht der berühmte Venezianer, sondern eine kommunistische Résistance-Kämpferin, Danielle Casanova, die Namensgeberin ist.

Außer uns sind heute nur der Marokkaner und zwei Männer im Café, die sich bald zum Kartenspielen an einen Tisch zurückziehen. Rachid begrüßt uns herzlich, er scheint sich über unser Kommen zu freuen. Thierry erzählt ihm wieder von Algerien und von Aït Ahmed, und Rachid, der sonst nicht besonders viel Interesse für Algerien aufbringt, hört ihm diesmal aufmerksam zu. Thierry erzählt, wie Aït Ahmed Ende der Neunziger aus seinem Schweizer Exil als Präsidentschaftskandidat nach Algerien zurückgekehrt und während der Wahlkampagne von einem alten Mann angesprochen worden sei. Dieser sei ihm in die Arme gefallen und habe ihn begrüßt wie einen alten Bekannten, er habe geweint und geweint (Thierry macht die überschwänglichen Begrüßungs- und Klagegesten des alten Mannes nach). Irgendwann hätten sie einander weinend in den Armen gelegen, bis Aït Ahmed schließlich gesagt habe: Entschuldigen Sie, aber ... woher kennen wir uns denn? – Ja, erinnern Sie sich denn nicht?, habe der andere gerufen. Ich war es doch, der Sie 1964 zum Tod verurteilt hat!

Das sei Algerien, habe Aït Ahmed zu Thierry gesagt.

Wir müssen lachen. Meine Vermutung, dass Rachid, wie Aït Ahmed, kabylischer Herkunft ist, bestätigt sich. Das ist vielleicht auch der Grund, warum er nicht Arabisch spricht, die Sprache seiner Mutter war vermutlich das kabylische Berberisch.

Seine Mutter werde demnächst nach Algerien reisen, sagt er, um ihre Familie zu besuchen, sie habe Geschwister in Algier, in einem Vorort, und eine unverheiratete Schwester in der Kabylei, wo die Familie herkomme. Doch sie schimpfe dauernd, weil nichts richtig funktioniere in diesem Land. Wenn sie zu Hause bei ihrer Schwester in den Bergen bliebe, ginge es ja noch, aber nein, sie liebe die Stadt. Seine Mutter habe einen starken Charakter, mit dem sie sich in Algerien immer wieder Probleme einhandele. Zum Beispiel wolle sie sich auf eine Café-Terrasse setzen und rauchen dürfen, ohne zurechtgewiesen oder schief angesehen zu werden. Auf dem Markt handle sie Preise gerne selber aus, doch die Händler hätten es nicht gern, wenn sich Frauen direkt an sie wendeten.

Sie sucht die Probleme!, wirft Thierry lächelnd ein.

Ja, ja, sie lasse sich nichts gefallen, sagt Rachid. Ihre Schwester jedenfalls, die habe es schwer gehabt in den Neunzigern, weil sie weiter als Lehrerin habe arbeiten wollen. Das sei aber nur unter Lebensgefahr möglich gewesen. Jeden Tag habe sie einen anderen Weg zur Schule genommen.

Die Islamisten wollten nicht, dass Frauen arbeiten gehen, doch wenn ich Rachid recht verstehe, war das noch größere Problem, dass seine Tante in der Schule Französisch lehrte – die Sprache des Kolonisators. Dass sie eine Frau war, kam noch erschwerend hinzu. Die Frauen hatten zu Hause zu bleiben. Vor allem die verheirateten. In der Kabylei sei das anders, sagt Rachid. Er scheint den Rest Algeriens für sehr zurückgeblieben zu halten.

Thierry und er reden dann darüber, wie schlecht Araber in Frankreich immer noch behandelt würden. Rachid erzählt von Freunden, die man im Café einfach wie Luft behandele, während die Franzosen am Nebentisch sofort Getränke serviert bekämen. Von der Arbeitssuche ganz zu schweigen. Für eine Stelle mit »Kundenkontakt« wolle man keine Araber haben, und auch sonst so wenige wie möglich.

Und die Wohnungssuche ... Mit seinem Nachnamen habe er nichts gefunden, er habe seine Frau vorschicken müssen, sagt Thierry.

Die Leute erinnerten einen dauernd an die eigene Herkunft, sagt Rachid. Er habe neulich ein paar Worte mit einer Frau gewechselt, die ihn gleich gefragt habe, ob er Kabyle sein. Nein, Madame, ich bin Franzose, habe er gesagt. Immer werde man auf seine Herkunft verwiesen. Dabei esse er Schweinefleisch und alles. Manchmal sei ihm das sogar vorgeworfen worden. Einmal, mit dreizehn, vierzehn, habe ein Freund ihn gefragt: Und? Die Religion? Nein, das sagt mir nichts, habe er ihm geantwortet. Da ist deine Mutter dran schuld!, habe der Freund gerufen, und er habe geantwortet: Nein, da ist niemand schuld, das ist einfach so. Aber später, so mit fünfzehn, sechzehn, da habe dann doch seine Herkunft angefangen, ihn umzutreiben, er sei damals auf eine Platte des kabylischen Sängers Idir gestoßen, diese Musik habe ihn aufgewühlt damals, aber lange habe das nicht angehalten. Mit Anfang zwanzig habe er es noch mal versucht, aber nein, es sei nicht gegangen, er habe an nichts anknüpfen können.

Er fühle sich auch immer *entre deux ailleurs*, sagt Thierry – wörtlich: zwischen zwei Woanders, weder ganz hier noch ganz dort.

Wir erfahren dann noch, dass Rachid bis vor zehn, zwölf Jahren als kaufmännischer Angestellter für verschiedene Firmen gearbeitet hat, bis seine Mutter, die eigentliche Inhaberin und bis dahin alleinige Betreiberin des Cafés, gesundheitliche Probleme bekommen hat und Rachid seine Stelle aufgegeben hat und eingesprungen ist. Ursprünglich nur kurzfristig. Und nun ist er immer noch da, von morgens um neun bis abends um zehn steht er an sechs Tagen in der Woche hinter der Theke. Angestellte kann er sich nicht leisten. Urlaub auch nicht. In seinen wenigen freien Momenten muss er zu Hause für seine kranke Mutter sorgen. Um seine eigenen Rückenprobleme kann er sich nicht kümmern, weil er es sich nicht erlauben kann, das Café zuzumachen, um zur Physiotherapie zu gehen. Er lebt mit seiner kranken Mutter ein paar Häuser weiter.

Noch nie hat uns Rachid so viel von sich anvertraut. Mit seiner leisen, sanften Stimme und ohne je zu klagen oder wehleidig zu klingen. Und dann, vielleicht weil heute so wenig los ist im Café, erzählt er uns, dass er nebenher noch eine andere Tätigkeit hat, der er mit Leidenschaft nachgeht: Er hat einen kleinen Verlag gegründet, in dem er in sporadischen Abständen, jedes Mal, wenn eine neue Nummer fertig ist, eine Zeitschrift herausgibt, die er im Internet vertreibt. In der nächsten Ausgabe soll es um alte amerikanische Science-Fiction-Serien gehen, *The Invaders*, *Star Trek*,

Mission: Impossible und so weiter. Immer stehen die Sechziger-, Siebzigerjahre im Mittelpunkt. Offenbar richtet sich die Zeitschrift an Nostalgiker – wie er selbst einer ist? Taucht er mit der Zeitschrift wieder in die glücklichsten Jahre seines Lebens ein? Sein Leben heute, so viel ich davon bisher sehen konnte, besteht darin, den Verlorenen, Einsamen, den Siechen des Viertels einen Zufluchtsort zu bieten und dabei selbst gerade so über die Runden zu kommen. Er trinke nicht. Er rauche nicht. Jeden Centime, den er sparen könne, stecke er in diese Zeitschrift.

Die Filme, die Autos, die Gegenstände, die Musik jener Jahre – da gebe es noch viel zu tun. Aber es sei schwierig, im Moment werde alles immer teurer, das Papier, der Druck, die Versandkosten … Es gebe Blogs, die sich auf diese Epoche spezialisiert hätten, dort tue er sich um. Es sei nicht leicht, denn er habe hier im Café nicht die nötige Konzentration. Wenn nicht viele Kunden da seien, setze er sich zwischendurch an den Computer.

Das Gute sei, sagt Thierry, dass er sich einen kleinen Raum für sich geschaffen habe.

Ja, das brauche er, sagt Rachid. An etwas anderes denken. Das sei wichtig.

Da denkst du jeden Tag dran, sagt Thierry, mehr als Feststellung denn als Frage, und Rachid bestätigt es.

Das helfe ihm, den Rest zu ertragen.

Uns zu ertragen!, sage ich. Wir sollten nicht mehr so oft kommen und dich zuquatschen.

Er lächelt kopfschüttelnd und holt einen uralten Laptop unter der Theke hervor und klappt ihn auf wie einen Mund voller Zahnlücken: Es fehlen einige Tasten, die aber scheinbar trotzdem noch irgendwie zu bedienen sind. Auf dem schlechten Bildschirm zeigt er uns den Cover-Entwurf der neuen Zeitschriftausgabe, ganz im Sechzigerjahrestil. Für die Textbeiträge und das Layout bezahlt er freie Mitarbeiter.

Mir ist rätselhaft, wie er das finanzieren kann. Sicher mühsam genug, denn die Ausgaben erscheinen in niedriger Auflage und in großen Abständen.

Nachdem er den zwei Kartenspielern noch ein Bier gebracht hat, zeigt uns Rachid eine verblasste Postkarte, auf der das Café in den Neunzigerjahren zu sehen ist, als seine Mutter es von einer Frau namens Mauricette übernahm. Vor dem Café steht ein Kamel. Damals hatte sich eine Zeit lang ein Zirkus ganz in der Nähe niedergelassen. Sicher gab es mehr Brachland. Jemand hatte das Kamel zum Café geführt. Ob Rachids Mutter ihm wohl etwas zu trinken hingestellt hat, wie man es mit Hunden tut?

Das Café hat sich nicht verändert. Es sah damals schon wie ein Überbleibsel aus den Fünfzigerjahren aus.

In den Neunzigern sei die ursprüngliche Bevölkerung abgewandert, sagt er. Stattdessen seien Nord- und Schwarzafrikaner hergezogen.

Das Café sei aber ein Ort, wo alle möglichen Leute hinkämen, sagt Thierry. Das habe uns gleich so angezogen.

Ein Zufluchtsort, sagt Rachid.

Ich: Und wie wir empfangen wurden beim ersten Mal! Das werde ich nie vergessen.

Er habe sich schon ein bisschen gewundert, was wir hier machten, sagt Rachid.

Unbekannte!, ruft Thierry. Was wollen die denn hier?

Erst habe er geglaubt, wir wollten vielleicht ein Haus in der Gegend kaufen.

Wir sagen ihm, dass wir nicht vorhätten, zusammenzuziehen, und dass wir zwar verheiratet seien, aber nicht miteinander.

Als wir wieder draußen sind, bricht es aus mir heraus: Gibt es denn keine Möglichkeit, Rachid irgendwie zu helfen? Er braucht mindestens schon mal einen neuen Computer! Ich verstehe nicht, wie man mit so einem Ding überhaupt arbeiten kann, noch nie habe ich ein derart klappriges Gerät gesehen, außer auf dem Sperrmüll vielleicht. Es fehlen jede Menge Tasten! Damit kann doch kein Mensch etwas Vernünftiges zustande kriegen.

Während Thierry ruhig neben mir hergeht und mir leicht spöttische Seitenblicke zuwirft, steigere ich mich immer weiter in ein bei mir sonst nicht besonders stark entwickeltes Helferinnensyndrom hinein. Wie man es denn anfangen könne, ihm ein bisschen Geld zuzuschustern, frage ich. Statt eines Espressos für einen Euro könnte man natürlich etwas Teureres trinken, aber was dabei herausspringen würde, wäre ja lächerlich. Mir ist es ein umso dringenderes Bedürfnis, Rachid zu helfen, als ich ihn von Anfang an sehr mochte und heute zu spüren glaube, dass das Café für ihn einen beruflichen und existenziellen Abstieg bedeutet, eine Sackgasse, aus der er nicht wieder herausfindet, und sein ganzes Leben fortan an diese Parallelbeschäftigung hängt, die er sich unter widrigsten Umständen erkämpft und die ihm ungeheuer wichtig zu sein scheint, wichtiger vielleicht sogar als ein heiler Rücken, weil sie ihm zeigt, dass seine Existenz nicht in dem armseligen, ungeheizten, wenn auch von mir und anderen geliebten Café aufgeht, ja, dass er für anderes gemacht ist und aus eigener Initiative so etwas Komplexes wie eine Zeitschrift konzipieren und realisieren kann.

Ich rede und rede. Thierry lächelt nur.

Plötzlich fällt mir ein, dass ich einen alten Laptop zu Hause herumstehen habe, der noch funktionstüchtig ist, den ich aber, als ich vor drei Jahren genug Geld hatte, um mir einen neuen zuzulegen, zu lahm fand, und ich frage Thierry: Könnte ich ihm den nicht geben? Oder könntest du das nicht machen? Du könntest ihm doch einfach sagen, dass du dir einen neuen gekauft hast, weil der alte nicht mehr genug Speicher hatte für das Filmmaterial, das du brauchst. Und dass du keine Verwendung mehr dafür hast.

Thierry lächelt immer schiefer und zieht jetzt dabei eine Augenbraue hoch.

Und hast du nicht auch einen alten Kühlschrank, der nicht mehr so richtig kühlt, den du ihm geben könntest?, fragt er spöttisch.

Ich sehe sofort ein, dass es so nicht geht.

Ich dachte doch nur ... Weil das Ding eh nur bei mir rumsteht ... Und es sicher noch viel besser funktioniert als der zahnlose Laptop, den er hat ...

Thierry erklärt mir, dass man so nicht mit Leuten umgehen könne, dass ein Geschenk auch demütigend sein könne und dass man aufpassen müsse, wie man es anfange, wenn man jemandem etwas Gutes tun wolle, und ich spüre sofort, dass er recht hat.

Aber wie können wir es denn sonst anfangen? Mir fällt nichts ein.

Thierry denkt kurz nach.

Vielleicht können wir einen meiner Kurzfilme im Café zeigen, sagt er. Wir laden ein paar Leute ein, und er verkauft fünfzig oder hundert Getränke mehr als an jedem anderen Abend.

Ich staune, wie schnell Thierry eine Lösung eingefallen ist, bei der Rachid nicht als Almosenempfänger dasteht, sondern als einer, der eine kleine Filmaufführung veranstaltet.

Du musst den anderen als Menschen ernst und wichtig nehmen, sagt er jetzt gar nicht mehr spöttisch. So geht das nicht, hier, nimm das, das brauch ich eh nicht mehr.

Ich merke, dass meine erste Regung unbedacht war.

Kurz darauf verfallen wir wieder in einen unserer überdrehten Dialoge, die mir guttun, weil ich mir weniger bescheuert vorkomme, sobald ich mich über mich selbst lustig machen kann.

Also der Typ im Café, sagt Thierry, der hat da so ein klappriges Teil … Glaubst du, ich kann (er legt sich die Hand aufs Herz) …

Ich: … glaubst du, ich kann ihm meine olle Waschmaschine andrehen, die nicht mehr schleudert … ohne dass er sich beleidigt fühlt? Übrigens wär's am besten, wenn du ihm das olle Ding anbieten würdest und nicht ich.

Er (mich weiter nachahmend): Ja, genau, am besten wär's, wenn du ihn beleidigst und nicht ich! Ja, ist mir irgendwie lieber, wenn du das übernimmst.

Ich: Ach, und wenn ich schon dabei bin, ich hab da noch den ganzen Keller voller Kram, einen ausrangierten Drucker, einen Drehsessel, der sich nicht mehr runterdrehen lässt, ich komm mit den Füßen gar nicht mehr auf den Boden. Vielleicht kann er das eine oder andere davon gebrauchen?

Er: Am besten miete ich einen Kleintransporter und stell ihm den ganzen Kram vor die Tür. Wollt ich eh loswerden, das Zeug.

Ich: Ich war schon immer sehr großzügig!

Es ist schon fast dunkel, als wir an der nahen Cité des Francs-Moisins anlangen; in der kalten Märzluft sitzen zwischen zwei Wohnblöcken und einem Parkplatz, ein Stück Stoff um den Kopf gewickelt, ein paar ältere Afrikanerinnen im Boubou-Kleid und grillen. Jüngere Schwarze stehen um den Grillplatz herum und unterhalten sich leise. Wir hören die Stimmen, ohne etwas zu verstehen. Eine große Ruhe geht aus von dieser Zusammenkunft, jedenfalls kommt es mir, der Vorübergehenden, so vor, und wir tragen diese Ruhe zwischen den mächtig und nackt sich gegenüberstehenden Blöcken der Cité hindurch und wieder zurück, vorbei an den *chouffeurs*, die in der Mitte und an allen Hauseingängen stehen, doch erst nachdem wir die Cité wieder verlassen haben, ertönt ein erster lang gezogener Ruf, dann ein zweiter und ein dritter, und bald hallt die ganze Gegend von dem Männergesang, die Stimmen lösen sich ab, weiten sich aus, und während wir uns entfernen, hören wir sie noch lange immer leiser und leiser widerhallen.

14

Noisy-le-Grand ist der äußerste südöstliche Zipfel des Neun-Drei-Départements und grenzt an die Marne. Die Vorstadtbahnstation empfängt uns mit großen Mengen dreckigem Beton, einst gelb gestrichenen Treppengeländern, lädierten, zum Stolpern und Fallen geeigneten Bodenplatten. Eine Seite der Treppe ist abgesperrt, vielleicht könnte sie unter einem zusammenbrechen oder es könnte einem ein Steinbrocken auf den Kopf fallen, ich weiß es nicht. Ein langer, schmaler Tunnel mit wellenförmiger Fahrbahn führt zu einem Parkplatz.

Hier im Untergeschoss muss es früher einmal Geschäfte und Lokale gegeben haben, die Schilder hängen noch, doch scheint alles schon seit Jahren, wenn nicht Jahrzehnten, geschlossen und mit Graffiti übermalt, dicke, schmutzige Spinnwebenzöpfe hängen von der Decke, von der die Farbe absplittert. Die Lampen sind zu eingewoben und verdreckt, um mehr als ein Dämmerlicht abzugeben.

Oben auf der sogenannten Esplanade wird der Eingang einer Ladengalerie sichtbar, eine zusammengewürfelte Architektur aus ältlichen Büro- und Wohngebäuden. An einem Parkhaus vorbei, über dessen Betonrampen sich grünschwarze Moosschlieren ziehen, geht es zu einem neoklassizistischen Gebäudekomplex namens Espaces d'Abraxas – Räume des Abraxas, entworfen von dem spanischen

Architekten Ricardo Bofill als Gegenentwurf zu Le Corbusiers schlichten Wohneinheiten. Warum müssen es auch immer diese brutalen Kaninchenstallbauten sein? Auch die armen Leute sollten ein Anrecht auf ihren Renaissance-Palais haben. Nur ist dieser eben aus Beton und von bedrohlichen Ausmaßen, und sie müssen ihn sich mit ein paar Hundert anderen Familien teilen. Ein Schauder überläuft mich, als wir zwischen die Gebäude treten, in deren Mitte ein im Halbkreis und in Abstufungen angelegter Rasen an ein antikes Theater erinnern sollen. Vielleicht wäre das Ganze gar nicht so übel, wenn es um ein Vielfaches kleiner wäre? Die Säulen sind so hoch und dick, die Monumentalbauten so erdrückend, dass sie schon mehrmals als Drehort für Science-Fiction-Filme herhalten mussten (*Brazil*, *Hunger Games*); angeblich kommen inzwischen Menschen eigens her, um für Instagram Fotos zu machen. Außer einem jungen Paar, das hier zu wohnen scheint, begegnen wir aber niemandem. Ich frage mich, wieso ausgerechnet eine neo-klassizistische, also auf alt getrimmte Architektur zu Science-Fiction-Filmen passen soll, aber natürlich bekomme ich darauf keine Antwort.

Solange wir das Ganze im Blick haben, wirkt es einfach nur wuchtig und auf billige Weise pompös, doch sobald wir die Eingänge und die Passagen zwischen den Gebäuden betrachten, fällt auf, wie heruntergekommen alles ist und dass gedealt wird. Der Inhalt eines halb offenen Koffers liegt zwischen vermoostem Beton verstreut.

Die andere architektonische Besonderheit von Noisy-le-Grand, zwei als »Camemberts« bekannte, kreisrunde Wohnhochhäuser, ist nicht weit entfernt. Aus unerfindlichen Gründen scheint der Architekt einen runden Wohnblock für menschlicher gehalten zu haben als einen eckigen, und so hat er zwei jeweils von Hunderten bewohnte Betonräder hochkant einander gegenübergestellt. Ich habe gelesen, dass dieser Mann, Manuel Nuñez Yanowsky mit Namen, eine russische Mutter hatte und zum Vater einen spanischen Republikaner, der sieben Jahre in einem sowjetischen Gulag verbrachte. Und dann kommt der Sohn und baut zwei riesige runde Gefängnisse! Die Riesenräder schweben in der Luft, vielmehr stützen sie sich auf einen Unterbau, der sich in der Mitte zur Stadt hin öffnet. Die Fenster der Vorderfront wären quadratisch, wenn die achteckigen Öffnungen der Betonplatten davor nicht alle Fensterecken abschnitten; tatsächlich beherrscht ein bienenwabenartiges Achteckmuster die Fassaden, und auch der Platz zwischen den Camemberts ist achteckig. Ein paar der Fenster sind geöffnet, hier und da hängt ein Lappen oder ein Kleidungsstück heraus – es leben also wirklich Menschen in diesen Bienenwaben.

Wir sitzen zwischen den beiden Rädern auf dem nach allen Seiten offenen Platz, den immer wieder Passanten überqueren; die Bewohner sind hier nicht unter sich wie zwischen den Neo-Renaissance-Sozialwohnungspalästen von vorhin. Kaum sind wir zwei Minuten vor Ort, sehen wir, wie ein junger Mann vor der Polizei zu flüchten versucht und wie die Polizisten ihre Teleskopschlagstöcke ausfahren und ihn kurz darauf festnehmen. Ein paar Schritte von uns entfernt unterhalten sich drei schwarze Jungs – der jüngste vielleicht dreizehn, der älteste höchstens fünfzehn –, scheinbar ohne die Szene besonders zu beobachten, doch als kurz darauf zwei der Polizisten nicht weit von uns vorbeigehen, preschen sie wie auf Kommando schreiend auf sie los (ohne Waffen, soweit ich sehen kann). Die beiden Polizisten schlagen zwei der Jungs in die Flucht, den dritten gelingt es ihnen, festzuhalten und abzuführen.

Was ist das für eine Scheißwelt, sagt Thierry, in der Kinder festgenommen werden und gleichzeitig ein Bernard Arnault frei rumläuft und Geld anhäuft.

Ich gebe besser nicht zur Antwort, dass Geldanhäufen nicht verboten ist, Auf-Polizisten-Losgehen aber schon. Das käme erstens nicht gut an, zweitens finde ich auch, dass in einer Welt, in der Kinder auf Polizisten losgehen und festgenommen werden, etwas nicht stimmen kann. Wie unerschrocken und entschlossen diese drei Kinder wirkten!

Wir gehen um die Siedlung herum: Die Rückseite der Gebäude ist dreckig und heruntergekommen; ein Auto mit zwei Polizisten in Zivil braust wie in einer Krimi-Serie mit quietschenden Reifen davon.

Müssen die immer Cowboy spielen?, fragt Thierry.

Ich sage nichts, weil ich von diesen Spielchen keine Ahnung habe, stelle mir aber vor, dass jeder hier in seiner Rolle wie in einer Zwangsjacke steckt.

Eine große Steinplastik mit kugelförmigem Sockel stellt üppige nackte Frauen dar, die auf ihrem langen steinernen Lockenhaar kopfstehen. Wieder ist es das Werk eines spanischer Künstlers. Offensichtlich hat man Anfang der Achtzigerjahre in dieser Gegend einer Gruppe von durchgedrehten Spaniern freie Hand gelassen.

Bevor wir die Camembert-Zone endgültig verlassen, drehen wir uns vor einer graffitibedeckten Mauer, hinter der ein paar verrammelte Einfamilienhäuschen stehen, noch einmal um und sehen eine mit Medikamenten oder sonst was zugedröhnte, nicht mehr junge Frau quer über das Brachland taumeln.

Die Leute sind in einem Zustand …, sagt Thierry.

Die nächste Cité (La Noiseraie) ist kein sozialer Wohnungsbau, sondern ein Ensemble von Eigentumswohnungen, wobei von außen gesehen der Unterschied eigentlich hauptsächlich darin besteht, dass das Gelände nicht frei zugänglich ist, sondern man einen Code oder elektronischen Türöffner braucht, um hineinzukommen. Ansonsten: ähnlich von Feuchtigkeit angefressener Beton, ähnlich öde, wenn auch niedrigere, schmale Fensterreihen. Ein paar Schritte die Straße hinunter treffen wir auf ein verlassenes, aus Bruchsteinen gefertigtes Bauernhaus mit Nebengebäuden und kopfsteingepflastertem Hof, und plötzlich ist es so still und ländlich wie vor hundert Jahren. Oder doch nicht? Am Zaun des per Alarmanlage gesicherten Häuschens gleich gegenüber hängt ein umgedrehtes Schild, das, weil es halb durchsichtig ist, als Baugenehmigungsschild zu erkennen ist. Auf die Rückseite hat jemand in Großbuchstaben geschrieben: »PERMIS DE NE PAS CONSTRUIRE – Genehmigung zum Nicht-Bauen. Künftige Käufer, informieren Sie sich hier, bevor sie kaufen!!! Wir sagen Ihnen, was der Makler Ihnen verheimlicht, klingeln Sie hier.«

Eine Frau von vielleicht Mitte sechzig zieht mühsam ein Wägelchen hinter sich her, sie trägt Zeitungen oder Werbeflyer aus und wirkt, als würde sie gleich umkippen.

Dann wird es schlagartig nobler, und wir kaufen Sandwiches in einer Bio-Boulangerie, die allerdings schon wieder von *rebeus*, also von maghrebinischstämmigen Besitzern, betrieben wird.

Bio und *rebeu*, *ça sent l'embrouille*, sagt Thierry, da stimmt was nicht, das ist verdächtig. Die machen auf Bio, will er sagen, verkaufen aber in Wirklichkeit die üblichen Gummisandwiches mit Billigkram drauf. Uns ist das egal, wir haben Hunger.

Mit unseren Sandwiches streifen wir durch eine feine Wohngegend mit videoüberwachten Villen und Blick auf die Marne. Warum waren meine Eltern eigentlich nicht in so einem Altenheim?, fragt Thierry, als wir an einer kleinen »Seniorenresidenz« im Grünen vorbeikommen. Und als wir kurz darauf an der Marne anlangen, die noch frei und unbegradigt zwischen bewachsenen Ufern dahinfließt: Warum wohnen hier nur Weiße? Und warum sind hier die Parkplätze umsonst? Tatsächlich sind hier, zwischen dem Fluss und den opulenten Villen am Ufer, nur Weiße unterwegs; weiße Spaziergänger, Weiße auf den Fahrradwegen. Seit die Polizei den schwarzen Jugendlichen festgenommen hat, ist noch nicht einmal eine halbe Stunde vergangen.

Eine graffitibedeckte, ausgehöhlte Ruine steht als Mahnmal mitten zwischen den weißen Villen. Mit dem großen, austernartig geschichteten Zunderschwammpilz an einem Buchenstamm davor hätte schon ein Steinzeitmensch ein Feuer anzünden können, doch wir entzünden kein Feuer, sondern nehmen eine Fußgängerbrücke über die Marne, die uns an die Grenze von Chelles und damit an das Département Seine-et-Marne heranführt. In Neuilly-sur-Marne liegen Baumärkte an der Schnellstraße und ein Hypermarché, vor dem man an einem Automaten Tag und Nacht Eiswürfel erwerben kann. Die Eiswürfel sind in 5- oder 10 kg-Paketen erhältlich. Wer soll denn hier solche Mengen Eiswürfel kaufen, frage ich Thierry, und zu welchem Zweck? Wieder eine Frage, die ohne Antwort bleibt. In vereisten Großbuchstaben steht ein rätselhaftes GLAÇONS auf dem Automaten.

Als Nächstes kommen wir an einem ehemaligen, später in »psychiatrische Klinik« umgetauften Irrenhaus vorbei, das passenderweise Maison Blanche heißt, also das Weiße Haus. Von der Straße aus sind durch die Bäume hindurch nur die Umrisse eines Schlösschens zu erkennen, aber das Gelände ist groß, es scheint noch etliche Pavillons und Nebengebäude zu geben. Thierry erklärt mir, dass all das demnächst in eine große Wohnanlage mit Geschäften, Firmen und Schulen verwandelt werden soll. Abends lese ich, dass diese Maison Blanche Ende des 19. Jahrhunderts gebaut worden war, weil das ursprüngliche Irrenhaus Ville-Évrard, ganz in der Nähe, nicht mehr ausreichte. Gab es früher so viel mehr Irre, oder hat man sie häufiger weggesperrt als heute? Ich frage mich auch, wie oder vielmehr ob die Irren die Jahre der deutschen Besatzung überstanden haben. Einem langen Text zur Geschichte der Klinik auf der Website des Départements (tourisme93.com) entnehme ich, dass es von Anfang an eine psychiatrische Klinik für Frauen war. Während des Ersten Weltkriegs wurde sie zum Militärkrankenhaus umfunktioniert, die Patientinnen wurden ausquartiert. Ich lese weiter bis zum Zweiten Weltkrieg und dem lapidaren Satz: »Es wurde ein Versorgungssystem eingerichtet, das denen, die nichts als ihre Ration bekamen, und das betraf die Mehrheit der in Maison Blanche internierten Kranken, das Überleben unmöglich machte.« Das ist der letzte Satz zu dieser

Zeit, danach geht es weiter mit den Siebzigerjahren. »Versorgungssystem«? Was ist das für ein Versorgungssystem, bei dem die meisten Patienten verhungern? In Frankreich gab es während der Okkupation Restriktionen, Nahrungsmittel waren knapp, doch ist, nach allem, was ich weiß, niemand hungers gestorben – abgesehen von Anstaltsinsassen, die keinen Zugang zum Schwarzmarkt hatten, von körperlich Geschwächten oder Ausgeschlossenen. Die Patientinnen der Maison Blanche hat das »Versorgungssystem« also, wie circa 50 000 weitere psychisch Kranke, dem Hungertod preisgegeben.

Inzwischen sind wir vor den Toren der ältesten großen psychiatrischen Klinik des Ortes angekommen. Hier, in Ville-Évrard, waren Camille Claudel und Antonin Artaud interniert, Claudel zwischen 1913 und 1915, Artaud ab 1939, und wenn es seinen Freunden und einem von seinem Künstlertum betörten Psychiater nicht 1943 gelungen wäre, ihn dort herauszuholen und nach Südfrankreich in die »freie Zone« bringen zu lassen, hätte er vermutlich zu den Verhungerten gehört. Auf der Website der Klinik findet sich die Rubrik »Geschichte«, in der die Besatzungszeit übersprungen wird. Nur die »Entvölkerung« findet als Kriegsfolge Erwähnung, und zwar als eine positive, die die Eröffnung zweier Pavillons für Kinder ermöglichte.

Wir würden uns gerne auf dem Gelände ein wenig umsehen, doch die Wasserstoffblondine im Empfangshäuschen wirkt so wenig entgegenkommend, dass ich schon im Voraus aufgebe. Thierry aber tritt lässigen Schrittes zu ihr hin und beginnt, sie in seinem liebenswürdigsten, schüchternsten Ton zu umgarnen und sogar zum Lächeln zu bringen:

Wir hätten so viel über die Geschichte des Ortes gehört und über die außergewöhnliche Architektur, außerdem hätten wir eigens einen weiten Fußweg zurückgelegt, und obwohl es ihr vermutlich klar ist, dass nur die Hälfte davon stimmt, lässt sie uns schließlich ein, wobei sie mehrfach betont, dass im Garten auch Patienten herumliefen und sie deshalb nicht jeden hineinlassen könne. Auf einem Plan des Geländes zeichnet sie uns den Weg zum Museum ein, denn es gibt ein kleines Museum der Psychiatrie hier, das allerdings, wie wir später feststellen werden, geschlossen scheint, doch folgen wir nicht dem eingezeichneten Weg, sondern streifen zwischen den verschiedenen Gebäuden umher, von denen die meisten noch aus dem 19. Jahrhundert stammen und in den letzten Jahrzehnten kaum Renovierungen erfahren haben dürften. Nicht wenige von ihnen wirken, als wären sie schon länger geschlossen.

Wir verharren eine Weile vor einem länglichen, einstöckigen Gebäude namens Cassiopée, dessen Erdgeschossfenster mit Holzplatten vernagelt sind und von dem ich am Abend merke, als ich mir einen Film über Artauds Leben in Ville-Évrard ansehe, dass es haargenau jenem anderen namens Tramontane gleicht, in dem Artaud eine Zeit lang untergebracht war, dem »Haus der Agitierten«. Ich erinnere mich, während ich vor dem verlassenen Haus stehe, dass ich vor Jahren einmal in einer Ausstellung in der Pariser Nationalbibliothek einen Brief gesehen habe, den Artaud aus dem Irrenhaus an Hitler schrieb, und zwar 1939, als er hier in Ville-Évrard einsaß. Auf dem Umschlag stand als Empfänger einfach:

HITLER

CHANCELIER DU REICH

ALLEMAGNE

Lieber Herr, stand in dem Brief,

ich hatte Ihnen 1932 im Café Ider in Berlin, an einem der Abende, als wir miteinander bekannt wurden und bevor Sie die Macht übernahmen, die Sperren gezeigt, die ich auf einer Karte errichtet hatte, die nicht nur eine geographische war […]. Ich hebe heute, Hitler, die von mir errichteten Sperren auf! Die Pariser brauchen Gas
Ich bin Ihr

Antonin Artaud

»Die Pariser brauchen Gas« ist vielleicht der bemerkenswerteste Satz des Briefes. Warum, und welche Bedeutung Gas noch bekommen würde, konnte Artaud 1939 natürlich nicht ahnen. Er errichtete Sperren, die keine geografischen waren, und riss sie wieder nieder, er belegte Herrn Hitler mit einem Bann, von dem dieser leider nichts merkte. Statt zu verhungern oder vergast zu werden, wie Hitler es für seinesgleichen vorgesehen hatte, bekam Artaud von einem französischen Arzt in Rodez zu seinem Besten Elektroschocks verordnet.

Wir gehen an der Kirche vorbei, die zu der Einrichtung gehört und in der heute eine Frauensprechstunde angeboten wird. Im Schaufenster einer kleinen geschlossenen Bücherei liegen von Feuchtigkeit wellige Kinderbücher, *Pic et Plume*,

Babar et le fantôme und *Chat lune*. Eine kopfsteingepflasterte Seitenallee ähnelt einer Filmkulisse aus den Dreißigerjahren und wurde prompt auch schon mehrfach für Dreharbeiten genutzt. Wir sehen keinen einzigen Irren oder jedenfalls keinen, der so aussieht. (Draußen hingegen …)

Nach einer guten Viertelstunde Fußweg sind wir am Place Stalingrad angelangt, ein Bouleplatz, auf dem etliche ältere Männer, darunter ein einziger Schwarzer, den Wurf der anderen kommentieren, während sie warten, dass sie drankommen. Am anderen Ende des Platzes führt eine Brücke über die Marne; auf unserer Seite des Ufers steht ein weiteres Relikt aus den Tiefen des 20. Jahrhunderts, Chez Fifi, eine Guinguette, also ein Café-Tanzlokal mit Terrasse, die aber vermutlich nur am Wochenende Kunden anzieht und halb geschlossen wirkt. Die Sonne scheint, und ich helfe einer unwirschen Dame, einen Tisch vor die Tür zu tragen. Drinnen zeugen leere Säle von fröhlicheren Stunden oder Tagen.

Auf dem Weg nach Neuilly-Plaisance kommen wir an einem gewaltigen Kriegerdenkmal vorbei: ein zementierter Steinhaufen, auf dem gebeugt, wie auf den letzten Schritten eines Todesmarsches, ein steinerner Soldat oder Poilu geht, den Helm tief über die Augen gezogen, am breiten Gürtel die Patronentaschen, quer über der Brust der dicke Riemen des Brotbeutels, in den geballten Fäusten etwas wie abgebrochene Stöcke oder Gewehrschäfte. Der Mann ist nicht jung. Sein rechtes Bein ist mit dem Steinhaufen verwachsen. Er kann nicht weiter, gibt aber noch nicht ganz auf.

Warum werden eigentlich an den Kriegerdenkmälern,

die es in Frankreich in jedem Dorf gibt, die Toten aller Kriege unterschiedslos gewürdigt?, frage ich Thierry, der keine Antwort gibt.

Ich frage ihn das, weil es mir schon oft aufgefallen ist: Nach dem Ersten Weltkrieg sprossen überall Denkmäler, die oft lange Namenslisten von Gefallenen tragen. Dreißig Jahre später wurden einfach noch die Namen der im Zweiten Weltkrieg Gefallenen dazugraviert. Und später die Toten des Indochina- und des Algerienkriegs. Dass es einen Unterschied macht, ob man sein Leben im Kampf gegen Hitler-Deutschland lässt oder ob man das französische Kolonialreich in Asien oder Afrika gegen die legitimen Unabhängigkeitsbestrebungen der Einheimischen verteidigt, scheint dabei keine Rolle zu spielen. Krieg ist Krieg. In welchem Krieg sie auch immer sterben, die Soldaten fallen immer »für Frankreich«.

Auffällig an dem Kriegerdenkmal ist, dass unter den Toten des Zweiten Weltkriegs in Neuilly-sur-Marne die Wenigsten Soldaten waren – weitaus länger ist die Liste der toten Widerstandskämpfer und Deportierten. Und am längsten ist die Liste der zivilen Opfer, von denen die meisten vermutlich bei Bombardierungen ums Leben kamen, doch hat die Wehrmacht, wie eigens erwähnt, bei Strafaktionen auch elf Zivilisten erschossen.

Während ich auf die verschiedenen Gedenktafeln blicke, die im Laufe der Jahrzehnte vor dem Denkmal angebracht wurden, merke ich, dass bei den beiden letzten Kriegen, GUERRE D'INDOCHINE und GUERRE D'ALGÉRIE, das Wort GUERRE nicht wie die folgenden Worte direkt in die Steintafel graviert wurden, sondern auf ein später angebrachtes Steinplättchen. In die Steintafel war offenbar ein anderes Wort graviert worden. Wie mag das Wort darunter geheißen haben? *Conflit*? *Les événements d'Algérie*, wie es lange offiziell hieß, die Algerien-Ereignisse? Aber nein, es muss ein kürzeres Wort gewesen sein.

Eine der Tafeln ist von dem Kriegsveteranenverband »Le Souvenir français« angebracht worden, deren Mission es der Inschrift zufolge ist, »das Gedächtnis der für Frankreich Gestorbenen zu bewahren und derer, die unser Land durch schöne Taten *(de belles actions)* beehrt haben«. Kann man das wirklich von den Rekruten in Algerien und Indochina behaupten? Die Eroberung und Unterwerfung fremder Völker ist keine schöne Tat. Wie könnte dann die blutige Aufrechterhaltung dieser Fremdherrschaft eine sein?

Thierry nimmt meine Fragen und meine Empörung mit leichter Belustigung zur Kenntnis, ohne sich selbst weiter dazu zu äußern (vermutlich meint er die von mir eingerannten offenen Türen nicht noch weiter einrennen zu müssen), und so durchqueren wir einträchtig die eher friedlich und bürgerlich wirkende Vorstadt Neuilly-Plaisance, und ich habe mich wieder einigermaßen beruhigt, als wir in Rosny-sous-Bois ankommen und auf ein Straßenschild »Rue des Anciens Combattants d'Afrique du Nord« stoßen – Straße der Nordafrika-Kriegsveteranen.

Sogar Straßen sind nach den Soldaten benannt, die die Unabhängigkeitsbewegungen in Nordafrika niederzuschlagen halfen! Klar, die sind nicht freiwillig in den Krieg gezogen, die sind einberufen worden, und wenn sie sich weigerten, wurden sie ins Gefängnis gesteckt. Die haben ihr Leben für etwas riskiert oder sogar gelassen, was von vornherein schlecht war und zum Scheitern verurteilt. Aber das macht doch wohl noch keine Helden aus ihnen. Bedauern und beweinen sollte man sie. Das schon. Aber doch nicht ehren!

So echauffiere ich mich, bis ich merke, dass Thierry nicht weiter darauf eingeht und ich mich im Kreis drehe. Prompt gelangen wir an einen Kreisel, in dessen Mitte eine Zeder wächst, die vermutlich einst als junger Baum hier gepflanzt wurde und deren untere Zweige sich nun so mächtig und nahezu waagrecht über die Erde strecken, dass sie schon fast über die Fahrbahn reichen. Wie ein großer Vogel steht dieser Baum inmitten des Autoreigens; ein Albatros, dessen schwere, überlange Flügel ihn am Gehen hindern.

An der Großen Moschee vorbei nähern wir uns dem Zentrum von Montreuil, in der Rue Marguerite-Yourcenar fängt es zu nieseln an. Am Rand der Fahrbahn hat jemand in einen von der Witterung aufgerissenen Spalt im Gehsteigasphalt vier verschiedenfarbig blühende Stiefmütterchen gepflanzt, gelb-weiß-rosa-rot.

15

Als wir uns an der Bahnstation La Plaine – Stade de France treffen und zu »unserem« Café aufmachen, erzähle ich Thierry gleich, was ich zu dem Kriegerdenkmal noch alles herausgefunden habe: Der Künstler, Paul Moreau-Vauthier, sei selbst ein Poilu, also Soldat, im Ersten Weltkrieg gewesen, er sei 1916 verletzt worden und habe später etliche Kriegerdenkmäler entworfen, bis er 1936 bei einem Unfall gestorben sei (sein Auto fuhr gegen einen Baum). Eines seiner Kriegerdenkmäler sei ein Denkmal für die »Helden der Schwarzen Armee« gewesen, eine Würdigung der afrikanischen Soldaten der Kolonien, die in der französischen Armee gekämpft und unter anderem die deutschen Truppen daran gehindert hatten, bis nach Paris vorzustoßen. 1924 sei das Denkmal in Reims aufgestellt worden, und eine Replik davon in Bamako, doch die Wehrmacht habe das Standbild 1940 aus Reims abtransportiert und vermutlich wie viele andere Denkmäler eingeschmolzen. Diese Plastik sei den Deutschen jedoch besonders zuwider gewesen: Afrikanische Soldaten hätten nach dem Ersten Weltkrieg im Rheinland zu den Besatzungstruppen gehört, von »schwarzer Schmach« oder »Schande« sei damals in Deutschland viel die Rede gewesen. 2013 sei ein französischer Bildhauer mit einer Replik der übrig gebliebenen Replik aus Bamako beauftragt worden, die seit 2018 in Reims fast am gleichen Platz wie ihre

Vorgängerin stehe: vier entschlossen, aber etwas dümmlich dreinblickende afrikanische Soldaten hinter einem strengen französischen Offizier, der die Trikolore trägt.

Klar, meint Thierry in sarkastischem Ton, die müssen immer von einem schlauen Franzosen befehligt werden, alleine bringen sie's zu nichts.

Dafür haben sie dann auch weniger Rente als die französischen Soldaten gekriegt, sage ich. Die Veteranenrente lag für einen Franzosen bei 417 Euro im Monat und für einen Algerier bei 57, hab ich gelesen. Nachdem einer von ihnen Anklage erhoben hatte, wurden 2006 die Rentenbeträge angeglichen. Da war allerdings der letzte Tirailleur längst gestorben.

Tja, Pech für sie, meint Thierry.

Ich denke noch weiter über das Denkmal für die Helden der Schwarzen Armee nach. Was war das für eine Würdigung? Als tapfere Hilfskräfte waren diese schwarzen Helden durchaus willkommen; wenn sie im Kampf starben, bekamen sie in seltenen Fällen sogar ein Denkmal, doch ein Verhältnis von gleich zu gleich war nicht vorgesehen. Soldaten und billige Arbeitskräfte aus fremden Ländern konnte Frankreich gebrauchen, die Ressourcen dieser Länder auch, nur ebenbürtige Mitbürger nicht. Im besten Fall sah man in diesen Männern unbändige Kinder, die erst noch erzogen und zivilisiert werden mussten und denen man, wenn sie sich mutig und brav gezeigt hatten, ein bisschen Anerkennung zollte; im schlechtesten Untermenschen.

Wir sind in »unserem« Café in der Rue Roland Vachette angelangt. Heute stehen der arbeitslose Marokkaner und der französische Rentner mit Baskenmütze, den wir schon einmal gesehen haben, an der Theke. Wir erfahren, dass Ersterer aus dem Osten Marokkos, aus Oujda, nah der algerischen Grenze, stammt. Die Marokkaner hätten ihre Wege durch die Berge, über die sie die Grenze überquerten, erzählt der Marokkaner, sie gingen in Algerien Benzin kaufen und brächten es auf Eselsrücken zurück, hin und her, hin und her, so gehe es die ganze Zeit.

Auch wenn die Grenze geschlossen ist, die Algerier und die Marokkaner finden immer rüber, sagt Thierry, der die Grenzregion bei Tlemcen von der algerischen Seite her kennt.

Die Esel kennen die Wege alleine, für zehn Esel braucht es nur einen Führer, sagt der Marokkaner, der selbst schon Benzin geschmuggelt hat. Zehn Kilometer gehen die so. Ich schwör dir, die rutschen nicht ab. Vor Ort wird abgeladen, die Esel bekommen zu fressen und zu trinken, und schon geht's wieder los. Die Grenze ist zu, aber gehandelt wird die ganze Zeit. Da fließt Geld, schwör ich dir! Da kannst du schnell fünfhundert Euro verdienen. Nicht nur hier kannst du Geld verdienen, wenn du ordentlich malochst, dort auch!

Ordentlich malochen heißt dort ordentlich schmuggeln, sagt Rachid, und alle lachen.

Aber das sind doch keine Drogen! Lebensmittel sind das. Zum Essen. (Ich dachte, Benzin, aber gut.)

Thierry kennt Schmuggelhändler in Algerien, Trabendisten werden sie genannt, von Trabendo, Schmuggel. Er erzählt von einem Bekannten seines Freundes aus Constantine, der Elektronik aus China einführt, reine Schmuggelware.

Kein Problem. Der habe noch nicht mal eine Firma, aber das *big business*. Nur als er mal eine ganze Fabrik habe importieren wollen, habe es Probleme gegeben. Keine Freiheit gebe es hier, habe er geschimpft, total korrupt sei dieses Land … Dabei zahle er selbst den Grenzbeamten seit dreißig Jahren Schmiergelder!

Der Marokkaner erzählt, dass keiner sie möge, die Marokkaner aus Oujda, weder die Algerier noch die Marokkaner. Die Algerier nicht, weil sie Marokkaner seien, und die Marokkaner nicht, weil sie wie die Algerier sprächen. Sie hätten den gleichen Akzent.

Aber wir mögen uns untereinander!

Thierry schimpft auf die Franzosen und auf den Schaden, den hundertdreißig Jahre französische Kolonialherrschaft in Algerien angerichtet habe.

Das ist schlimm, sagt der Marokkaner, aber das war Krieg, dagegen kann man nichts machen. Auf beiden Seiten hat es Tote gegeben, auch von den Franzosen sind viele umgekommen.

Er scheint den Franzosen die Kolonisierung nicht weiter übel zu nehmen.

Rachid dreht sich zu dem französischen Rentner mit Baskenmütze um.

Du bist doch immerhin achtzehn Monate in Algerien geblieben, oder?, fragt er ihn.

Und dazu kamen vorher schon dreieinhalb Monate in Frankreich.

Dreieinhalb Monate Ausbildung?, frage ich.

Ja. Aber nach einem Jahr durften wir auf Urlaub zurück.

Im Aurès-Gebirge warst du, oder?, fragt Rachid weiter.

Ja, da war es gut, ich wär gerne die ganze Zeit über dort oben geblieben, statt dann nach Algier zu müssen. Dort oben in den Bergen waren wir …

… gut untergekrochen, ergänzt Rachid.

Dort hatten wir einen Hauptmann, der keinen Ärger wollte. Wir waren eine Kompanie auf der einen Seite des Berges, und dann gab's noch eine auf der anderen Seite, die haben ständig attackiert. Und? Fazit? Was ist dabei rausgekommen? Jede Nacht wurden die von den Fellahs angegriffen. Während wir unsere Ruhe hatten.

Die ganze Zeit?

Solange wir im Aurès waren, ja.

Und dann?

Dann, an den Bahnstrecken entlang, da hatten wir Verluste. Wir hatten eine Stellung an den Gleisen.

Die Szene, die er jetzt erzählt, ist wirr, es ist die Rede von einer Tür, die in der Nacht geöffnet wurde, von fünf Toten, von einem Einzigen, der sich retten konnte, indem er von »dort oben« runtersprang und sich den Fuß prellte. Von Büschen, hinter denen es sich regte, von eigenen Männern, auf die man fast geschossen habe. Von jemandem, den sie dann abgeholt hätten (den, der gesprungen war, vermutlich). Weiß nicht, was aus dem geworden ist, schließt er. Der hat nachts immer geschrien.

Und Sie sind nie mehr nach Algerien zurückgekehrt danach?, fragt ihn Thierry.

Nein.

Aber damals, was haben Sie damals von dem Ganzen gedacht?, will ich wissen.

Ach, das war ja schon das Ende bei uns, als wir kamen,

war's ja schon vorbei, sagt er, ohne auf die Frage zu antworten.

Wann war das? 1960?

61.

Aber haben Sie damals gedacht, dass das richtig war, dieser Krieg, oder war Ihnen das egal? Sie waren doch noch sehr jung.

Die Umstehenden lachen, weil ich so unverblümt und insistierend frage, und ich entschuldige mich sofort dafür (erhoffe mir aber trotzdem eine Antwort). Doch wieder redet der alte Mann weiter, als hätte er meine Frage gar nicht gehört:

Nach und nach hat sich's verändert. Die höheren Offiziere sind zuerst verschwunden. Wir hatten einen Hauptmann, der ging nachts immer auf die Jagd. Ein Kumpel hat immer gesagt: Ich hab die Nase voll, ich kann nicht schlafen, der nimmt mich immer auf die Jagd mit. Das war auch ein Risiko. Man weiß ja nie. Manche wollten sich rächen. Aber was gut war, das war, als wir am Meer waren. Wir haben dort ein Weingut bewacht. Das war vielleicht ein Haus, das der hatte, der Typ! (Seinem Gesicht nach scheint es geradezu ein Schloss gewesen zu sein.) Der hat gegen uns Strafanzeige erstattet, weil wir ein paar Weintrauben von einem vorbeifahrenden Lastwagen geklaut haben. Wir haben ja nicht drei Kilo geklaut! Nur ein paar Handvoll. Hat der sich gleich beschwert. Dabei haben wir ihm das Haus bewacht. Wenn wir nicht dagewesen wären … Die anderen haben doch nur drauf gewartet … Nee, nee, manche waren nicht nett.

Dieser Mann hat also sein Leben riskiert, um französischen Großgrundbesitz zu schützen, denke ich. Dann fragt Thierry ihn, wie alt er damals war.

Zwanzig.

Haben Sie irgendwas als Erinnerung behalten? Fotos?

Nein, ich hab alles weggetan. Alles weg.

Nein!, ruft Thierry ungläubig.

Doch, ich hab das Zeug nicht behalten wollen. Das hätte alles gut gehen können, fügt er geheimnisvollerweise hinzu.

Aber es ist nicht gut gegangen, sagt Thierry.

Nein. Um zehn Uhr morgens mussten wir denen Essen bringen, wir sind zu zweit los, zu einer Kompanie, die ich weiß nicht wie viele Kilometer weit weg stationiert war. Gleichzeitig hab ich die Post mitgenommen und noch anderen Kram. Und wenn wir dann zurückkamen um zwei, das war eine Hitze! Wahnsinn. Wir sind einer Frau begegnet (*une dame*, sagt er), die war mit ihren kleinen Kindern zu Fuß unterwegs, da hab ich zu dem Fahrer gesagt, halt an, halt an, wir nehmen sie ein Stück mit. Und der Fahrer, der hat das gleich dem Hauptmann erzählt, das war verboten, sogar eine Frau mit kleinen Kindern.

Sogar vor den Frauen musste man sich hüten damals?, frage ich.

Musste man. Aber die hat sich gefreut! Sie hat uns was zu essen gegeben, das war vielleicht scharf (er verzieht das Gesicht). Aber die Kinder haben sich kaputtgelacht. Das waren schöne Momente. Aber oben in den Bergen haben wir keine Frauen gesehen. Höchstens beim Holzholen, mit einem großen Bündel Holz auf dem Kopf. Oder mal beim Doktor, zum Verbinden oder so. Aber das durften sie nicht.

Schwierig, sagt Thierry.

Aber ich erinner mich, die kleinen Häuschen. Ganz hinten an der Wand, da haben die Frauen gesessen, ganz abgekapselt. Manchmal durfte der Doktor doch mal kurz rein.

Die Schrecklichkeiten des Krieges sind euch wohl erspart geblieben, sagt Rachid.

Ja. Eigentlich hätten wir das einzige Problem, das wir hatten, nicht haben sollen. War ja schon alles zu Ende.

Aber wie war das mit den Leuten dort, mit der Bevölkerung? Hatten Sie mit denen was zu tun?, frage ich neugierig.

Kein Kontakt.

Außer, Sie haben jemanden in Ihr Auto einsteigen lassen.

Wir hatten keine Kontakte.

Das war verboten?

Nein, aber wir hatten keine Kontakte. Nur mit den Harkis (den Algeriern, die auf der Seite der Franzosen gekämpft haben). Wenn wir vorbeifuhren, haben die eine kleine blauweißrote Fahne hochgehoben. Was nicht hieß, dass es ein Stück weiter nicht eine Straßensperre geben konnte. Die saßen da und spielten die meiste Zeit. Aber wir haben den Kontakt nicht gesucht.

Und jetzt, wie denken Sie jetzt über diese ganze Zeit?, frage ich zur Belustigung der anderen noch einmal.

Na, den Militärdienst musste man machen, ich hätt ihn lieber in Frankreich gemacht.

Das ist alles, was ich aus ihm herauskriege.

Manche wurden nach Deutschland geschickt. Manche gleich nach Algerien. Und wir, wir sind dreieinhalb Monate in Maison-Laffitte geblieben. Zum Training. Da ging's uns gut. Wir hatten noch nicht kapiert.

Und dann haben Sie kapiert, sage ich.

Und dann haben wir kapiert.

Auch Thierry lässt nicht locker und fragt ihn noch einmal nach Fotos, aber nein, die seien alle weggekommen, zudem seien die Filme, die man damals vor Ort kaufen konnte, schlecht gewesen, die seien bald vergilbt.

Hatten Sie nicht die Negative?

Aber dann hab ich alles weggemacht.

Weggeschmissen?

Er nickt.

Außer, was im Kopf war, sage ich.

Da hätt ich gleich den Kopf wegschmeißen müssen!

Und haben Sie bei Ihrer Rückkehr mit Ihrer Familie darüber geredet?, fragt Thierry.

Nicht so viel. Alles, was Tod ist und so, davon haben sie nichts erfahren.

Und dann sagt er noch mal: Es war ja schon das Ende. Dabei kamen immer noch neue Rekruten an! Als wir abgelegt haben mit der Charles-Plumier, kam gerade noch ein Schiff mit Neuen an.

Noch am selben Abend finde ich heraus, dass die Charles-Plumier ein Bananendampfer war, der 1939, kurz nach seiner Konstruktion, bewaffnet und zum Hilfskreuzer umfunktioniert worden war, 1940 aber im Rahmen der sogenannten Operation Catapult von der Royal Navy vor Gibraltar abgefangen und neutralisiert wurde, weil er, wie ein großer Teil der französischen Kriegsflotte, nach der Kapitulation in die Hände der Deutschen zu fallen drohte. Das Schiff wurde dann in die Navy eingegliedert und nahm an der Landung der Alliierten in Nordafrika und später in der Normandie teil. 1945 wurde es Frankreich wieder zurückgegeben, 1948 wieder zum Fracht- und Passagierschiff umgebaut, um 1962 also einen jungen Mann, der inzwischen als Achtzigjähriger neben mir an der Theke steht, von Algerien nach Frankreich zurückzubefördern!

Thierry und der Veteran reden dann noch ein bisschen über Algier, darüber, wie es sich verändert hat seit der Unabhängigkeit; Thierry erzählt, mit der Restaurierung der zum »Weltkulturerbe« erklärten Kasbah sei der französische »Stararchitekt« Jean Nouvel betraut worden.

Wieso denn bloß schon wieder ein Franzose?, frage ich, aber keiner hat eine Antwort.

Dann kommt Rachids Mutter zur Tür herein und küsst mich rechts und links und noch einmal rechts und links auf die Wangen.

Ah, *l'Algérie française*, das französische Algerien, das war noch was!, ruft sie aus, als sie uns reden hört.

So?, frage ich ungläubig. War das gut?

Ja. Mein Vater hatte eine Pferdemetzgerei, sagt sie, ohne dass ich unmittelbar einen Zusammenhang herstellen kann.

Die Araber essen kein Pferdefleisch, fährt sie fort. Genauso wenig wie Schweinefleisch.

Die Kabylen aber schon?, frage ich.

Genau. Bei den Kabylen gibt es welche, die essen Schweinefleisch.

Und Pferdefleisch.

Ja. Mein Vater isst gerne Schweinefleisch. Meine Mutter isst keins. (Sie sagt es in der Gegenwartsform, obwohl ihre Eltern sicher längst nicht mehr leben.) Meine Mutter hat nie gearbeitet, mein Vater war erst Angestellter, dann hat er sein eigenes Geschäft aufgemacht.

Die Pferdemetzgerei.

Obwohl es inzwischen frühlingshaft warm ist, trägt Rachids Mutter immer noch ihre gelbe Pudelmütze, mit der sie unwiderstehlich aussieht.

Aus irgendeinem Grund fängt Thierry jetzt an, mit ihr über den FLN und Aït Ahmed zu reden, für den sie zwar die größte Hochachtung hat, in dem sie aber fälschlicherweise einen Freund der Franzosen sieht, wie wahrscheinlich ihr Vater einer war. Keiner widerspricht ihr, wozu auch; sie bringt alles ein bisschen durcheinander, aber wenn sie auf ihr Herz hört, entscheidet sie richtig, scheint mir.

Jetzt kommt Jesus der Zeitungshändler herein und beginnt wie immer augenblicklich einen Endlosdialog (oder hatte er ihn schon begonnen, bevor er über die Schwelle trat?):

Der Kopf, der ist zum Denken da. Wenn du kein Geld hast, dann isst du eben keinen Fisch, dann isst du Schweineschnitzel, da stirbst du auch nicht dran. Meine Hose sollte sieben Euro kosten. Sieben Euro beim Nachbarn, beim Marokkaner, dem hab ich gesagt, komm, mach fünf Euro. Mit meiner kleinen Rente kann ich mir nicht erlauben, eine Levi's für zwanzig oder dreißig Euro zu kaufen. Da hat er sie mir für fünf Euro gelassen. Heute wollen die Leute alle Luxus. Ein kleiner Lohn und dann … *Cofidis! Cetelem!* Zwanzig Prozent Zinsen. Mit so einem Dispo-Kredit kommst du nie wieder auf die Beine. Ich hab einen Kunden, der kommt jeden Tag und guckt sich die erste Seite vom *Turf* an (Pferderennenprognosen), dem hab ich gesagt, einen Tag kannst du sie dir angucken, aber am nächsten Tag kaufst du sie. Waaas, nein, mit seiner kleinen Rente kann er sich das nicht leisten. Ich sag ihm, so, du hast ne kleine Rente und wettest jeden Tag beim Pferderennen, so, so. Nein, nein. Die Leute, egal welche Rasse, wir Europäer sind da nicht besser, alle wollen sie so viel (er zeigt den ganzen Arm bis zur Schulter). Auch so ein Homo ist da, Michou, der sagt mir, ich hab kein Geld, aber ich muss den *Turf* angucken. Dem hab ich gesagt: Achtung, Michou, wir werden überwacht, wir Zeitungsverkäufer. Das stimmt! Die schicken jemanden, der schaut nach und macht Fotos. Ob der Tisch auch richtig aufgebaut ist, ob die Zeitungen gut präsentiert sind. Wenn der mich noch mal ärgert, der Michou, sag ich ihm: Auf, los, zieh ab.

Er zeigt uns auf seinem Handy ein Foto seines Tisches, auf dem die Zeitungen ausgebreitet liegen.

Ich verkauf auch Zeitschriften: *Maxi* 2,30, *Femme actuelle* 2,50, *Paris Match*. Der Homo, der kauft immer *Femme actuelle*. Nicht der, der auf Pferderennen wettet, der andere. Ein Paar ist das. Sehr nett beide. Der eine hat mir neulich 1,30 gegeben statt 1,60, hee, Michou, hab ich gesagt, du schuldest mir dreißig Centimes, hat er gesagt, nein, hab ich gesagt, doch, sonst muss ich nämlich aus der eigenen Tasche drauflegen! So ist das.

Unvermittelt kommt er dann auf ein Video zu sprechen, das ihm gerade jemand gezeigt hat und in dem ein Mann mit nacktem Oberkörper zu sehen ist, der, eine Kalaschnikow im Anschlag, durch die Cité nebenan spaziert.

Ist aber nichts passiert, sagt Rachids Mutter, die offenbar schon auf dem Laufenden ist.

Na ja, er hat sie nicht benutzt.

Rachid, der etwas beunruhigt ist, weil er das einzige Lokal in der Umgebung hat und eigentlich jeder einfach reinspazieren und alle abknallen kann, weiß auch schon Bescheid: Die Polizei sei dann gekommen und habe den Mann neutralisiert.

Da gibt's einige so Verrückte, die da draußen rumlaufen, meint seine Mutter.

Das war die Waffe, die ich in der Armee hatte, sagt Jesus stolz. Ein Maschinengewehr.

Kurz danach geht es um die Rente.

Den Armen was nehmen, um's den Reichen zu geben, das ist Macrons Devise, sagt Jesus. Ist ganz einfach, schau mal, vorher, da hab ich 850 Euro bekommen, jetzt krieg ich 790.

Ach, aber das ist doch nur, um dem armen Macron ein bisschen unter die Arme zu greifen, sagt Thierry.

Rachids Mutter zieht über den Präsidenten und seine Frau her: Der hat so eine Alte geheiratet, über siebzig, dabei ist er selbst noch keine fünfzig. Was will der mit so einer Alten!

Und warum sollten immer nur alte Männer junge Frauen heiraten und nie umgekehrt?, frage ich.

Nein, nein, der hat ein Doppelleben, dieser Macron.

Da ist er nicht der Einzige.

Nein, nein, aber der hat ein Doppelleben nicht mit einer Frau, sondern mit einem Mann!

Ist mir doch egal!

Wenn das so ist, gibt es in ein paar Jahren keine kleinen Franzosen mehr.

Umso besser, oder hätten Sie es gerne, wenn hier demnächst lauter kleine Macrons rumliefen?

Nee, nee, da ist der François Hollande dran schuld, der

hat die Heirat für alle eingeführt. Ich bin keine Rassistin, ich mag keine Rassisten, aber heute, da sind fünfzig Prozent Lesben oder Schwule.

Also, das hat der so eingerichtet, der die Natur gemacht hat, sagt Jesus, aber Rachids Mutter lässt sich nicht stoppen:

In zwanzig Jahren gibt's keine kleinen Franzosen mehr, hast du gesehen: die schließen fünfhundert Geburtskliniken, da ist es vorbei mit den kleinen Franzosen. Aaah, so was gibt's bei den Muslimen nicht, da gibt's keine Lesben und keine Schwulen.

Die kleine Versammlung wechselt ein paar skeptische Blicke.

Aber das hat der so eingerichtet, der die Natur gemacht hat, wiederholt Jesus.

Rachid, der schon die ganze Zeit immer wieder das Gesicht verzieht, sagt leise, zu uns gewandt: Nicht zuhören, nicht zuhören.

Gott, fährt seine Mutter fort, der hat Männer und Frauen gemacht.

Wir ham sogar einen Oberst in der spanischen Armee gehabt, der …, sagt Jesus. Und dann die zwei, die bei mir Zeitungen kaufen …

Lass mich mal reden!, ruft sie. In den Sechzigerjahren, da hat das alles angefangen. Vorher haben sie sich versteckt. Jetzt verstecken sie sich gar nicht mehr!

Ich war früher gläubig, sagt Jesus eher zusammenhangslos. Ich hab eine Tante gehabt, eine Schwester meiner Mutter, die hatte Krebs. Ich bin in eine Kirche gerannt, hab Kerzen angezündet und Geld gespendet. Gestorben ist sie trotzdem. Da hab ich mir gesagt, jetzt reicht's. Stop.

Bei den Muslimen gibt's das nicht, fährt Rachids Mutter unbeirrt fort. Nur sollen sie mal ihren Frauen ein bisschen Luft lassen!

Jesus: Hast du gesehen, im Iran? Warum ham die demonstriert? Die Religion, die sagt nicht, zieh dir dies an, zieh dir das an, die sagt: Mach, was du willst!

Als ich nach Frankreich kam, da war ich frei, sagt Rachids Mutter. Hier hat man mir nichts getan, hier nicht!

Wieder würde ich gerne wissen, was man denn in Algerien der jungen Frau, die sie war, angetan hat, und wieder traue ich mich nicht zu fragen.

Die sperren ihre Frauen ein und rennen dann den Frauen der anderen hinterher, sagt sie.

Das erinnert Thierry an einen Bekannten aus Constantine, der zwei Ehefrauen hat: Im oberen Stockwerk wohne die erste Frau, im unteren die zweite. Die beiden Wohnungen seien haargenau gleich eingerichtet. Alle Möbel gleich, alle Wasserhähne gleich, alles. Er schlafe eine Nacht oben, eine Nacht unten.

Das mag ich nicht leiden, diese Art von Leben, nein, nein, nein!, ruft Rachids Mutter.

Die Kabylen haben nicht mehrere Frauen, oder?, frage ich.

Doch, doch, die haben Geliebte.

Aaah, das ist was anderes, sagt Thierry, das ist das »zweite Büro« und das »dritte Büro«. Bei meinem Bekannten sind das die offiziellen Frauen. Davon darf man vier haben. Norrrrmal.

Aber zum Beispiel in Saudi-Arabien, da dürfen die Frauen jetzt Auto fahren, sagt Rachids Mutter. Und in die Ferien.

In die Ferien!, rufe ich. Und da beschweren sie sich noch?

Schöne Frauen gibt es dort. Mit Kleidern ganz aus Gold. Aber Ärzte gibt's in Algerien immerhin genug. 517 Ärzte!, verkündet Rachids Mutter stolz, worauf Rachid uns halblaut erklärt, dass sie *El Watan* aus dem Flugzeug mitgebracht habe und dass darin nichts als Propaganda der Regierung stehe, eine Schande sei das. (Wobei sich 517 Ärzte für fünfundvierzig Millionen Einwohner nicht gerade nach Propaganda anhört.)

Aber warum die kein Schweinefleisch essen, versteh ich nicht, sagt sie. Früher gab es in Tunesien welches, ich hab mal ein Schweine-Méchoui dort gegessen. Nicht diese großen Schweine, sondern so kleine.

Das ist harrrram, sagt Thierry.

Aber das Geld, das ist nicht harrrram, oder was?, fragt sie schlagfertig.

Aaaaah, das ist was anderes, lacht Thierry.

Und das zweite und das dritte Büro, das ist auch nicht harrrram, sage ich.

Das ist norrrrmal.

Er lacht.

Als wir gehen, schwirrt mir der Kopf. Ich frage mich, ob es das noch öfter gibt: einen Ort, an dem Menschen algerischer Herkunft und Franzosen, die im Algerienkrieg waren (einer jedenfalls), zusammen an der Theke stehen und trinken und über alles reden, so gut sie können? Von dem Spanier und dem Serben und den anderen ganz zu schweigen. Später werden wir sogar noch eine alte jüdische Frau dort kennenlernen.

Und der Marokkaner, hast du gehört?, frage ich. Krieg sei Krieg, hat der gemeint, und die Franzosen hätten auch Tote gehabt. Der schien Frankreich die Kolonisierung nicht sonderlich übel zu nehmen.

Tja, die Marokkaner, die sind halt etwas… Da gibt's schon Hierarchien … Ganz oben steht der Algerier, sagt er wieder halb oder ganz im Spaß, es ist unmöglich auszumachen, ob er wirklich denkt, was er sagt, oder ob es nur Ulk ist.

Klar!, sage ich. Ganz oben steht der Algerier. Und warum haltet ihr euch für was Besseres?

Na, ganz einfach: Wir haben gekämpft. Wir haben die Franzosen weggejagt.

Wir?, sage ich.

Wir! Das macht schon gewaltig was aus. Verstehst du?

Ihr hattet halt keine andere Wahl, anders als eure Nachbarn, bei denen ging es auch friedlicher.

Von wegen! Das Kämpferische liegt uns im Herzen! Im Blut!

Im Blut, so. Und die Marokkaner?

Die stehen über den Tunesiern.

Und warum das?

Die sind ein bisschen intelligenter. (An dieser Stelle müssen wir beide lachen.)

So. Ein bisschen, ja? Aber gerade hast du mir gesagt, was den Algerier auszeichne, sei sein Mut, seine Courage. Also nicht so sehr seine Intelligenz.

Doch. Beides. Wer hat die Franzosen denn vor die Tür gesetzt? Aaaah! Die anderen haben ihnen doch die Füße geleckt.

Das fällt aber mehr unter Mut, unter militärische Bravour.

Beides. Es kommt drauf an, Aït Ahmed zum Beispiel war unglaublich intelligent.

Okay. Aber dann …

Ja, dann, die Tunesier, die sind halt ein bisschen fügsam und servil, die Tunesier.

Und die Marokkaner?

Auch ein bisschen, aber die sind außerdem ein bisschen blöd, die Marokkaner.

Aha, ein bisschen blöd sind die. (Wir lachen wieder beide; ich weiß immer noch nicht, ob ich seine Hierarchisierung ernst nehmen soll oder nicht.)

Und die Libyer erst, nehme ich an …

Die Libyer, das sind die Schlimmsten, das sind Wilde. Die leben in Stämmen. Das sind die Schlimmsten.

Das sind die Schlimmsten. So, so.

Aber ja, da sind alle einverstanden! Die Algerier, die Marokkaner, die Tunesier finden allesamt, dass die Libyer …

Okay, aber ich nehme nicht an, dass die Tunesier einverstanden sind, auf dem dritten Platz zu rangieren.

Aber die haben doch die ganze Zeit den Franzosen die Füße geleckt! Die wissen das übrigens ganz gut selbst.

Was? Dass sie ein bisschen blöd sind?

Ein bisschen, ja.

Na, wenn sie das wissen, dann sind sie doch gar nicht so blöd.

Aber die sehen doch, dass sie …

Sich für die Stärksten zu halten, ist nicht gerade ein Zeichen von Intelligenz.

Aber wenn es nun einmal eindeutig ist … Es geht gar nicht drum, wofür wir uns halten.

Genau wie bei den Deutschen! Die denken auch immer, sie wären die Tollsten.

Während wir noch so reden und – hoffentlich – spaßen, kommen wir dem Parc de La Courneuve immer näher. Thierry bekommt einen wichtigen Anruf, und ich möchte mich derweil auf die Bank an einer Bushaltestelle setzen, bleibe dann aber davor stehen und lese das kleine Plakat, das dort befestigt ist:

> Wir suchen unseren Vater, der sein Zuhause in der Promenade de la Basilique heute um 18 Uhr verlassen hat, um sich zu seinem Sohn drei Häuser weiter zu begeben. Er ist dort nie angekommen.
> DRINGEND

Darunter ein Foto eines weißhaarigen, dunkelhäutigen, vielleicht vom indischen Subkontinent stammenden Mannes mit hoher Stirn, Bürstenschnitt und tiefer Kerbe zwischen den mich eindringlich anblickenden Augen.

Wenn Sie diesen Herrn auf der Straße sehen, steht da weiter, er spricht nicht Französisch, bitte umgehend folgende Nummer anrufen (es folgen drei Nummern). Er trägt einen schwarzen Mantel und eine Jeans.

Je länger ich das Gesicht des alten Mannes betrachte, umso mehr wird für mich nicht nur die Verzweiflung seiner Familie, sondern auch seine eigene Not spürbar. Der Mann muss noch andere Probleme als mangelnde Sprachkenntnisse haben, sonst hätte er leicht wieder nach Hause zurück oder zu seinem Sohn gefunden. Je länger ich ihn anschaue, umso deutlicher habe ich das Gefühl, dass er seinen

Blick nicht auf die Kamera und natürlich noch weniger auf mich gerichtet hat, sondern auf Geschehenes, auf Ereignisse einer Vergangenheit, die ihm vor Augen stehen, wo immer er auch hinschaut. Etwas für immer Verschlossenes liegt in seinem Blick. »Er ist dort nie angekommen« – nicht in der Wohnung seines Sohnes, nicht in dem Land, in dem er zuletzt lebte und dessen Sprache er nicht konnte. Wo mag er umherirren? Wo sind sie alle, die aufgebrochen und nie angekommen sind? *Entre deux ailleurs*, zwischen zwei Woanders, sagte Thierry.

Es ist mittlerweile Frühling, und der erste warme Tag ist gleich heiß. Thierry schimpft (lachend), weil ich nicht durch die beschatteten Wege des Parc de La Courneuve, sondern an der Schnellstraße entlanggehen will, wo es noch nicht einmal einen Gehweg gibt, sondern nur von haltenden Lastwagen festgefahrene Erde, in der sich tiefe Pfützen auftun. Aus der Schnellstraße werden drei nebeneinander verlaufende Straßen mit insgesamt fünf Spuren. Wahrzeichenhaft mahnend taucht rechts neben Wohnblöcken wieder das ausgehöhlte Hochhaus des Carrefour des Six Routes auf. Als wir ein Stück weiter die Rue Émile Zola hochgehen, die über die A86 hinwegführt, fallen mir die kunstvollen schmiedeeisernen Gitter an den Fenstern eines ansonsten wie eine banale kleine Fabrik oder Manufaktur wirkenden Gebäudes mit Sägezahndach auf. Aus der Nähe sehe ich, dass die Gitter indische Gottheiten darstellen; ich erkenne den bald tanzenden, bald liegenden Ganesha an seinem Elefantenkopf. Aus der kleinen Fabrik an der Autobahnbrücke ist ein Hindu-Tempel geworden. (Im Netz kann ich in das Innere des Tempels vordringen: ein mit Deckenspots beleuchteter Saal, in dem verschiedene kleine Altäre mit Gaben und Girlanden aufgebaut sind; Frauen sitzen im Schneidersitz auf dem Boden. Ein Foto zeigt eine Prozession vor dem Gebäude, bei der die Altäre von wohlbeleibten Männern mit nackten Oberkörpern und orangem Wickelrock auf Sänften getragen werden.) Beinahe wäre ich an dem Gebäude vorbeigegangen, zumal in der Rue Émile Zola noch weitere alte Backsteingebäude mit Sägezahndächern stehen. Wie hätte ich ahnen können, dass sich in dieser unbewohnten Vorstadtgegend kurz vor der Autobahn eine farbenreiche Welt mit elefantenköpfigen Göttern, üppigen Blumengirlanden und seidenen Saris verbirgt? Auch jetzt, obwohl ich doch davorstehe, kann ich es kaum glauben.

Ein paar Schritte weiter, dort, wo die Autobahnbrücke ansetzt, ist ein Robinienstamm um das Metallrohr der Brüstung gewachsen, als wollte der Baum die Brüstung auffressen. Erste zarte Blätter sprießen aus dem Maul.

Jenseits der Brücke, von dem kleinen Hindu-Tempel nur durch die Autobahn getrennt, stehen auf dem Gelände des ehemaligen Industriekessel-Herstellers Babcock und Wilcox die neuen Gebäude der Banque de France, was man allerdings nur weiß, wenn man sich vorher kundig gemacht hat oder unmittelbar vor dem Eingang steht. (Eingang? Darf hier irgendwer rein, bis auf das Personal? Offenbar ja, es gibt sogar Besichtigungszeiten.) Wie viel Geld hinter den doppelten Betonwänden dieses Hochsicherheitssafes durchschnittlich lagert, ist nicht herauszubekommen, mehr als irgendwo sonst in Europa soll es sein, über eine Milliarde Scheine zwischen fünf und fünfhundert Euro, das ergibt eine sehr variable und unvorstellbar hohe Summe. Hier in La Courneuve, lese ich zugleich, lebten im Jahr 2020 43,4 Prozent der Menschen unter der sogenannten Armutsgrenze, die bei 1026 Euro monatlich liegt. Die Überschuldeten des Départements sollen sich an die Banque de France wenden – nicht, damit diese gleich in ihre Reserven greift und ihre Schulden begleicht, sondern zur Beratung.

Ein Teil des Industriegeländes, auf dem die Bank steht, ist noch eine große Baustelle, auf der Baumaterial abgetragen wird; davor die üblichen Schilder mit Fotos der künftigen Wohnhäuser, die hier, wohl um einen Industrie-Touch beizubehalten, bis auf halbe Höhe Backsteinfassaden haben sollen. Auf den Bildern stehen vor dem Haus und auf den Balkonen junge, schicke Leute jeglicher Herkunft; manche halten ein Glas Rotwein in der Hand und plaudern fröhlich miteinander. Am Ende der Rue des usines Babock weist ein orange fluoreszierendes Schild nach links. Jemand hat groß »Chaos« daraufgeschrieben.

16

Während ich an der Metrostation Bobigny – Pablo Picasso den Menschen zuschaue, die auf der Rolltreppe reglos wie auf einem Förderband aus dem Metroschacht aufsteigen und, sofern sie ihren Bus schon stehen sehen, zu ihm hineilen, um sich in fernere Banlieues verfrachten zu lassen, wird mir endgültig bewusst, dass Thierrys Film über die Folgen der Olympischen Spiele nur ein Vorwand war und dass es eigentlich etwas ganz anderes ist, was uns hier wieder und wieder herzieht – nur was? Ich kann es mir selbst nicht ganz erklären; noch weniger könnte ich es jemand anderem verständlich machen, aber ich weiß, dass ich diese Streifzüge ohne Thierry nie begonnen hätte, weiß, dass er es war, der mich mit seiner Liebe zu dieser Nebenwelt angesteckt hat. Was liebt er hier so, was führt ihn her? Wir müssen inzwischen um die sechshundert Kilometer durch das Neun-Drei-Département gezogen sein, kreuz und quer, quer und kreuz. Und doch spüre ich, dass wir erst am Anfang stehen. Aber am Anfang von was?

Ich freue mich, als ich Thierry neben mir auftauchen sehe. Was suchen wir hier?, möchte ich ihn fragen, aber dann tue ich es doch nicht, denn er würde nur schief lächeln und mit den Schultern zucken.

Wir gehen den Boulevard Lénine entlang bis zu der brutalistischen Kirche Saint-André aus den Achtzigerjahren, die unweit der von Oscar Niemeyer entworfenen, wie ein mit dem Kiel nach oben treibendes, verrottetes Betonschiff halb unter der Erde zu liegen scheinenden Bourse du travail liegt.

In der Rue des Bons Enfants, der Straße der guten Kinder, hebe ich vor einem Mietshaus einen Zettel auf, auf dem in krakeliger Schrift eine Liste von Kleidungsstücken steht:

un costume
cravate
chemesier
pantalon
echarpe

Ein Wort ist falsch geschrieben, bei einem anderen fehlt der Akzent: Dies ist offensichtlich keine Einkaufsliste, sondern eine Übung für jemanden, der Französisch lernt. Darunter ein fehlerhafter Satz, in dem verschiedene Kleidungsstücke miteinander verbunden sind: *Elle a porte un Costume aussi il a porte une Cravate de grie et il porte des chaussure.*

Weiter geradeaus, nicht mehr ganz in Bobigny, aber noch nicht richtig in Pantin, in jener Zwischenwelt aus Lagerhallen und Industriegebäuden, die sich an den Rändern erstreckt und in der sich keine Behausungen zu finden scheinen, stehen wir plötzlich vor einem Lycée polyvalent, einer Art Gesamt- und Berufsschule, in der gerade zwei Tage der offenen Tür stattfinden. In zwei, drei Monaten wird das Schuljahr vorbei sein, die vierzehnjährigen Schüler sollen langsam eine Berufsausbildung wählen und auf ihre Zukunftsperspektiven vorbereitet werden. Als zur Auswahl stehende Berufe sind auf den Plakaten auf der Schulfassade zu lesen: esthétique (womit Kosmetikerin gemeint ist), cosmétique/parfumerie (Kosmetikverkäuferin), optique/lunetterie (Optiker/in), métiers de la coiffure (Frisör/in), production et service en restauration (Gastronomie-Berufe).

Die Jugendlichen stehen in ihre Handys vertieft vor dem Schulgebäude und scheinen für die ihnen angetragenen Lehrberufe kein großes Interesse aufzubringen.

Sieht so aus, als würde man die hier nicht gerade dazu anhalten, Anwalt oder Chirurgin zu werden, sagt Thierry.

Er erzählt mir, dass sein Sohn in der 9. Klasse *(troisième)* der einzige Junge der ganzen Klasse war, der aufs Gymnasium konnte. Von den Mädchen durften ein paar, sagt er, aber die Jungs … all die Mamadous, Mohammeds, Boubacars, die sollen früh von der Schule abgehen und was Praktisches lernen.

»Ramadan Mubarak« – gesegnet sei der Ramadan, ist an der Straße auf einem großen Werbeplakat für die Marke Samia zu lesen. Die junge Frau auf dem Foto trägt ihr dunkles, langes Haar offen. In ein kurzärmeliges T-Shirt gekleidet, steht sie in einer modernen Küche über diverse Zutaten gebeugt und ist kurz davor, sich einen Bissen in den lachenden Mund zu schieben.

Wir finden eh nie was zu Essen vor Sonnenuntergang, sage ich zu Thierry, da brauchen wir gar keinen Ramadan. Oder hast du irgendwo eine Bäckerei oder so was Ähnliches gesehen? Thierry erklärt mir, es sei sowieso besser, nicht draußen zu essen während des Ramadans. Das heißt, hier in diesem Industriegebiet sei es kein Problem, aber da gebe es eben nichts zu kaufen.

Und wo es was zu kaufen gibt, darf man's nicht essen?, frage ich.

Schon, aber möglichst diskret, meint er. Du setzt dich nicht mitten in eine Cité und isst dein Sandwich vor aller Augen.

Mir kommt das recht eigenartig vor. Offenbar wird es an manchen Orten schon als Provokation empfunden, wenn jemand etwas isst, während man selbst fastet. Vergeblich versuche ich, eine Perspektive zu finden, aus der ich eine solche Haltung richtig finden oder wenigstens nachvollziehen kann.

Ein Stück weiter nördlich liegt der ehemalige, heute in ein Museum umgewandelte Bahnhof von Bobigny, von dem aus zwischen 1943 und 1944 mehr als 22 000 Menschen deportiert wurden. Zu meinem Erstaunen wird Thierry an der Theke fröhlich von der Empfangsdame begrüßt, als sei er ein alter Bekannter. Offenbar weiß die Frau auch schon, dass er Filmemacher ist und an einem Film über das Neun-Drei-Département arbeitet. Er sei neulich schon mal da gewesen, erklärt er mir, als wir das Museumsgelände betreten und wieder alleine sind.

Da hast du die Dame aber ganz schön umgarnt, ihr scheint beste Freunde geworden zu sein.

Er lächelt nur spitzbübisch. So ist es mit ihm: Er tritt derart einnehmend auf, nein, er *ist* so einnehmend, dass alle hocherfreut sind, ihn wieder auftauchen zu sehen, und ihm sofort ihr Hab und Gut oder ihre Enkelkinder anvertrauen würden.

Bis auf das neue Empfangsgebäude und ein paar Wege und beschriftete Tafeln ist das Bahnhofsgelände absichtlich so leer und öde belassen worden, wie es sicher nicht in den Vierzigerjahren, aber irgendwann später einmal war, und diese Leere und Ödnis – auch die Abwesenheit von Besuchern – machen vielleicht wirklich so etwas wie Gedenken möglich. Der alte Bahnhof scheint schon seit Jahren oder Jahrzehnten verlassen und verschlossen, wie ein Schlösschen, in dem es spukt. Eine Tafel erinnert daran, dass weniger als drei Prozent der Deportierten wieder zurückgekommen sind. Wir gehen jeder seiner Wege und sprechen kein Wort.

Wilde Malven, Natternköpfe und Mäusegerste, also gemeinhin Unkraut genannte Pflanzen, stehen neben anderen hohen Gräsern, und ich bin den Menschen dankbar, die entschieden haben, sie auch in den Ritzen zwischen den Steinen stehen zu lassen.

Für jeden der von hier abgegangenen Konvois ist eine rostige Metallplatte aufgestellt; eine davon zeugt von dem Konvoi 15, der am 5. August 1942 abfuhr und 1013 Menschen, davon 114 Kinder, von Beaune-la-Rolande nach Auschwitz-Birkenau deportierte. (Heute, da ich diese Zeilen niederschreibe, ist auch wieder ein 5. August, hat das etwas zu bedeuten?) Soweit ich sehe, ist es der einzige Konvoi, der aus dem Lager Beaune-la-Rolande kam, auf den übrigen steht Drancy – Le Bourget, Compiègne, Pithiviers. Ich muss an den Großvater meiner jüdischen Freundin denken, der in Paris festgenommen, in Beaune-la-Rolande interniert und von dort deportiert wurde, und ich merke, dass ich das Datum seiner Deportation nicht kenne. Vielleicht hat er zu diesem Konvoi gehört? Der Inschrift auf der verrosteten Metallplatte entnehme ich, dass in diesem Konvoi hauptsächlich polnische Juden waren und dass circa siebzig Prozent von ihnen gleich bei ihrer Ankunft in die Gaskammer getrieben wurden. Neun der 1013 Deportierten haben überlebt.

Am Ausgang ist auf einer Tafel ein Gedicht des rumänisch-jüdischen Dichters Benjamin Fondane zu lesen, der nach seiner Verhaftung dank des Einsatzes von Freunden freikam, doch seine Schwester nicht alleine lassen wollte und 1944, also zwei Jahre später, im Konvoi 75 von diesem Bahnhof aus deportiert und in Auschwitz ermordet wurde. Das Gedicht endet so:

Ein Tag wird kommen, da euch dieses
gelesene Gedicht vor Augen steht. Es bittet um
nichts! Vergesst es, vergesst es! Es ist nur
ein Schrei, der in kein vollkommenes
Gedicht passt, hatte ich denn Zeit, es zu vollenden?
Doch wenn ihr über diesen Brennesselstrauß geht
der ich gewesen bin in einem anderen Jahrhundert
in einer für euch längst verjährten Geschichte
erinnert euch, dass ich unschuldig war und
dass ich, ganz wie ihr Sterblichen jenen Tages, ein
Gesicht hatte, in dem Wut, Mitleid und Freude standen

ganz einfach ein Menschengesicht!

Und jetzt, an meinem Schreibtisch, bevor ich mit der Erzählung fortfahre, schreibe ich meiner Freundin und frage sie, ob ihr Großvater am 5. August 1942 mit dem Konvoi 15 deportiert wurde; es kommt mir jetzt so vor, als müsste ich sie das schon längst gefragt haben und mich an ihre Antwort erinnern, wie ich mich an so vieles mehr erinnern müsste, an nie Gewusstes, an nie gesehene Menschen, an Geschichten, von denen ich nie erfahren habe und die hier an diesem Bahnhof oder einen Bahnhof weiter plötzlich abgebrochen sind. Und noch bevor ich weiterschreiben kann, antwortet sie mir, ihr Großvater sei schon Anfang Juni 42 deportiert worden, und zwar von Compiègne aus, nachdem er einen Fluchtversuch unternommen habe.

Ich finde das Foto, das ich am Bahnhof von Bobigny von den Metallplatten gemacht habe, und sehe, dass der zweite Konvoi tatsächlich aus Compiègne kam und ebenfalls mehrheitlich polnische Juden transportierte. Von den 1005 Deportierten sind 53 lebend zurückgekommen.

Von dem Bahnhof aus ist der muslimische Friedhof von Bobigny nicht weit, und wir beschließen, noch einmal dorthin zurückzukehren. Vielleicht ist es im Frühling dort freundlicher?

Freundlicher ist es zwar nicht – die Bagger baggern, die Autos stapeln sich noch –, dafür aber wärmer. Als wir an Boughéra El Ouafis Grab stehen, schiebt ein älterer, freundlich dreinblickender kleiner Herr mit Baskenmütze ein Fahrrad vorbei, und weil er so neugierig und aufgeschlossen zu uns herüberschaut, frage ich ihn, ob er wisse, wer hier in diesem Grab liege.

Ja, ja, ja, ja, ja, sagt er. Ja, ja, ein Champion wie Marcel Cerdan, sagt er, womit er wahrscheinlich sagen will: ein algerischer Champion (allerdings war der auch als Geliebter von Édith Piaf berühmte Boxer Marcel Cerdan zwar in Algerien geboren, aber spanischer Herkunft). Und der andere da, wie hieß der noch … Ali Mimoun!

Den algerischen Marathonläufer Mimoun kenne ich als Alain Mimoun; er war es, der Boughéra spät noch zu Ehren kommen lassen wollte.

Der hat sich Alain genannt, aber in Wirklichkeit hieß er Ali, meint der Friedhofsbesucher.

Thierry fragt ihn, ob er jemanden von seiner Familie hier auf dem Friedhof liegen habe, und er sagt, ja, zwei sogar, die hießen beide Abdelkader Messaoui. Einen hätten sie im Algerienkrieg ermordet, der sei im MNA gewesen, der konkurrierenden Unabhängigkeitsbewegung. Irgendwann hätten sich alle dem FLN anschließen sollen. Denn die Algerier, die hätten die Schnauze voll gehabt. Die Franzosen hätten ihnen die tollsten Versprechungen gemacht, aber das sei's dann auch gewesen, man sei angeblich Franzose, aber gleichzeitig als *indigène*, als Eingeborener, abgestempelt gewesen. Was das denn hätte heißen sollen. Und das Ganze hätte gedauert, gedauert, gedauert, bis schließlich der FLN entstanden sei, es hätte aber welche gegeben, die sich dem FLN nicht hätten anschließen wollen, wie dieser Mann aus seiner Familie, den hätten sie deswegen umgebracht. Sie hätten ihn aber auf schlaue Weise umgebracht, wenn man so wolle. Also, sie hätten ihn auf dem Weg zur Arbeit abgepasst und ihn in einer Kurve umgebracht (um die Ecke gebracht, denke ich, aber den Ausdruck gibt es im Französischen nicht; auch verstehe ich nicht ganz, was so schlau daran gewesen sein soll, den Mann in einer Kurve umzubringen). Sie hätten ihn umgelegt, als er auf dem Weg zur Arbeit gewesen sei, damit seine Kinder eine Waisenrente kriegten. Arbeitsunfall.

Arbeitsunfall?, frage ich lachend. Wenn man auf der Straße abgeknallt wird auf dem Weg zur Arbeit?

Norrrrmal, sagt Thierry.

Ja, ja, damals, also so um 1957, 58, sei das ein Arbeitsunfall gewesen. Der sei mit seinem Mofa unterwegs gewesen, und in der Kurve hätten sie auf ihn geschossen. Unangenehm sei das, dass es jemandem aus der Familie erwischt habe. Aber der sei auch ganz schön dickköpfig gewesen, der habe sich nichts sagen lassen wollen. Ein ganz schöner Angeber sei der gewesen. Ein bisschen Cowboy gespielt habe der, und bewaffnet sei er auch gewesen. Aber in der Politik spielst du besser nicht diese Spielchen.

Vor allem in diesen Jahren, sagt Thierry.

Vor allem in diesen Jahren, und tatsächlich, paf, hätten sie ihn totgeschossen, mit nur fünfunddreißig oder vierzig Jahren. Und hier hätten sie ihn beerdigt. Und dann liege hier noch ein anderer, der heiße genauso, Abdelkader Messaoui, der sei aber nicht ermordet worden.

Thierry fragt den alten Mann, ob er manchmal nach Algerien zurückkehre, und er sagt, ja, er komme gerade von dort zurück, er sei im Osten gewesen (er zählt ein paar Ortsnamen auf, die ich nicht kenne, Thierry nickt), den Osten habe er vorher nicht gekannt, er komme aus dem Westen.

Thierry sagt, er sei aus Constantine (ich würde eher sagen, sein Vater stammt aus Constantine, aber nein, Thierry hat das Gefühl, er selbst komme da her – seit ich begriffen habe, dass das für ihn keinen Unterschied macht und dass auch er diese Herkunft für sich beansprucht, widerspreche ich ihm nicht mehr). Er sei auch oft in Sétif gewesen, sagt er, und spricht dabei das Wort wieder arabisch aus oder vielleicht so, wie es in Sétif ausgesprochen wird, und zwar »S-taïf«, sodass der andere zunächst nicht versteht, wovon er spricht. Wie der Ortsname sich wirklich ausspricht, weiß ich nicht, aber es rührt mich, dass Thierry ihn unbedingt arabisch aussprechen will und darauf auch dann beharrt, wenn er nicht verstanden wird.

Der kleine Mann sagt, er habe einen Onkel gehabt, der Präfekt in Sétif gewesen sei. Er selbst sei mit vier Jahren nach Frankreich gekommen. Und erst 1963 wieder dorthin zurückgekehrt, erst nach Algier, dann nach Oran. Sein Vater habe einem Juden in Oran ein Mehrfamilienhaus abgekauft. Die Juden hätten mit der Politik nichts zu schaffen gehabt, aber da der Handel zusammengebrochen sei, hätten sie verkauft.

Und wann sind Sie dann wieder nach Frankreich zurückgekehrt?, frage ich.

67. 68 habe er die Mai-Demonstrationen und so weiter mitgemacht (er lacht). Wenn man jung ist, wissen Sie! Er habe immer Glück gehabt, schon als Kind, da sei er fast von einer Schiffsbrücke ins Wasser gefallen, jemand habe ihn im letzten Moment geschnappt. Das sei der *Mektoub*, sagt er, das Schicksal. Und von da an habe er nie mehr vor irgendwas Angst gehabt. Nie.

Er erzählt noch von verschiedenen anderen Gelegenheiten, bei denen er in Gefahr geriet. Auch habe er die Leitung der Firma Total verklagt, bei der er Verwaltungsangestellter gewesen sei. Nach zwanzig Jahren treuer Mitarbeit hätten sie ihn mit zweihundert anderen rauschgeschmissen, er habe das nicht hingenommen, er habe eine Familie gehabt, vier Kinder, ein Haus auf Kredit. Alle hätten sie gesagt, du bist ja verrückt, das kriegst du nie durch, seine Frau, seine Geschwister, alle. Aber er hätte sich das nicht gefallen lassen. In der Gewerkschaft CGT sei er gewesen. Von seinem eigenen Geld habe er einen Anwalt bezahlt, ein paar Rücklagen habe er nämlich schon gehabt, weil: Er habe ein bisschen an der Börse spekuliert. Also habe er sich einen Anwalt genommen. Und fünf Jahre später den Prozess gewonnen! Fünf Jahre Gehalt und Prämien und so fort hätten sie ihm bezahlen müssen, eine ganze Menge Geld sei das gewesen. Da seien sie dann alle angekommen und hätten sich einladen lassen wollen, aber er habe gesagt: Und wo wart ihr, als es mir dreckig ging? Er habe aber trotzdem alle zu seinen Eltern eingeladen. Mit seinem Vater habe er die ganzen Jahre über alles besprochen, er habe ihm genau erklärt, wie er sich alles gedacht habe. Er sei der einzige Sohn, der noch in Algerien geboren worden sei und Arabisch spreche, er habe mit seinen Eltern immer Arabisch gesprochen. Sein Vater habe nicht lesen und nicht schreiben können. Aber zählen! Er habe ihm alles von A bis Z erklärt. Seine Eltern seien sehr glücklich gewesen, als das alles gut ausgegangen sei.

Wir stehen immer noch vor Boughéra El Ouafis Grab, auf dem in allen Zwischenräumen dürres Unkraut wächst.

Da müsse man im Kopf stark sein, um so lange durchzuhalten. Er habe lange Karate gemacht, fährt er fort, bei den französischen Karate-Meisterschaften sei er auf dem fünften Platz gelandet, in allen Kategorien. Mit seinen sechzig, fünfundsechzig Kilo habe er gegen einen kämpfen können, der neunzig Kilo gewogen habe – die reine Technik sei das. Einen großen japanischen Meister habe er gehabt, Meister Kurosawa, der sei auch so klein gewesen, von ihm habe er viel gelernt. Manchmal habe er schon mal Typen vermöbelt, die 1,80 groß gewesen seien, so große Kerle wie Sie!, sagt er lachend zu Thierry.

Je länger er redet, umso mehr verwandelt sich der freundliche algerische Rentner vor meinen Augen in einen David (oder in einen Asterix?), der sein Leben lang Riesen zu Fall gebracht hat – Hünen, die ihn auf einem Supermarktparkplatz verächtlich beiseiteschieben wollten, den Chef von Total, für den er eine unsichtbare, nur als Zahl vorhandene Ameise war.

Ich fasse die Erde an, sagt er und bückt sich dabei. Holz sei keins da, auf das er klopfen könne, also fasse er die Erde an: Er habe Glück gehabt im Leben. Seine Tochter sei französische Landesmeisterin in Karate, die habe es ihm nachgetan. Sich verteidigen zu können sei wichtig. Vor allem für Mädchen.

Und Sie?, fragt er Thierry, doch will er nicht von ihm wissen, ob er Karate kann, sondern wo er herkommt.

Sein Vater sei Algerier gewesen, seine Mutter Französin, antwortet Thierry.

Dann sind sie beides, sagt der Karatekämpfer.

Irgendwas dazwischen, berichtigt Thierry.

Der Karatekämpfer sagt, er glaube, alle Algerier seien so: Wir lieben beide Länder. Stimmt doch, oder nicht?

Thierry schweigt und der beredsame kleine Mann fährt fort: Das ist, als würde man uns fragen, ob wir unseren Vater mehr lieben als unsere Mutter. Als ob man sich zwischen den beiden entscheiden könnte! Schwierig. Von den Franzosen haben auch welche ihr Leben für Algerien gelassen. Gar nicht so wenige!

Thierry verzieht ein bisschen das Gesicht, als wollte er sagen: Schon möglich, oder: Meinen Sie?, doch der andere lässt sich nicht beirren. Man müsse halt sehr offen sein. Ich bin Muslim. Aber ich finde, man kann auch eine muslimische Kultur haben, ohne es zu übertreiben. Also, was die uns da zeigen, das ist kein gutes Beispiel. Das ist wie ein guter Wein, da kannst du ein Glas davon trinken, aber wenn du drei trinkst, bist du besoffen. Der Maghreb könnte wie Europa sein, fährt er fort, noch leichter wäre das sogar dort, weil alle dieselbe Sprache sprächen und dieselbe Religion hätten. Allerdings bräuchten die Araber einen Chef – so eine Demokratie wie in Europa, das sei nichts für sie. Und Sie, Sie sind Deutsche, ja?, fragt er mich.

Der Übergang vom Chef zu Deutschland kommt nicht ganz unerwartet; angenehm ist er nicht. Gott sei Dank geht er schnell zu Amerika und dem Rassismus dort über. Schade sei das, schade, sagt er, die Erde sei für alle da, und zeigt zum Boden (im Sinn von: da geht's für alle hin). Er sei gegen Waffen. Waffen gehörten verboten, wer eine Waffe herstelle, dem gehöre kurzer Prozess gemacht. (Wie das ohne Waffe gehen soll, sagt er nicht.) Er sei zuversichtlich, dass sich darüber demnächst alle Länder einig werden würden.

Inschallah!, sagt Thierry.

Wir trennen uns mit guten Wünschen, der Karatekämpfer setzt sich Richtung Ausgang in Bewegung, sein Fahrrad neben sich her schiebend, dreht sich dann aber noch einmal zu uns um.

Hier liegt mein Verwandter!, ruft er vor einem Grab, bevor er sich laut fragt: Aber ist es jetzt der, den sie umgebracht haben, oder der andere?

17

Von der Autobahnbrücke über die A1 in Le Bourget sehen wir auf die aus Plastikplanen, Brettern und Rohren zusammengeflickten Behausungen hinunter, neben denen Wäsche zum Trocknen hängt, und Thierry erklärt mir, dass für ALLE Orte, an denen Menschen wohnen, eine Art Miete gezahlt werden müsse.

Von wem denn?, frage ich ahnungslos, das ist doch sogenannter öffentlicher Raum, der gehört doch niemandem.

Von Leuten aus der Community der Bewohner, meint Thierry. Wenn sie nicht zahlen, werden sie aus ihren Unterkünften verjagt, oder es passiert ihnen noch Schlimmeres.

Ich verstehe nicht ganz, wie es sein kann, dass diese Ärmsten unter den Armen, die unter einer Plastikplane an der Autobahn schlafen, noch erpressbar sind. Die haben doch nichts! Und von ihrem Nichts oder Fastnichts müssen sie dann noch etwas abgeben?

Für alles seien Abgaben zu entrichten, sagt Thierry, nicht nur fürs Wohnen, sondern zum Beispiel auch fürs Betteln. Wenn du dich an eine Kreuzung stellst und die Autofahrer anbettelst, musst du einen Teil des Erbettelten abgeben. Deswegen treffe man auch an einer Kreuzung immer dieselben Bettler an. Die hätten quasi mit ein paar anderen zusammen diese Kreuzung gemietet. Eine Mafia sei das, die ihre Leute fest im Griff habe. Frauen müssten oft mit anderer Münze zahlen.

Ich werfe noch einmal einen Blick auf die schiefen Schornsteine des kleinen Autobahndorfes wie auf einen Abgrund, von dem ich nur den Rand sehe.

In der Rue de l'Abbé Niort in Blanc Mesnil bleiben wir vor einem schmutzigen Häuschen aus Stein stehen, das die Größe einer Garage und zur Straße hin kein Fenster hat. Eine überquellende Mülltonne und ein paar Metallsperren stehen davor, Letztere aber nicht zum Schutz (was sollte es hier zu schützen geben?), sondern eher, als seien sie hier vergessen worden. Quer über die blinde kleine Fassade verläuft schräg ein Wasserrohr, und über diesem schrägen Wasserrohr sind eine Gipsvase mit einer roten Plastikrose und eine Gedenktafel befestigt: »Hier wurde am 10.8.1942 von der Vichy-Polizei der Gewerkschaftler Pierre Quémener ermordet«, und ich kann nicht anders – vielleicht, weil diese Würdigung auf solch absurde Weise platziert ist – als nachzusehen, wer dieser Pierre Quémener war: Soldat im Ersten Weltkrieg, zweimal verwundet, Kommunist, Widerstandskämpfer. Hier, vor diesem Häuschen, das so aussieht, als hätte es damals schon hier stehen können, wurde er von zwei »Friedenshütern« dabei überrascht, wie er Flugblätter anbringen wollte, und erschossen. Vier Jahre später beschied das Ministerium für Kriegsveteranen, dass er »für Frankreich« gefallen sei.

Im kalten Nieselregen gehen wir eine Weile an der A1 entlang, und zwar auf einem Sträßchen, das unmittelbar neben der Autobahn verläuft und von dieser durch eine Mauer getrennt ist, sodass die Autobahn zwar nicht zu sehen, aber sehr stark zu hören ist. Die Häuschen, die auf der anderen

Straßenseite stehen, haben im Erdgeschoss den Blick auf die Mauer und vom Obergeschoss aus auf die Autobahn.

Drei Mal – jedes Mal, wenn das Sträßchen an einer Autobahnbrücke vorbeiführt – betrachten wir staunend den Platz, der auf jeder dieser Brücken angelegt wurde. Offenbar sollen die Anwohner über der Autobahn beieinandersitzen und ihre Kinder spielen lassen. Auf dem ersten dieser Plätze stehen Metallbänke ohne Rückenlehne unter anderem vor einem »Spielplatz«, der aus drei Federwippen besteht: eine bewegliche Stange, auf halber Höhe eine Sitzscheibe, auf der ein Kind Platz hat; das war's. Darunter rasen die Autos durch. Ob sich hier tatsächlich Menschen hinsetzen, wenn das Wetter besser ist?

Es regnet recht stark, als wir einem vielleicht zwölfjährigen Mädchen begegnen, das dünn angezogen und durch nichts als ihre Sweatshirtkapuze vor dem Regen geschützt ist. Zögerlich steht es da und scheint sich zu fragen, wohin es sich am besten wenden solle, als es uns sieht. Entschuldigung bitte, kennen Sie hier vielleicht einen Ort mit einem Dach drüber?, fragt es uns lächelnd. Wir sehen uns nach allen Richtungen um, können aber keinen Regenschutz entdecken.

Na ja, da; da sind diese Unterstände, sagt Thierry zweifelnd, und deutet zum nächsten Platz über der Autobahn, der schon in Sicht ist, bestückt mit denselben Metallbänken wie der vorige. Über den flachen Bänken sind Metallplatten angebracht.

Aber da sind Löcher drin!, sagt das Mädchen immer noch lächelnd und fröstelnd.

Und tatsächlich: Die seltsamen Metallstrukturen über

den Bänken sind keine Platten, sondern Gitter und können höchstens als Sonnenschutz dienen. Es tut uns leid, aber wir lassen das Mädchen im Nassen stehen.

Unmittelbar angrenzend an die Autobahn: die große Moschee von Blanc Mesnil; weiter oben, ebenfalls an der Autobahn, mehrere Schulen, darunter eine Grundschule, die École élementaire Maurice-Audin. Als Sinnbild für die Absurdität dieser Stadtgestaltung steckt in einer Astgabel ein alter Besenkopf fest. Der Baum ist noch nahezu kahl.

Die École Maurice-Audin ist nach dem bereits erwähnten Kommunisten und Mathematiker benannt, der für die Unabhängigkeit Algeriens kämpfte und deshalb 1957 in Algier vom französischen Militär ermordet wurde.

Immerhin, sage ich zu Thierry, hat vor Kurzem zum ersten Mal ein französischer Präsident, Emmanuel Macron, offiziell die Verantwortung des französischen Staates für diese Ermordung zugegeben.

Pffff … Weil er das algerische Öl braucht, ist seine schnelle Antwort.

Ich glaube nicht, dass irgendwas ihn davon überzeugen könnte, dass ein französischer Politiker etwas anderes als schlechte Absichten haben könnte – während ich noch bereit bin, an gute Absichten zu glauben?

Ebenfalls in der Nähe der Autobahn: ein wuchtiger Leclerc Express Supermarkt, von dem uns ein parkplatzgroßes steiniges Brachland trennt und der aussieht, als wäre er seit Jahren verlassen, sodass ich mich frage, ob wir wieder einmal vor der Hinterseite eines Gebäudes stehen oder ob dieser Leclerc tatsächlich geschlossen ist.

Auf der Avenue Descartes blühen schon die Schlehen, doch da die Avenue davon abgesehen reichlich öde ist, schlage ich Thierry vor, einen Abstecher in die Cité zu machen, die rechts neben uns liegt, und er geht sofort erfreut auf meinen Vorschlag ein, wobei er wieder einmal meine vermeintlichen Freunde imitiert: Aaah, unglaublich, wir erkennen sie nicht wieder, sobald sie eine Cité sieht, ist sie wie magnetisch angezogen, da ist kein Halten mehr.

Kein Wunder, das ist doch so mit Drogen, sage ich, und tatsächlich sehen wir gleich die *chouffeurs* an allen Ecken, die uns gelassen kommen sehen.

Na, sagt er, bist du zufrieden mit dir? Kriegst langsam eine Nase dafür, wo was los ist.

Später lese ich, dass es hier, in der Cité des Tilleuls, vor zwei Jahren erst etliche Festnahmen gegeben hat, die aber offensichtlich nicht viel geholfen haben. Die hellen, fünfstöckigen Wohnblöcke sehen von außen gar nicht besonders heruntergekommen aus, aber ein paar *chouffeurs* lungern trotzdem herum. Zwischen den geparkten Wagen steht ein Autowrack, woanders beugen sich fliegende Händler (Reparateure) über eine geöffnete Motorhaube.

Die Balkone sind voller Kübel, altem Spielzeug, Plastikkisten, Kühlschränken, Waschmaschinen, Blechwannen; über fast alle Balkonbrüstungen hängt das Vorderrad mindestens eines Fahrrads. Kurz stelle ich mir vor, ein solcher Wohnquader oder Tausendradler könnte, auf die Seite gekippt, auf seinen vielen Rädern einfach davonrollen.

Die Cité wirkt eher ruhig, aber Thierry gibt mir zu bedenken, dass gerade Ramadan sei. Während des Ramadans werde nicht gedealt. Ich frage mich und dann gleich auch Thierry, ob diese Parallelökonomie, in der die Aufpasser fünfzig Euro am Tag bekommen und die Bosse Zigtausende, nicht eine Kapitalismuskarikatur, eine Art Raubtierkapitalismus, darstelle, in der statt Regulierungen nichts als das Recht des Stärkeren gelte. Und beim Schmuggelhandel, ist es da nicht ähnlich? Bereichert man sich nicht immer auf dem Rücken anderer? Ist es denn so viel anders hier in der Cité als in der offiziellen Wirtschaft? Und warum empört dich das so, frage ich, wenn es Bernard Arnault ist, der das Geld einsackt, nicht aber, wenn es deine Cousins sind?

Ich glaub, ich spinne!, ruft Thierry halb entrüstet, halb lachend. Das Mädchen hat von nichts eine Ahnung, man hat ihr von Grund auf alles beigebracht. Laufen gelernt hat sie bei mir! Und jetzt kommt sie und erklärt einem die Welt.

Wir müssen beide lachen, obwohl seine Empörung nicht nur vorgetäuscht scheint, doch übertreibt er sie derart, dass es komisch wird und ich am Ende wie immer nicht mehr weiß, ob es ihm ernst ist damit oder nicht.

Da versucht man mitzudenken, sage ich, man macht sich seine Gedanken, interessiert sich, erkundigt sich – und das hat man dann davon!

Thierry empört sich noch einmal aufs Schönste, bis ich einräume, dass ich tatsächlich keine Ahnung habe. Was natürlich stimmt. Und es ist auch nicht besonders verwunderlich, dass Thierry sich seinen »Cousins« näher fühlt als Bernard Arnault, dem reichsten Franzosen der Welt (oder gar Mann der Welt).

Auf dem Friedhof von Blanc Mesnil liegen die Toten dicht an dicht, während sich die Lebenden um sie her in Wohnkisten stapeln. Eine dunkelhaarige junge Frau lacht mich von einem Medaillon aus an, dessen Porzellan in viele Teile zersprungen ist; auf der Höhe des Dekolletés bildet das aus einer Ritze wachsende Moos eine Art Halskrause. Kein Name, keine Lebensdaten. Um das Medaillon herum ist in den Stein graviert: BONNE PETITE BIQUETTE – gutes kleines Zicklein, daneben: PETITE POUPÉE À MOI PAULO – mein Püppchen, das ganz mir gehört, Paulo.

Es gibt auf dem Friedhof einen eigens den acht im Algerienkrieg umgekommen Bewohnern von Blanc Mesnil gewidmeten Gedenkstein (ihre Namen wurden hier nicht wie sonst einfach auf dem Kriegerdenkmal für die Gefallenen des Ersten und Zweiten Weltkriegs hinzugefügt), und einen Stein für »im Außendienst« Gefallene, den ein in Sarajewo umgekommener Hauptmann aus Blanc Mesnil bislang für sich ganz alleine hat. Aber es ist noch viel Platz.

Kaum haben wir den Friedhof verlassen, nehmen wir, warum auch immer, ein ödes Seitensträßchen, das nirgendwohin zu führen scheint als zu einer Mülldeponie, in dem aber eine stark geschminkte junge Frau im Hijab an einer Bushaltestelle wartet. Auf der anderen Straßenseite ist, umgrenzt von einer Kette, damit niemand darüber stolpert, mitten auf dem Gehweg eine Art Grabplatte mit Gedenkstein aufgestellt, der zerschlagen auf der Platte liegt. Ich frage mich kurz, ob nicht ein herabfallender Ast oder sonst eine Natureinwirkung das kleine Mahnmal zerstört haben könnte, aber nein, ich sehe nichts dergleichen, es muss ihn also jemand zerschlagen haben. Nur warum? Vier Namen sind eingraviert:

MADAME ED. BOUQUIN
PIERRE ASSAILLY
JACQUES DEMOLIN
ANATOLE SIGONNEAU

Und darunter: MORTS POUR LA FRANCE.

Die vier wurden 1944 von deutschen Truppen in der Ferme du Moulin – dem Bauernhof an der Mühle als Geiseln genommen. Tatsächlich stoßen wir ein paar Schritte weiter auf einen verlassenen alten Bauernhof, der mit Metallabsperrungen geschützt ist, vermutlich weil er einzustürzen droht oder damit den Passanten (die es hier kaum gibt) nicht Teile des wenigen noch vorhandenen Putzes auf den Kopf fallen. Ob das der Bauernhof an der Mühle ist? Ein »Bauernhof an der Mühle« soll hier schon im 14. Jahrhundert gestanden haben – so alt ist dieses Gehöft auch wieder nicht, und von einer Mühle keine Spur. Die Fenster sind, bis auf ein zugemauertes, allesamt vergittert; das Haus ist eine Ruine. Über diesen letzten Überresten eines ländlichen Blanc Mesnil, von dem ansonsten nur noch alte Postkarten zeugen, reißen jetzt die dunklen Wolken auf und lassen ein wenig blendende Helligkeit einbrechen.

Wir kehren zur Nationale 2 zurück und finden uns bald in einer der mir mittlerweile schon vertrauten Zwischenwelten wieder: ein großer, befahrener Kreisel, in dessen unmittelbarer Nähe drei Billighotel-Ungetüme stehen, ein Kyriad, ein Campanile, ein Première Classe, das eher nach letzter Klasse aussieht, davor drei gewaltige türkisfarbene Container, ein fast leerer Parkplatz. An der Straße ein Werbeplakat von Hmarket zum Ramadan, auf dem zwei Kilo Hühnchenschenkel für 4,95 Euro angeboten werden, ein Wasserrückhaltebecken, der Lagerschuppen einer Transportfirma, an den einige Laster ihre Hinterteile herangefahren haben. Wir überqueren ein an dieser Stelle zehnspuriges Autobahngeflecht, neben dem ein einzelnes verlassenes und überwuchertes Bahngleis herläuft. Zwischen dem Straßengewirr eine Insel mit Hypermärkten (Carrefour, O'Parinor), Parkplätze, dann ein Mega-Kreisel, an dem Roma stehen und sich mit ihren Pappschildern den haltenden Autos nähern, und ich muss daran denken, dass sie für diesen Kreisel Miete zahlen.

Wir sind inzwischen längst in Aulnay-sous-Bois und gehen weiter die N2 entlang nach Osten, bis von einem Augenblick zum anderen plötzlich Menschenmengen um uns her sind, vielmehr Männermengen, die sich in die gleiche Richtung wie wir bewegen, und wir merken, dass gerade das Freitagsgebet zu Ende ist und dass Hunderte, die aber wie Tausende wirken, aus der Großen Moschee von Aulnay auf die Straße strömen. 1400 Personen fasst die Moschee, lese ich am Abend, und so viele werden es vielleicht auch gewesen sein, in deren Strom wir – ich als einzige Frau – eine Zeit lang mitgeschwommen sind. Die Männer sind meist dunkel gekleidet, manche tragen Kapuzen oder Baseballkappen, die älteren auch Gebetsmützen, andere sind barhäuptig, manche haben Alltagskleidung an, andere Qamis, es gibt dunkel- und hellhäutige unter ihnen – aber keine Frauen.

Ohne dich würde ich mich hier bestimmt nicht hergewagt haben, sage ich zu Thierry, der selbst etwas erstaunt scheint über diese plötzliche Menschenflut, nachdem wir so lange durch menschenleere Gegenden gewandert sind.

Das könntest du aber, glaube ich, antwortet er, und tatsächlich scheint niemand von mir Notiz zu nehmen, was aber auch damit zu tun haben könnte, dass ich in männlicher Begleitung bin. Passieren würde mir sicher nichts, doch wäre mir unwohl zwischen so vielen Männern, und trotz Thierrys Gegenwart ist mir auch jetzt unwohl, jedenfalls im ersten Moment.

Müssen die Frauen alle zu Hause bleiben?, frage ich Thierry.

Er sagt, nein, es gebe besondere Tage und Eingänge für die Frauen. Ich gehe am Abend der Sache nach und finde bei Googlemaps zweihundertzweiundzwanzig Kommentare zu der Moschee, davon nicht wenige von Frauen, die sich beschweren, dass sie extra zu dieser Moschee gekommen seien, um zu beten, aber nicht hineingelassen worden seien. Eine Frau, die mit ihrem Mann dort war, ist schockiert, dass er hinein konnte und sie nicht. Der Website trouvetamosquee.fr zufolge sind viele Moscheen nicht darauf eingerichtet, dass auch Frauen kommen, sie haben keinen gesonderten Eingang, und den Haupteingang dürfen Frauen nicht nehmen. Oder aber sie haben Räumlichkeiten, aber kleine, manchmal in Kellerräumen, die Übertragung ist schlecht, die Predigt fast nicht zu hören.

Inzwischen haben sich die Männermassen zerstreut, wir sind am Freitagsmarkt angekommen, auf dem auch ein paar verschleierte Frauen einkaufen; die einzige unverschleierte bin ich. Wir gehen über den Markt hinaus immer geradeaus, und ich frage mich, warum uns keiner entgegenkommt, warum alle Passanten in die gleiche Richtung gehen wie wir.

Man müsste mal im Sommer hierher zurückkommen,

sagt Thierry, abends, wenn alle draußen sind. (Ich frage nicht, ob er mit »alle« auch die Frauen meint.)

Können wir machen, sage ich, aber nicht so oft, da wird mein Mann nicht so erfreut sein.

Sofort fängt Thierry wieder an, meine Freunde nachzuahmen: Sie hat jetzt so einen schlechten Umgang, ich weiß auch nicht, seit sie mit diesem Thierry verkehrt …

Ich stimme mit ein: Ja, ich weiß auch nicht, was los ist, vorher war sie wie du und ich. Dann hat sie irgendwann angefangen, diese Gewaltmärsche zu machen und auf einmal … wollte sie nur noch den Hijab tragen! Sie hat gesagt, das ist besser, da fällt man weniger auf, aber dann hat das abgefärbt … wie eine zweite Natur ist das bei ihr geworden.

Dann hat sie auch noch angefangen, im Ramadan zu fasten.

Gut, das kam ein bisschen zwangsläufig, weil es bei ihren Streifzügen sowieso nie was zu essen gibt. Ein immerwährender Ramadan ist das bei denen. Geht jetzt schon seit Monaten so.

Wir kommen an einem Baumarkt vorbei, vor dem ein Grüppchen schwarzer Männer steht, die Hände in den Hosentaschen, und offensichtlich immer noch auf Arbeit wartet (es ist vier Uhr nachmittags). Einige von ihnen haben ihre kleinen Rucksäcke an das Gitter vor dem Gelände gehängt. Um halb fünf, an der Station Sevran-Beaudottes angekommen, haben wir immer noch nichts gegessen. Wir gehen durch den Bahnhof und treffen zunächst auf eine Art Souk, eine kleine orientalisch-arabische Einkaufsgalerie, bevor wir zu dem riesigen Einkaufszentrum vorstoßen, das aus einem Carrefour-Hypermarkt, einem Optiker, einer Apotheke, einem Karussell und auch einer Bäckerei der Kette Chez Paul besteht, wo wir Wasser und Sandwiches kaufen. Nun brauchen wir nur noch einen Ort, an dem wir uns niederlassen können – im Einkaufszentrum selbst wollen wir nicht bleiben. Der andere Ausgang geht auf einen gigantischen Parkplatz hinaus, hinter dem irgendwo ein Park liegen soll, wie Thierry sich zu erinnern meint. Mir scheint das eher unwahrscheinlich, und da wir inzwischen mehrere Stunden auf den Beinen sind und es gerade wieder zu regnen beginnt, streike ich und setze mich kurzerhand am Parkplatzrand auf eine Bank unter einem Bushaltestellendach. Thierry lacht und murrt zwar erst ein bisschen (du schwächelst, du schwächelst), setzt sich dann aber zu mir und wir packen unsere Sandwiches aus, den Blick auf den Parkplatz, den Carrefour Drive und dahinter auf acht braune Wohntürme aus den Siebzigerjahren gerichtet. Wenigstens stören wir hier nicht die ganz strengen Ramadan-Fastenden. Hier ist kein Mensch.

18

Schon aus der Ferne sehen wir die Tür unseres Cafés offen stehen, ein Tisch steht draußen, zwei, drei Kunden unterhalten sich auf dem Gehsteig. Es ist ein warmer Frühlingstag. Drinnen begrüßen uns Rachid, ein Italiener mittleren Alters, den wir vom Sehen kennen, und der nicht mehr junge Mann mit den spärlichen langen Haaren, den wir schon öfter hier gesehen haben und der immer sehr freundlich lächelt. Neben ihm steht ein besser als die anderen gekleideter – das heißt in neueren, teureren Kleidern steckender – Mann in seinen Vierzigern, von dem wir bald merken, dass es einer jener Welterklärer ist, die alles kapiert haben und meinen, die anderen von ihrem Wissen profitieren lassen zu müssen.

Immer wird schlecht über Frankreich geredet, sagt er. Das ist, als würde ich dir dauernd sagen, *das* hast du falsch gemacht, *das* hast du falsch gemacht.

Rachids Mutter: Ich liebe Frankreich! Ich liebe Frankreich! Und das ist die Wahrheit, die ich dir sage. Nicht die Franzosen haben mir das angetan!

Wieder frage ich mich, was ihr Schlimmes widerfahren ist; es scheint jedenfalls in Algerien passiert zu sein.

Welterklärer: Was ich nicht mag, sind die Sozialisten. Die Sozialisten, also die … Seit François Hollande ist's mit den Sozialisten endgültig vorbei.

Sie: Wir haben die französische Staatsangehörigkeit gekriegt. Und die haben wir behalten. Und das werden wir auch nicht mehr ändern jetzt.

Welterklärer: Und jetzt heißt es so: Entweder bist du Nationalist. Oder du bist für Europa.

Sie: Wir sind im Europa … der 28.

Er: Genau. Und wenn du sagst, Frankreich den Franzosen, wirst du blöd angeschaut. Dann bist du Rassist. Dabei … Wenn Frankreich nicht den Franzosen ist, wem isses dann?

Der Langhaarige, der als eine Art Jünger neben dem Gutangezogenen steht und zu allen seinen Worten nickt, wirft ein, er habe sich dieses Jahr wieder seine Mitgliedskarte beim Front National geholt.

Welterklärer: Ich bin Nationalist. Nationalist heißt nicht rechtsextrem. Das ist wie Trump in Amerika. Da ist auch nicht alles perfekt, einiges läuft schief. Aber es heißt »America First«. Zuerst denkt man an sich, dann schaut man, wie's den anderen geht. Warum sind wir nicht so, frag ich mich.

Aber das führt uns doch geradewegs in den Krieg, wirft Rachid ein.

Von wegen! Für China kommt China zuerst. Warum denkt Frankreich nicht so? Frankreich ist nur noch Aufnahmeland. Wo sind denn die großen Schriftsteller, die großen Wissenschaftler, wo sind die denn? Wie kommt's, dass wir die nicht mehr hervorbringen? Es gibt keinen Victor Hugo mehr, keinen Chateaubriand … Da fragt man sich schon, oder? Frankreich ist ein großes Land. Wenn Frankreich schon nichts mehr gilt, was gelten dann die anderen? Ich zum Beispiel, ich bin algerischer Abstammung, also, wenn

Frankreich nichts ist, was ist dann Algerien? Diese Fragen sollte man stellen. Wo sind denn die großen französischen Intellektuellen? Wo sind sie hin? Warum gibt's keine mehr? Warum? Warum haben wir jetzt solche Emmanuel Macrons? Warum haben wir jetzt solche Typen? Weil wir nicht mehr selbst über unsere Zukunft entscheiden. Früher gab es Präsidenten, die falsche Entscheidungen getroffen haben. Aber das waren noch ihre Entscheidungen.

Ihre eigenen, ja, und die haben sie auf sich genommen, sagt der Langhaarige wie ein Echo.

Genau, fährt der Welterklärer fort: Entweder Revolution oder nichts.

Karrieristen sind das alle, klappt der andere hinterher.

Welterklärer: Da gibt's nur eins, in die Nationalversammlung gehen und uns auf deren Plätze setzen. Heute ist die Nationalversammlung sowieso zu nichts mehr gut. Alles wird von Brüssel aus gelenkt, das ist wie in der Sowjetunion. Eine versteckte Sowjetunion ist das. Siehst ja, diese ganzen europäischen Länder, wir wissen nicht mal, wie die alle heißen. Das nennt sich eine Diktatur. Wer wählt denn die Europakommissare? Das Volk vielleicht? Glaub nicht, dass das das Volk ist. Und dann gehen die alle fünf Jahre zu Macron, und der schreibt ihnen ins Heft, so, du machst wieder genau das Gleiche. Der Mindestlohn muss runter, die Rente muss runter, die Kaufkraft muss runter, die Inflation muss runter ... Der ganze Kram. Und wenn die französische Regierung nicht mitspielt, muss sie hohe Strafgelder bezahlen.

Ich sag dir, sagt der Langhaarige, mit Maastricht, da ist alles zusammengebrochen.

Welterklärer: Es gibt sowieso nur ein Land, das keine Armee hat, keine Atomwaffen, das ist die Schweiz. Die verteidigen wirklich die Interessen ihres Landes. Der Schweizer ist dem Franzosen fünfzig oder sechzig Mal überlegen. Wie die Engländer. Warum sind die aus der EU ausgetreten. Die sind dagegen. Die wissen sehr gut. Wie die Schweizer. Die haben ihre Souveränität wieder.

Vor allem auf geopolitischer und militärischer Ebene, meint der Langhaarige im Ton eines Radio-Experten.

Genau, sagt der Welterklärer.

Wir werden's denen schon zeigen.

Natürlich kann man Militärallianzen eingehen, sagt der Welterklärer. Aber die Ukraine, das ist in Wirklichkeit ein amerikanisches Problem, das ist kein europäisches Problem. Die Ukraine, das ist der Vorhof der Russen. Wenn du da reingehst, schießen die ohne Vorwarnung. Die russische Rus, das sind die Wikinger. Die sind aus Dänemark gekommen, weiß nicht, woher. Deshalb sind sie blond und blauäugig. Weil das Wikinger sind.

Thierry und ich sitzen daneben und unterhalten uns ein bisschen miteinander, während die beiden sich weiter gegenseitig bestätigen und Rachid etwas leidvoll seine kleine Thekengemeinde überblickt und die Welterklärersuada manchmal etwas zurechtzurücken versucht. Ohne Erfolg: Die beiden wollen nichts wissen, was sie nicht schon wüssten.

Von seinem Platz hinter dem Tresen sieht Rachid den Wagen schon vom anderen Ende der Straße her kommen, und er fängt an, Wasser laufen zu lassen, das er in einer Plastikwanne auffängt (Verschwendung gibt es bei ihm nicht), bis es kalt aus dem Hahn kommt. Er füllt zwei große Gläser bis an den Rand, und als der Müllwagen vor dem Haus ankommt, gibt er den zwei Müllmännern, beides Schwarze, ein Zeichen. Offenbar kennen sie ihn schon, es scheint nicht das erste Mal zu sein, dass er ihnen zu trinken anbietet, und da der Winter übergangslos einer sommerlichen Hitze gewichen ist, freuen sie sich über die Erfrischung.

Der Welterklärer bricht auf, und sein Jünger bleibt vor seinem Bier alleine, bis die Frau mit den Krücken hereinkommt, die in unserer Gegenwart noch nie den Mund aufgemacht hat, und Jesus, der seinen täglichen Espresso gegen einen *Parisien* eintauscht. Er fängt an, von der Plage der Autorennen in den Innenstädten zu erzählen, über die er einen Fernsehbeitrag gesehen hat. Die Gehsteige, damit kenne er sich aus, dass sei sein Beruf gewesen, die seien für Fußgänger gemacht. Anne Hidalgo, die Bürgermeisterin von Paris, habe gut daran getan, E-Roller auf den Bürgersteigen zu verbieten. Eine Spanierin sei das, die Anne Hidalgo, aus Andalusien.

Ich frage ihn, ob Hidalgo auf Spanisch nicht so viel wie Ritter bedeute, oder Adeliger, aber davon weiß er nichts.

Ich schaue mir auch gerne die Geschichte von Hitler an, gestern gab's da einen Film, sagt er, wie immer eher zusammenhangslos. Hitler sei ursprünglich Österreicher gewesen.

Das sind die Schlimmsten, sage ich, um mitzureden.

Deutschland und Österreich, das ist ganz ähnlich, meint er. Quasi das gleiche Land. Die Völker, gegen die hab ich nichts; die Streithammel, das sind die russischen und amerikanischen Regierungen. Die Deutschen tun ihr Bestes, damit es keine Konflikte gibt, aber … Die Russen, die stehen nicht alleine da, die haben die Chinesen und die Türken auf ihrer Seite. Aber an den dritten Weltkrieg glaub ich nicht. Mein Vater hat immer gesagt, wenn es heute gewesen wäre, hätte es keinen Bürgerkrieg gegeben. Schon als ich in der Armee war, waren drei Viertel der Eingezogenen Deserteure. Also nicht Deserteure … wie heißt das noch mal … Zeugen Jehovas. Die haben sie in die Strafzelle gesteckt. Ich bin zu einem in die Zelle gegangen, der hat mir gesagt: Ich will fliehen. Da hab ich die Maschinenpistole schussfertig gemacht und ihm gesagt: Flieh nur, ich mach keinen Spaß. Man muss schon nachdenken, mit dem Kopf. Hinterher, wenn deine Zeit um ist in der Armee, kann's dir scheißegal sein. Im zivilen Leben machst du, was du willst. Nein, nein, nein, die Spanier, die hatten grade einen Bürgerkrieg hinter sich, die mochten die Armee nicht leiden. Nein. Die sind hingegangen, weil sie's mussten. Aber alles, was sie gemacht haben, die Berliner Mauer, das war Quatsch. Die haben vor den Deutschen Angst gehabt, aber die Deutschen sind gar nicht angriffslustig, die sind ganz friedlich …

Ich räuspere mich skeptisch: Ähm, joooah …

Der Hitler war das, der war an allem schuld. Aber Deutschland war nicht gefährlich. Die haben das Land geteilt für nichts und wieder nichts.

Da Jesus seinen Kaffee ausgetrunken hat und sich verabschiedet, finde ich mich neben der Frau mit den Krücken wieder. Sie hatte die Krücken von Anfang an, und es sieht nicht so aus, als sei irgendeine Verbesserung eingetreten. Die Frau ist zwischen vierzig und fünfzig und trägt einen Pferdeschwanz. Nachdem ein Nachbar von schräg gegenüber kurz den Kopf durch die Tür gesteckt und uns gefragt hat, ob wir ein verlorenes Kätzchen gesehen hätten, entspinnt sich ein Gespräch über Tiere, und ich erfahre, dass sie eine Königspython zu Hause hat.

Ungläubig frage ich nach, aber ja, sie habe eine Königspython. Als sie lacht, sehe ich, dass ihr die Vorderzähne fehlen. Zuerst habe der Freund ihrer Tochter dieser seine Python in Pflege gegeben, weil er Probleme bekommen, das heißt ins Gefängnis gemusst habe, und als er wieder rausgekommen sei und seine Python wiederhaben wollte, sei ihre Tochter traurig gewesen. Also habe er ihr eine eigene Python geschenkt. Die Python sei noch jung (sie zeigt uns ein Foto auf ihrem Handy), könne aber noch bis zu eins fünfzig lang werden. Wir haben sie Killer genannt, sagt sie. Vor Kurzem hätten sie vergessen, das Dach des Terrariums zu beschweren, und so sei die Python abgehauen. Einen Monat lang sei sie nicht mehr auffindbar gewesen. Sie müsse aber irgendwo in der Wohnung gewesen sein. Eines Tages habe ihre Tochter gesagt: Mein Strumpf bewegt sich, warum bewegt sich mein Strumpf, und da sei die Python drin gewesen. Die habe vermutlich einfach Hunger gehabt, da sei sie wieder hervorgekrochen. Sie kaufe ihr lebende Mäuse beim Garten- und Zoogeschäft Truffaut, davon bekomme die Schlange alle vierzehn Tage zwei, drei, das reiche ihr.

In diesem Moment kommt Rachids Mutter mit einem Tellerchen Kirschen herein, von denen sie allen anbietet. Thierry fragt, wie es ihr gehe.

Ça va, sagt sie, mit Gottes Hilfe wird es weitergehen. Und wie schmecken die Kirschen? Es seien die ersten Kirschen aus ihrem Garten, der offenbar ganz in der Nähe liegt.

Wir sind bereit, ihre Kirschen köstlich zu finden, auch

wenn sie es nicht wären. Den Kirschbaum habe sie bei Carrefour gekauft, sagt sie. Und einen Feigenbaum habe sie auch.

Ob ihre Kirschen nicht von den Vögeln gefressen würden, frage ich sie.

Doch, doch. Vor allem die Feigen. Ich habe ihnen eine Wanne hingestellt, damit sie sich darin baden können, wenn's heiß wird.

Die haben mich alle fallengelassen, sagt der Italiener, ich bin der Einzige, der noch pichelt. Die sitzen hier alle vor ihren Limos. Ich hab fünfzig Euro ausgegeben, heute morgen bin ich aufgewacht, da fehlte Geld. Da fehlt Geld, ich muss schon wieder zum Geldautomaten.

Was hast du gekauft, du hast Zigaretten gekauft, sagt Rachids Mutter.

Nein, ich hab sie hier vertrunken, die fünfzig Euro, das ist es. Du hast mir auch ein Glas spendiert, Mamie, das vergesse ich nicht. (Die meisten Kunden nennen Rachids Mutter zärtlich Mimi oder Mamie, als wäre sie ihrer aller Großmutter.)

Du spendierst mir ein Glas, da spendier ich dir auch ein Glas, so ist es gut, sagt sie.

Tatsächlich trinkt der Italiener bestimmt zehn Bier, während wir hier sitzen, ohne dass man ihm das weiter anmerken würde.

Wie lange kennen wir uns jetzt schon, Mamie, fragt er. Der war noch ein Baby damals, dein Sohn da. (Was nicht stimmen kann, denn Rachid und er dürften beide um die fünfzig sein.) Ah, da waren wir noch jung, was! Du bist noch gar nicht so lange in Rente, Mamie. 2014, richtig? Ah, wie schnell die Zeit vorbeigeht, was!, ruft der Italiener. Das ist das Jahr, in dem sie mir gekündigt haben.

Da muss er also um die vierzig gewesen sein. Sitzt er seither Tag für Tag in diesem Café und trinkt für fünfzig Euro Bier? Das wären um die 1500 Euro im Monat. Ich verstehe nicht, wie er lebt, wo er das Geld hernimmt, und es geht mich natürlich nichts an. Nichts, was hier im Café vorgeht, geht mich etwas an, denke ich manchmal. Oder doch? Doch, es geht mich etwas an, und sei es nur, weil ich mittlerweile so oft hier war und so gut wie alle nach und nach lieb gewonnen habe, Jesus, den Halb-Stummen, den Marokkaner, Rachid und seine Mutter sowieso, sogar die Le-Pen-Wähler und nun den Italiener, den Rachids Mutter liebevoll Makkaroni nennt. Ich freue mich jedes Mal darauf, hierherzukommen, diese Menschen wiederzusehen, an diesem einzigartigen Zufluchtsort zu verweilen, ohne den – und ohne Rachid und dessen Mutter – einige der Bewohner dieses Viertels vielleicht schon an Einsamkeit und Trübsal gestorben wären.

Schau, das ist der Kirschbaum vor dem Haus, sagt Rachids Mutter zu mir und zeigt die Straße hinunter. An der Straßenecke hängen lange Zweige bis über den Gehsteig.

Der Cousin, der dort draußen sitzt, sagt sie, der wird ihn schneiden. Ob ich mitkommen wolle, und ich sage ja, und sie hängt sich bei mir ein, zusammen gehen wir die paar Schritte, gefolgt von Thierry und von dem »Cousin«, also einem älteren kleinen Algerier, der eine Säge mit sich trägt und auf die Anweisungen seiner Auftraggeberin hin einen Zweig nach dem anderen abzusägen beginnt. Innerhalb kürzester Zeit sammelt sich Geäst auf dem Trottoir, darunter dicke, schwere Zweige, und plötzlich sehen wir Rachid auftauchen und verzweifelt die Astberge betrachten, die über die halbe Grundstückslänge hinweg Straße und Gehsteig bedecken und von denen klar ist, dass sie hier nicht lange liegen bleiben können. Rachid ist anzusehen, dass er ratlos ist – wie soll er gleichzeitig im Café bedienen und hier Gartenarbeit machen?

Der kleine Cousin, kaum dass er alles abgeschnitten hat, was zu sehr über die Straße wuchs, macht sich daran, die heruntergefallenen Zweige ebenso schnell, wie er sie abgeschnitten hat, mit seiner kleinen Handsäge zu zerkleinern. Thierry und ich packen auch mit an und tragen einen Arm voll Zweigen nach dem anderen in den kleinen Garten. Rachid hilft auch, kann sich aber mit seinem steifen Rücken kaum bücken, es ist ihm sichtlich unangenehm, dass auch wir Hand anlegen müssen oder vielmehr wollen, aber wir lassen es uns nicht nehmen, zumal er so schnell wie möglich wieder ins Café zurück muss und es uns Freude macht, ihm helfen zu können. Zehn Minuten später ist alles verschwunden, der Cousin fegt noch mit einem Zweigende die Straße, dann ist die Arbeit erledigt, und Rachid kann wieder zu seiner Arbeit zurück. Wir sollten demnächst mal auf einen Couscous zu ihr kommen, sagt die Mutter, als wir uns verabschieden.

Schon ein seltsamer Ort, das Café, oder?, frage ich.

Auch Thierry scheint es einzigartig zu finden; beide kehren wir gerne dorthin zurück, und zugleich wundere ich mich, dass dieser Ort ihm, der sich in den letzten zwei Jahrzehnten so eindeutig auf die Seite seiner algerischen »Cousins« geschlagen hat, so gefällt, denn mehr oder wenige alle, denen wir dort begegnet sind, haben die andere Seite gewählt – sie sind nicht nur ihren Papieren nach Franzosen, sondern fühlen sich auch als solche, ja, es gefällt ihnen, Franzose zu sein. Und Rachid? Rachid lässt sie alle reden. Manchmal hält er dagegen, aber immer auf seine behutsame, leise Art.

Mehr oder weniger parallel zur Autobahn A1 gehen wir nach Osten, an den uns schon bekannten Autobahnwohnblöcken entlang. Auf der Wiese davor liegen ein paar zerquetschte Tomaten verstreut, als hätte jemand von einem Balkon aus damit geworfen; daneben blühen Inseln wild aufgegangener Narzissen, das sind die einzigen Farbflecken weit und breit. Thierry zeigt mir einen Balkon, der nicht als Abstellraum, sondern als Kleiderschrank zu dienen scheint; auf einem Gestell sind, wenn ich recht sehe, Kinderkleider aufgereiht. Ein älterer Mann, der trotz des warmen Wetters in einem dicken Anorak steckt, trägt zwei schwere Plastiktüten vorbei. Vor einem Wohnblock, dessen Fenster in den zwei unteren Geschossen zugemauert sind, bleibt er stehen, stellt die Plastiktüten ab und krault ausgiebig zwei Katzen, mit jeder Hand eine. Dann geht er weiter.

Wie immer werden die Wohnblöcke irgendwann von Einfamilienhäuschen abgelöst; in einem davon hat sich eine Église de la Pentecôte primitive, eine Kirche der Pfingstbewegung, eingerichtet. Es ist eine merkwürdige Vorstellung, dass in diesem unscheinbaren Vorstadthaus in La Courneuve vielleicht Menschen »in Zungen« reden – ich weiß nicht viel über diese Bewegung, verbinde sie aber mit dem Zungenreden, über das ich noch weniger weiß, von dem ich mir jedoch vorstelle, dass es nirgendwo besser aufgehoben ist als hier in La Courneuve, wo so viele Sprachen, die auf Französisch *langues*, also Zungen, heißen, durcheinander erklingen, Chinesisch, Türkisch, Serbisch, Haitianisch, Rumänisch, die verschiedensten afrikanischen Sprachen, ein wahrer Zungensalat, der in seiner klangvollen Unverständlichkeit vielleicht tatsächlich etwas Göttliches hat.

Ich lese, dass die älteste derartige Vereinigung in Frankreich heute in La Courneuve ansässig ist und auf einen srilankischen Pfarrer in den Fünfzigerjahren zurückgeht, der für die Ceylon Pentecostal Mission tätig war. Seine Missionstätigkeit wird als eine der ersten sogenannten »Rückmissionen« beschrieben, womit gemeint ist, dass die ehedem Kolonisierten und Missionierten sich unter ihre früheren, dem Christentum immer abtrünniger gewordenen Kolonialherren begeben haben, um diese ihrerseits zum rechten Glauben zu bekehren … und am Ende hier in der Vorstadt doch nicht den ehemaligen Kolonialherren, sondern sri-lankischen Migranten zu predigen. Wenn nicht ein Schild es als Kirche kennzeichnete, hätte ich das blassgelb verputzte Haus für ein Wohnhaus gehalten.

Unmittelbar neben, ja, quasi unter dem Verbindungsstück zwischen der A1 und der A86 liegt der Halal-Schlachthof mit Metzgerei, an dem wir schon öfter vorbeigekommen sind. Baumärkte, ein altes, verlassenes Hotel, Baustellen, eine Renault-Werkstatt, ein chinesischer Lebensmittelgroßhandel, eine Recylingfirma, ein Ibis-Hotel. Dann biegen wir rechts in eine kleine Straße namens Rue de Verdun ein, die uns anfangs ganz normal, dann aber immer seltsamer vorkommt, ohne dass wir genau sagen könnten, woher diese

Seltsamkeit rührt. Von ihrem Namen sicher nicht, obwohl es durchaus merkwürdig scheint, eine Straße nach einer der sinnlosesten und grausamsten Schlachten aller Zeiten zu benennen, in der es auf beiden Seiten ungefähr gleich viele Tote gab und keinen Sieg.

Die Rue de Verdun führt durch ein Industriegebiet, doch zwischen den Industriebauten haben kleine Wohnhäuser überlebt, Autos parken am Straßenrand. Es ist kaum jemand unterwegs, und die wenigen Passanten verhalten sich eigenartig, als wüssten sie selbst nicht, was sie hier suchen oder auf wen oder was sie warten. Eine Frau im hellen Regenmantel sitzt mit dem Rücken zur Straße, ein Ziehköfferchen vor sich, auf der zwei Handbreit hohen Bordsteinkante. Zwei Männer kommen uns entgegen und wirken, als ob sie in ein parkendes Auto einsteigen wollten, doch dann gehen sie nur mehrmals um das Auto herum, begutachten es und treten ein paar Mal gegen alle Reifen, bevor sie wieder in die Richtung zurückgehen, aus der sie gekommen sind. An der Ecke der Rue du Colonel Moll (von dem ich mich, weil seine Straße in die Rue de Verdun mündet, frage, ob er nicht in Verdun gefallen ist – aber nein, er ist schon 1910 im Tschad umgekommen) liegt eine Kneipe mit dem komplizierten Namen La Cantine du Gpe le QG 0'46, ein Kürzel, das wohl nur Eingeweihte verstehen können; Gpe könnte *groupe* heißen, QG *Quartier général*, aber sonst können wir uns nichts darauf zusammenreimen. Die ganze Straße ist ein Rätsel. »Elis« steht an einem der Industriegebäude. Elis, lese ich, bedeutet Europe Linge Service und ist ein industrieller Wäschereibetrieb, der 1883 als Familienunternehmen gegründet wurde und 2015, längst nicht mehr in Familienhand, an die Börse gegangen ist. Fast 48 000 Angestellte in achtundzwanzig Ländern, darunter Südamerika, Jahresumsatz 3,05 Milliarden Euro (Stand 2022). Ich überfliege diese Kontinente und Milliarden und versuche, sie mit der kleinen Rue de Verdun, der Eckkneipe, den reifenkickenden Männern und der auf der Bordsteinkante hockenden Ziehköfferchenfrau in Verbindung zu bringen.

Rechter Hand ragen bald die Kräne der Mega-Baustelle des Grand Paris Express in den Himmel: hier, steht auf den Bauzaun-Plakaten, wird ein Tunnel für zwei neue Metrolinien gebaut. Dann macht die Straße einen Knick und wird selbst zu einer Art Tunnel: Rechts verläuft weiter der hohe Bauzaun, links eine Betonwand, die ein ausgebranntes Auto an einer Stelle eingeschwärzt hat.

Kurz nach dem Autowrack mündet die Rue de Verdun in die N2, und wir nehmen die Schnellstraße nach Süden. Noch einmal gehen, wo niemand geht. Noch einmal neben den hin- und hersausenden Autos hertrotten. Wir wissen nicht, warum wir diese Streifzüge begonnen haben, und können deshalb auch nicht wissen, wann sie zu Ende sein werden. Wir sind Hunderte von Kilometern gegangen und haben viel mehr gesehen und erlebt in diesen Monaten, als ich habe erinnern und aufschreiben können. Wir sind in Pierrefitte/Villetaneuse auf einen begrünten Hügel namens Butte Pinson gestiegen, wo der Horizont einen spielzeuggroßen Eiffelturm und den Tour Montparnasse einschloss, und haben dort oben Schafe weiden sehen, die Mouche und Frisette und Jacques hießen, und ein Schwein, das auf einer kleinen Weide alleine war und dem Thierry sich nicht hatte nähern wollen *(c'est harrrram)*. Auch einen Büchertausch-Schrank haben wir dort oben angetroffen, in dem Claude Simons Roman *Histoire* lag (und ich habe ihn mitgenommen). Bis nach Montmagny und Deuil-la-Barre sind wir vorgestoßen, die nicht mehr im Seine-Saint-Denis-Département liegen, sondern schon im Val d'Oise, und Thierry hat die Nase gerümpft, weil es ihm zu bourgeois dort war, und sich über mich lustig gemacht, weil ich nur wegen des Namens Deuil-la-Barre, wörtlich: Trauer-der-Balken (oder der Wohnblock), dort hinwollte. In Villetaneuse haben wir vor einer Cité auf eine Mauer die Shit-Preise und die Verkaufszeit gesprayt gesehen: 12H00 SHIT BEUH DRIVE 10€ 30€ 50€, und sind an einem Haus vorbeigekommen, in dessen Vorgarten ein sogenannter Tannenbaummast stand, also ein Hochspannungsmast mit drei Ebenen, der das Haus um das Fünffache überragte, wir haben das Maklerschild vor dem Haus gelesen, auf dem *verkauft* stand, und Thierry hatte den Käufer nachgemacht: »Wieso? Ein Problem? Was für ein Problem? Der Makler hat gesagt, das ist nicht gefährlich, das haben alle Gutachten ergeben.« Wir sind durch die Höhen von Montreuil gezogen, wo es noch viel Brachland gibt und der Fahrer eines Kleinbusses uns weggejagt hat, weil ich so neugierig war, durch eine Zaunlücke einen Blick auf ein verbarrikadiertes Grundstück erhaschen zu wollen, und durch die Cité de La Noue, deren an Trostlosigkeit schwer zu überbietenden Vorplatz ein paar spitze, schiefe, ehemals bunte Kegel aufheitern sollen, wir sind über die Friedhöfe von Noisy-le-Sec und Bondy/Pré-Saint-Gervais gestreift und haben vor den spiegelglatten Baldachingräbern der serbischen (Roma?-)Gemeinde gestanden, deren Tote paarweise und in Lebensgröße zusammen mit einem Mercedes und einem

Akkordeon auf den Grabsteinen abgebildet sind, und wir haben an einem heißen Tag im Mai die Menschen in Noisy-le-Grand um einen vollständig geleerten künstlichen See herumspazieren sehen, über dessen trockenen Schlammgrund dicke Betonrohre führten.

Und nun gehen wir also die N2 entlang, vorbei an dem langen, langen Zickzack- oder Sägeblattdach der Firma AAI (Reparatur und Wartung von Hydraulikzylindern), einem B&B-Hotel, einem Hypermarkt, einem erloschenen italienischen Lokal namens Etna, bis wir an der Metrostation La Courneuve – 8 mai 1945 anlangen, wo mir einfällt, dass ich unbedingt in die große, von der tamilischen Gemeinde besuchte Betonkirche Saint-Yves zurückkehren und noch einmal im großen Buch der Danksagungen und Fürbitten blättern möchte.

Wir betreten die Kirche. Bis auf zwei Frauen, die mit gesenkten Köpfen auf weit entfernten Bänken sitzen, ist sie leer. Ich trete zu dem kleinen Seitenaltar links und, um nicht aufzufallen als die, die ich bin oder zu sein glaube, eine nämlich, die nur herkommt, um mit ihrer schamlosen Neugier die innigsten Bitten und Beichten fremder Menschen zu entweihen, tue ich so – den Rücken zum Kirchenschiff gedreht, damit Thierry mich nicht sieht –, als würde ich beten. Und siehe da, nach einer Weile bete ich. Man braucht das Beten nicht zu lernen. Noch nicht einmal gläubig sein muss man dafür. Dann trete ich an das Pult mit dem offenen Buch heran und sehe auf den aufgeschlagenen Seiten eine Reihe Einträge, die offenbar von Kindern stammen:

Sana: Tag allseits ich muss gut arbeiten ich muss gute Note

haben und ich muss Doktor werden und ich muss Geld haben. Danke auf Wiedersehen an alle Götter

Samantha: ich muss arbeit ich muss wachsen ich muss guten Note und ich muss viel Gel

Ein Datum, ohne Name: [durchgestrichen] ich möchte das [durchgestrichen] wir das Visa kriegen. Und auch [durchgestrichen] die augen meiner kleine Schwester öffnen gut.

Davor sind viele Einträge in tamilischer Sprache, und ich vertiefe mich in die runde, manchmal kleine Haken nach oben oder unten schlagende, ansonsten aber wie in regelmäßigen Großbuchstaben gehaltene Schrift, über der kleine Tupfen oder Kringel schweben. Einer dieser rätselhaften Einträge endet mit drei Ausrufezeichen, und ich denke: Vielleicht ist auch das, was ich von unseren langen Wanderungen werde erzählen können, nichts als ein mit Nachdruck übermitteltes Mysterium.

Und ohne dass ich es vorgehabt oder vorher auch nur eine solche Möglichkeit erwogen hätte, nehme ich plötzlich den auf dem Pult liegenden Stift in die Hand und will ein paar Zeilen auf Französisch unter die der Schülerinnen schreiben, halte dann aber noch einmal kurz inne, weil mir bewusst wird, dass jeder meinen Eintrag wird lesen können, wie auch ich die fremden Fürbitten und Gebete habe lesen können, und dann besinne ich mich anders und schreibe auf Deutsch: Lieber Gott, behüte bitte …, bis ich, ausgehend von meinen liebsten Menschen, bei Rachid und seiner kleinen Kneipengemeinde, bei den Bewohnern der Autobahnzubringerschleifen und der Wellblechdörfer, der Betonblöcke und der zugemauerten Häuser und schließlich des ganzen Départments angekommen bin, und ich bin in diesem Moment so weit davon entfernt, meine Zeilen für kindlich oder gar lächerlich zu halten, dass ich zuletzt noch einen Halbsatz hinzufüge, in dem ich den lieben Gott darum bitte, mich den Menschen, denen ich begegnet bin, und auch Thierry gerecht werden und meine Erzählung gelingen zu lassen. Denn ich weiß nun, dass unsere Streifzüge hier nicht enden, sondern dass wir erst am Anfang unserer Reise stehen und ich davon erzählen werde.

Dank an Bruno Boudjelal, ohne den
dieses Buch nie entstanden wäre.

ANNE WEBER BEI MATTHES & SEITZ BERLIN

Kirio. Roman
2023 | 224 Seiten | gebunden mit Schutzumschlag
ISBN 978-3-7518-0121-8

Luft und Liebe. Roman
2023 | 192 Seiten | gebunden mit Schutzumschlag
ISBN 978-3-7518-0924-5

Ahnen. Ein Zeitreisetagebuch
2023 | 272 Seiten | gebunden mit Schutzumschlag
ISBN 978-3-7518-0093-8

Tal der Herrlichkeiten
2021 | 226 Seiten | gebunden mit Schutzumschlag
ISBN 978-3-7518-0044-0

Annette, ein Heldinnenepos
2020 | 210 Seiten | gebunden mit Schutzumschlag
ISBN 978-3-95757-845-7

Thomas Stangl und Anne Weber
Über gute und böse Literatur. Korrespondenz über das Schreiben
2022 | 194 Seiten | gebunden mit Schutzumschlag
ISBN 978-3-7518-0074-7

Matthes & Seitz Berlin

Erste Auflage Berlin 2024

info@matthes-seitz-berlin.de

Umschlaggestaltung: Pauline Altmann, Palingen
Umschlagfoto: Bruno Boudjelal, Montreuil
Satz: Hermann Zanier, Berlin
Druck und Bindung: Pustet, Regensburg
ISBN 978-3-7518-0955-9
www.matthes-seitz-berlin.de